电视民生新闻：
成长与转型

THE LIVELIHOOD JOURNALISM
OF CHINESE TV：
GROWTH AND TRANSFORMATION

王雄◎著

中 国 出 版 集 团

世界图书出版公司

广州·西安·上海·北京

图书在版编目（CIP）数据

电视民生新闻：成长与转型 / 王雄著. -- 广州：
世界图书出版广东有限公司,2025.1重印
　　ISBN 978-7-5192-1825-6

　　Ⅰ.①电… Ⅱ.①王… Ⅲ.①电视新闻—新闻工作—
研究—中国 Ⅳ.①G219.2

　　中国版本图书馆 CIP 数据核字（2016）第 235792 号

电视民生新闻：成长与转型

总 策 划	王颖萱
策划编辑	张鸿鹏
责任编辑	张梦婕
封面设计	行言工作室
出版发行	世界图书出版广东有限公司
地　　址	广州市新港西路大江冲25号
电　　话	020-84459702
印　　刷	悦读天下（山东）印务有限公司
规　　格	880mm×1230mm　1/32
印　　张	9
字　　数	250 千
版　　次	2016 年 9 月第 1 版　2025 年 1 月第 3 次印刷
ISBN	978-7-5192-1825-6/G・2166
定　　价	58.00 元

国家社科基金项目(项目号:08BXW007)

目 录
contents

第一章 探本溯源：中国电视
民生新闻的勃兴

　　电视民生新闻关注的对象毫无疑问是"民生"，但究竟何谓"民生"，从历时性演进的角度考量，这一概念拥有哪些具体内涵？要全面厘清理解电视民生新闻的概念内涵，必须对"民生"一词加以词源上的历史梳理。

第一节　电视民生新闻的概念内涵与外延形式

　　根据《辞源》的解释，"民生"的本义指"平民的生计"，文献上最早见之于《左传·宣公十二年》："民生在勤，勤则不匮"。屈原《离骚》亦有"长太息以掩涕兮，哀民生之多艰"之句，这里的民生，也是指民众的生活。① 中唐大诗人白居易在《新乐府序》中明确指出诗歌创作应达到"惟歌生民病，愿得天子知"的效果，其诗歌理论背后所蕴含的是一种中国古代知识分子所特有的强烈的民生关怀与"为民请命"的追求。

　　到了近代中国，孙中山先生第一次就"民生"进行了具体阐述，民生就是"人民的生活——社会的生存、国民的生计、群众的生命"②在他看来，民生是经济活动的中心，政治活动的中心和一切历

---

① 《辞源》（合订本），商务印书馆，1988年版，第921页。
② 孙中山：《三民主义》，岳麓书社，2000年版，第167页。

史活动的中心。① 孙中山先生将"民生"问题看作是 19 世纪资本主义社会所独有并普遍存在的现象，不存在于过去的社会形态之中。他分析了当时社会存在的一系列"民生问题"：工人生存危机、贫富不均引发的社会不公正，提出"平均地权，节制资本"的方略，以此来解决民生问题，保障人民的生计，维护社会的公正。之后，他进一步将"民生"概念置于与"民族"、"民权"并驾齐驱的地位，创立了"三民主义"学说，以"平均地权，节制资本""耕者有其田"等为主导型策略与原则，解决当时社会存在的民生问题，他将民生主义定义为，"现在我们讲民生主义，就是四万万人民都有饭吃，并且要有很便宜的饭吃"。② 不难看出，孙中山先生所倡导的基本政治主张受中国传统的民本主义思想影响至深，闪耀着民本思想的光辉，为我们理解"民生"一词在当下社会、政治、文化语境下的表征提供了不可或缺的见解与思路。

改革开放 30 多年来，特别是 1992 年邓小平南行讲话以及同年召开的党的十四大，确立了社会主义市场经济发展道路后，我国国民经济呈现高速发展态势，城市化进程加快，市民阶层逐步崛起。从邓小平"三个有利于"的判断标准，江泽民"三个代表"重要思想，胡锦涛为总书记的党的领导集体提出的以"以人为本"为核心的科学发展观，再到习近平总书记为首的新一届领导班子提出的以民族复兴为核心的"中国梦"理想，民生问题逐渐成为中央政府制定政策的重要关注点。

持续性的改革开放取得了经济上的巨大成就和不断繁荣，其最显著的标志就是中国的 GDP 数值已经超越日本而成为世界第二经济大国。但是，毋庸讳言，这种空前的繁荣是以巨大的环境代价和社会风险换取的，社会内部的失序与冲突不可避免，特别是城

---

① 孙中山：《孙中山选集》，人民出版社，1981 年版，第 825 页。

② 孙中山：《孙中山选集》，人民出版社，1981 年版，第 847 页。

乡差距和贫富差距拉大，两极分化明显。劳动和社会保障部劳动工资研究所 2005 年发表的研究报告指出，中国居民的收入差距自从 2003 年以来急剧加大，目前已经达到第二严重的"黄灯"警戒水平。联合国开发计划署公布的一组数据也显示，中国目前的基尼系数为 0.45，超出了国际公认的基尼系数警戒线 0.4，这一数字仍有扩大之势。根据许多国家和地区的经验，人均 GDP 由 1000 美元向 3000 美元过渡的时期，是社会矛盾的多发期。对此，发展政治学家亨廷顿的解释是，在经济快速增长时期，人们的期望值也会迅速提高，期望值与实际的满足程度之间往往形成一种落差，并由此生成一种挫折感。"民生"由此成为一个伴随着经济繁荣、具有悖论意味的严酷现实问题。①

　　"关注民生"作为一个极具生命力的伦理价值内核，始终贯穿于历代领导集体的执政理念中，尤其值得关注的是，2011 年 3 月 5 日提请十一届全国人大四次会议审查的《国民经济和社会发展第十二个五年规划纲要（草案）》，比起五年前的"十一五"规划纲要多了两篇，分别为第八篇"改善民生　建立健全基本公共服务体系"和第九篇"标本兼治　加强和创新社会管理"。民生独立成"篇"，纲要草案中设置的"改善民生行动计划"格外亮眼，十大措施涵盖扩大城乡就业规模、提高最低工资标准、提高养老保障水平、提高医疗保障水平、提高城乡低保标准、减少农村贫困人口数量、减轻居民税收负担、实施城镇保障性安居工程、完善就业和社会保障服务体系、增加国有资本收益用于民生支出。② 着力改善民生是纲要草案的重点所在，更是各级政府的核心施政目标及对人民作出的庄严承诺。

---

　　① 郑宇丹：《民生新闻——主流意识的话语建构》，http://media.nfdaily.cn/cmyj/01/02/content/2009-01/16/content_4846618.htm.

　　② 《十二五规划纲要草案：民生与社会管理独立成"篇"》，http://news.xinhuanet.com/politics/2011lh/2011-03/06/c_13763146.htm.

当下中国正处于社会转型期，这一转型过程可能会持续，甚至必然会持续相当长的一段时间，民生问题仍然有其存在的社会语境，用"民生"一词来概括站在民众立场反映民众生活和民生疾苦的新闻传播现象是恰当的，极具积极现实意义——在"以人为本"、"和谐世界"、"中国梦"等国策的明确推动下，大众媒体完成了对"民生新闻"这一现阶段主流意识形态的话语建构，塑造了一个有意义的有关于社会与国家的符号世界，并使自身包裹上了强烈的"为民"色彩。

电视民生新闻概念的提出，与一档名为《南京零距离》的电视新闻节目密切相关——需要指出的是，有比《南京零距离》更早开播的直接指涉民生的电视节目，如南京电视台十八频道的《标点》栏目开办于 1997 年 6 月 28 日，湖南经济电视台《都市一时间》开播于 2001 年 5 月 18 日，但是这些栏目"醒得早、下楼晚"，没有明确亮出自己的"民生"大旗并开展产品营销，只有《南京零距离》成为"现象"级民生新闻开山之作。由此可以看出，《南京零距离》的创制者们相比同行具有更强烈的时代抱负、更敏锐的市场嗅觉和更高明的营销手段。2002 年 1 月 1 日，江苏广播电视总台城市频道推出《南京零距离》，节目时长一小时（后变更为一个半小时，甚至更名为旨在有更大市场覆盖力的《零距离》）。这一天，被广大新闻界人士以及更广大的对电视新闻怀有全新期待的一般民众视为电视民生新闻真正的"诞生日"，也成为电视民生新闻作为持续的业界、理论界双重热点话题的"发酵日"和中国城市电视新闻不约而同主打"民生牌"的"滥觞日"。《南京零距离》作为民生新闻的典型范本，开创了大时段城市民生电视新闻节目的先河①。其后全国数十个地方台争相效仿跟进、创新，民生新闻呈星火燎原之势。有学者认

---

① 郭之文：《试论电视民生新闻的新内涵》，载于《传媒观察》，2009 年第 3 期。

为，肇始于《南京零距离》的民生新闻是中国电视的第三次革命，"这是一场从地方开始，在两年之内波及全国的电视新闻改革"①。

时任江苏广播电视总台城市频道总监的景志刚在《存在与确认：如何概括我们的新闻》一文中描述了"民生新闻"概念在新闻学理论意义和实践意义上的确认过程："我们所做的新闻究竟属于哪一类，分歧很大。因为在我们的节目中，既有社会新闻，也有舆论监督，还有生活资讯，甚至时政新闻，反映的都是平民百姓日常状态下的衣食住行，以至于用任何一种传统新闻分类概念来概括都是片面和不合适的。"当新闻业务实践凯歌高进地走在从内容到形式不断拓展的大道之时，新闻学理论界在概念系统上的反应滞后呈现出了一种极不协调的态势。"所以，我们需要新的概念来概括并确认《南京零距离》这类已大量出现在我们新闻实践中的节目样态的内涵与价值。"②《南京零距离》的节目内容主要包括实用资讯、生活投诉和社会新闻三个方面，"这样的新闻用旧有的诸如'社会新闻'、'舆论监督'等概念来概括已严重词不达意。也许更适合使用的是'民生新闻'这一概念。因为这一概念不仅字面上比较切题，而且内容上也比较准确地概括了这类新闻的平民视角，民生内容以及民主的价值取向这样一些本质性的内涵。"③

《南京零距离》的开播标志着中国电视民生新闻的真正兴起，这一论断已得到大多数学界、业界人士的认可，但同时仍有一部分学者从历时性演进的视角对电视民生新闻做了探本溯源的追踪考察，将其萌发的时间节点进一步向前推进五到十年，窥探出了电视

---

① 李幸：《十年来中国电视的第三次革命》，载于《视听界》，2004 年第 1 期。

② 景志刚：《存在与确认：如何概括我们的新闻》，载于《中国广播电视学刊》，2003 年第 11 期。

③ 景志刚：《存在与确认：如何概括我们的新闻》，载于《中国广播电视学刊》，2003 年第 11 期。

民生新闻与先前更早的一些媒介业务创新之间确实存在的、忽明忽暗的若干源流关系。

　　早在1980年7月,中央电视台开办了新闻评论性的专栏节目《观察与思考》,注重思想性、政策性和时效性,采用评论员形式与观众交流,很快就获得国人的喜爱。首次播出的题目是"北京居民为什么吃菜难",具有关心民生疾苦和监督社会的作用。① 这一时期的某些电视新闻节目已经初步具备了当今电视民生新闻的品格。有学者这样总结电视民生新闻的演进历程,"最早应该说是从电视动态新闻中的社会新闻发展演变而来,在20世纪90年代中期开始演变成为都市新闻,之后又与都市新闻中的经济、财经、法制、娱乐等新闻题材相分离,独立出来"。②

　　侯迎忠则认为,电视民生新闻的发端,最早可以追溯到1993年《东方时空》的开播,其子栏目《生活空间》提出了"讲述老百姓自己的故事"的口号,这一节目包含的平民意识和反映真情实感的基本内涵无疑具有关注民生的价值取向。③ "讲述老百姓自己的故事"透过"民生"的个别视角,去折射"国计"的总体态势,包含了时所未见的全新智慧、全新思路和全新手段,这一栏目语犹如石破天惊,给中国电视涂抹上永恒的亮色,生动形象地表明了中国电视传播从此应有的崭新定位,在中国电视新闻改革和现代化的道路上具有里程碑的意义——芸芸众生的喜怒哀乐成为观众的新视点,普通人的生存状态和人生体验突然获得了"意义"和"价值",具有和国家主义"宏大叙事"同等的尊严,中国的电视屏幕上开始洋溢

---

① 《中国电视红皮书》,漓江出版社,2002年版,第164页。

② 鞠斐:《关于民生新闻背后的大众话语》,http://www.zjol.com.cn/05cjr/system/2004/12/22/004062166.shtml。

③ 侯迎忠:《媒介与民生:电视民生新闻的理论与实践》,中国传媒大学出版社,2008年版,第28页。

着真诚和温馨。① 因而有学者将《东方时空》而非《南京零距离》的开播视为民生新闻的起点——在电视上学会"讲述老百姓自己的故事"之时，民生新闻的独特基因就永久性地埋置下来了。

在我看来，虽然《生活空间》和《南京零距离》同样是否定宏大叙事，在自身内容上转入"微观社会学"观察；同样记录老百姓的日常琐事，甚至是不避针头线脑零碎琐屑；主持人同样舍弃过去那种正襟危坐、一本正经地宣读"高头讲章"的严肃，而是还原为极具亲和力的平民百姓形象或"邻家大哥"范儿，和你娓娓道来，说新闻、讲故事——但两者的差异仍然是显而易见的：首先从传播内容的角度讲，《生活空间》所讲述的老百姓的故事只能称之为具备了一定新闻传播特点的故事，而非严格意义上的新闻，更不可能称得上电视民生新闻；其次，从传者身份的角度讲，《生活空间》栏目中讲述老百姓自己的故事的到底是何许人呢？仍然是电视人——而《南京零距离》是把摄像机交到了群众的手上，传者变了，即老百姓真正开始自己讲述自己的故事。总体说来，从"讲述老百姓自己的故事"到"电视民生新闻"，"平民视角"、"民生内容"、"民本取向"②——民生新闻的三大精神品质或价值支柱——终究是在《南京零距离》中才被创制者们有意识地、系统化地建构起来的。

值得注意的是，《南京零距离》创立之初的基本定位为"南京人的电视晚报"，事实也证明这一定位得到了市民的广泛接受。从该栏目最初打出的旗号，不难看出报纸民生新闻特别是晚报、都市报对电视民生新闻的影响。20世纪80年代中期崛起的晚报和90年代中期勃兴的都市报，可以说是民生新闻最早的发源地。和"民生"概念最先结合的新闻种类并不是民生新闻，而是早已经在晚

---

① 时统宇：《从"讲述老百姓的故事"到"民生新闻"》，载于《中国广播电视学刊》，2004年第6期。

② 景志刚：《我们改变了什么？——〈南京零距离〉及其民生新闻》，载于《视听界》，2004年第1期。

报、都市报中出现的"社会新闻"、"市井新闻"和"服务新闻",这些新闻专门表现老百姓生活的方方面面和社会生活的繁杂表象,特别是一些市井生活中饶有趣味的新奇事件、新时尚、新风俗①,之后的大多数电视民生节目的主要内容就是脱胎于此。同样,晚报、都市报对"民生"、"民情"、"民意"的特别关注,价值上的民本取向,包括题材选择上的偏好和表述方式上的特殊"腔调",培育出了极为可观的报纸阅读群体,不仅为电视民生新闻的成长提供了可资借鉴的成熟的精神资源,而且培育了电视观众新的收视期待,甚至可以说为电视民生新闻这一新产品"生产"了大批消费者(喜欢在报纸上阅读民生新闻的读者,就是在荧屏前更愿意期待收看民生新闻的电视观众),从而为其提供了市场庞大、"消费力"强劲的发展舞台。正是在这一时期,电视媒体内部开始借鉴晚报、都市报的成功经验,为"社会新闻"、"市井新闻"在新闻学概念上向"电视民生新闻"发展进化预热加温。1995年北京电视台的《北京特快》、1999年成都电视台的《今晚800》、2001年扬州电视台的《关注》,都已经初步具备电视民生新闻的独特品质了。②

应该承认,在新闻理念或宗旨上最早明确提出"民生新闻"的国内媒体不是《南京零距离》所属的电视媒体,而是2001年8月1日创刊的深圳《晶报》,该报明确提出了"以民生新闻为特色"的办报特色。董天策在《民生新闻:中国特色的新闻传播范式》一文中将《晶报》的创立与《南京零距离》的开播作为民生新闻真正产生的两大显著标志。但他同时进一步强调了《南京零距离》之于民生新闻的决定性地位与意义,"特别是《南京零距离》,更是民生新闻的

---

① 王雄:《电视"民生新闻"的幻象和转型》,载于《现代传播》,2006年第2期。

② 李幸:《十年来中国电视的第三次革命》,载于《视听界》,2004年第1期。

典型范本，是民生新闻真正形成的显著标志"。① 从此前我们对晚报、都市报兴起的分析，到《晶报》明确揭橥的"民生新闻"大旗，不难看出，民生新闻这一新闻品类从理念到实践最早都发源于晚报、都市报，值得思考的是，民生新闻为什么最终是在电视媒体而非报刊媒体获得正式命名并成为瞩目的新闻"现象"？

首先，不可避免的要将电视媒体与报刊媒体在媒介属性特征上做一番比较。以《南京零距离》为例，正如该栏目的宣传口号"南京零距离，就在你身边"一样，电视媒体相较于传统报纸媒体的最大优势就在于电视更有能力并且更易实现与受众间的真正亲密无间的"零距离"，这种"零距离"主要体现在时间"零距离"和心理"零距离"两个层面上。

第一个层面，电视民生新闻能够更好地拉近与受众的时间距离，甚至可以做到事件发生时间和观众"观看"时间的完全重叠和统一。大众传媒出现以来，"时效性"就一直作为衡量传媒机构专业程度的一个决定性标尺而存在。在媒介技术高度发达、竞争白热化的今天，受众对时效性的需求甚至可以用苛刻来形容。房地产业的口号是：地段，地段，还是地段！新闻业的口号则是：时效，时效，还是时效！《南京零距离》成功地营造了这样一种开放式的直播形态：一是在直播过程中，正在发生的事件随时切入节目；二是以热线电话的方式实现主持人在直播过程中与观众的直接交流。② 《南京零距离》的采编方针和导播策略体现出尽可能缩短乃至消除新闻报道与事件发生之间的时间差，努力使重大事件、生活资讯、热点投诉等以最为迅捷的速度抵达观众，让观众真切地感受到这个栏目充任了他们所在的这个城市乃至这个地区的千里眼和

---

① 董天策：《民生新闻：中国特色的新闻传播范式》，载于《西南民族大学学报（人文社科版）》，2007年第6期。

② 景志刚：《我们改变了什么？——〈南京零距离〉及其民生新闻》，载于《视听界》，2004年第1期。

顺风耳。① 即时讯息采取即时传播、直播或类直播形态的电视策略，恰恰是传统的报纸媒体新闻操作中受载体属性所限的"短板"，后者导致晚报、都市报的民生新闻注定与一般市民百姓终有隔阂，"零距离"在物理层面或技术层面可望而不可即。

第二个层面，电视民生新闻能够更好地拉近与受众的心理距离。与传统报纸媒体相比较，电视媒体生动直观的画面、运动影像、同期声使受众如沐春风，特别是主持人形象和风格的平民化设计，可以赢得受众最大限度的心理认同。与此相适应，电视民生新闻主持人的语言策略也尽可能体现生活化、家常化的特征，在平民性的语调和口语化的"聊天"中拉近节目与观众的心理距离。另外，电视民生新闻通过播出群众自拍 DV、投诉热线现场开通等多种手段，富有独创性地构建出了观众边看新闻边参与新闻的电视新闻模式，凸显"民众作为新闻主体"（既是产品消费主体，还是产品创造主体）的特色。电视民生新闻凭借以上的种种天然优势和自为努力，成功实现了与普通受众的"零距离"交流，亲切感、熟悉感油然而生，相较于晚报、都市报的民生新闻版更容易形成心理认同。

在时间距离层面与心理距离层面上的两个"零距离"优势的直接驱动下，民生新闻"平民视角"、"民生内容"、"民本取向"的内在精神品质在电视这一媒介平台上更能酣畅淋漓地挥洒施展，深入人心，形成观众强烈甚至"偏执"的观看期待。民生新闻因电视媒体而为天下知，掠美于报纸媒体，集受众和业界万千宠爱于一身，是拥有其自身内在逻辑和充分理由的。

其次，传统报纸媒体"民生新闻"的起步虽然早于电视媒体，但始终没有形成一种专门的新闻样式和比较清晰的市场定位，长期

---

① 章剑华：《"零距离"的电视新闻理念》，载于《现代传播》，2003 年第 2 期。

被湮没在晚报、都市报的社会新闻版、法治新闻版、生活新闻版、"现场报道"、"大特写"中，与"社会新闻"、"市井新闻"的关系纠缠不清，一时间泥沙俱下，鱼龙混杂，令受众眼花缭乱、应接不暇，始终不能形成明晰、强烈的"民生新闻"价值诉求。从历史角度看，报刊对民生新闻的关注远远早于电视，而且曾经成为媒体的潮流。20世纪初西方先进的新闻观念引入中国，一些杰出的报人秉着开启民智、传播进步文化、提高国人素质的济世救国情怀，致力于报刊的大众化运动。1920年，邹韬奋接办的《生活》周刊首倡"面向民众办刊"思想，提出"以民众的福利为前提"、"容纳民众之意见，使本刊对于民众有相当之贡献"。邹韬奋所进行的报刊活动始终以读者的利益为中心，30年代创办《生活日报》时他又进一步强调：要使《生活日报》成为真正人民的耳目，并在《发刊词》中表示同仁自勉的第一义——以全国民众的利益为一切记述、评判和建议的中心标准。邹韬奋的民本情怀不仅体现在他的办报宗旨上，更落实到他的新闻实践之中。他始终全心全意地关注着受众，做百姓看得懂的报刊，为后起的中国报人树立了贴近民生的优秀典范。报刊大众化方面的杰出代表还有著名报人成舍我。他于1935年正式提出了"报纸大众化"的口号，反对把报馆变成一个私人牟利的机关，坚信"大众利益，总应超过任何个人利益之上"。成舍我认为报纸肩负着"唤起民众"的崇高责任，理应服务大众，维护公共利益。

　　改革开放以来，晚报和城市报蓬勃兴起，成为中国新闻观念变革的先行者，亦可以说是民生新闻的最早策源地。20世纪90年代初，晚报、城市报大都辟有关于民生的新闻版面，社会新闻、市井新闻作为民生新闻的雏形已小有影响。与当时的党报相比，晚报、城市报的主体受众瞄准城市居民，在接近性、可读性方面体现出大众化报纸的独特魅力。如前所述，创办于2001年的深圳报业集团旗下的都市报《晶报》，最早明确提出了"民生新闻"的口号。这份都市报当时明确宣称"以民生新闻为特色"，奉行"关注生活、关心百姓"的民本新闻观。由此可推，"民生新闻"最初的确是从报业领域引入的一个概念。

尽管民生新闻在报纸上起步较早，但更多只是作为报纸的一个版面内容存在，并没有如火如荼地发展下去，也没有形成一种特定的、全新的新闻样式和比较明确的市场定位。从民生新闻发展的规模化与受众的特定性而言，真正使民生新闻走入寻常百姓家的正是电视民生新闻。电视民生新闻取得成功的本质乃在于地方电视台寻找到了寻求自身突破的现实策略，而形成这种策略的语境和环境变量则是如下的关键因素：中央政策的导向，央视的压力和市场竞争的压力，旧有的电视新闻制作和播报样式以及民众对电视新闻的全新期待。①

因此，我们可以断言，从"民生新闻"发展的规模化与受众的特定性期待而言，真正使"民生新闻"浮出水面并引起广泛关注的，只能是电视民生新闻。② 有学者运用托马斯·库恩的范式理论尝试解释民生新闻最终在电视媒介获得正名的问题。库恩认为，范式的构成包括四种要素：（1）符号概括；（2）共同信念；（3）共有价值；（4）范例。③ 从范式理论出发，晚报、都市报的"社会新闻"、"市井新闻"和"服务新闻"与"电视民生新闻"虽然在题材选择和价值取向上具有一致性，但没有产生民生新闻的典型范例，更没有进行自觉的理论概括。"符号概括"和"范例"都是构成范式的基本要素，人们之所以广泛认同《南京零距离》标志着民生新闻的真正开始，就

---

① 王雄：《电视"民生新闻"的幻象与转型》，载于《现代传播》2006 年第 2 期。

② 侯迎忠：《媒介与民生：电视民生新闻的理论与实践》，中国传媒大学出版社，2008 年版，第 42 页。

③ ［美］托马斯·库恩：《科学革命的结构》，金吾伦、胡新和译，北京大学出版，2003 年版，第 163～168 页。

在于这个节目不仅发扬光大了都市报、晚报的民生报道，而且将"实用资讯、生活投诉、社会新闻"这三个方面的内容整合在一起，形成了民生新闻的典型范例，进而产生了普遍的"示范"效应，使民生新闻在报刊与电视等媒体上得到广泛实践，形成了新世纪以来的民生新闻热潮。与此同时，新闻业界人士又十分明确地把这种新的新闻传播现象概括为"民生新闻"，完成了"符号概括"这一理论使命。①

随着电视民生新闻实践的日益火爆，"民生新闻"现象引起了业界、理论界的广泛关注，其相关的学理研究如雨后春笋般层出不穷、异彩纷呈。"民生新闻"到底该如何定义，自然是进行一切学理研究的首要问题。对于如何概括民生新闻的概念内涵与外延边界，业界与学界都进行了积极的探讨，甚至引发争论，但仍是众说纷纭，没有得出一个定论。综合来看，研究者对于电视民生新闻概念及其含义的界定主要有以下几种不同看法：

（1）节目类型说

电视民生新闻是"理论界对以民众生活为主体的新型电视新闻节目的概括，是指以广义社会新闻为自身定位，从群众日常生活中采制而来，内容上关注普通老百姓生存状态与心灵空间的节目类型。"②"'城市民生新闻'是题材分类意义上一个新的电视节目类型，属电视新闻大类。"③

（2）新闻体裁说

"民生新闻的主要形态是以城市居民为传播对象，以频道主要

---

① 董天策：《民生新闻：中国特色的新闻传播范式》，载于《西南民族大学学报（人文社科版）》，2007 年第 6 期。

② 路璐：《解析电视民生新闻的资源优势》，载于《传媒观察》，2004 年第 6 期。

③ 那长春：《城市民生电视新闻浮出水面》，载于《当代传播》，2003 年第 6 期。

覆盖城市为报道范围,以市民日常经济、社会生活息息相关的新闻事件为主要题材的一种电视新闻体裁,从本质上仍属于社会新闻的范畴。"①

(3)新闻类别说

"目前的民生新闻似乎是从经济新闻、社会新闻两大板块中各划出一块来合并而成的……如今,经济新闻、社会新闻都已壮大为新闻领域中的一方诸侯,交叉也便愈甚。于是干脆把交叉地带划出来单列一类,曰'民生新闻'。"②民生新闻"从题材对象上看,它和时政新闻、经济新闻、教科新闻相互并列。"③

"过去我们把一切不入正经新闻大雅之堂的奇闻趣事、民事纠纷、交通火灾叫作社会新闻,而现在地方台这样的新闻已经成为新闻节目的主体。社会新闻成为主体,旧的概念涵盖不了,所以改叫民生新闻。"④

(4)价值取向说

"严格来说,'民生新闻'不是一个关乎新闻体裁样式的专业性概念。它更多地体现为一种针对新闻媒介和新闻记者的实践活动的价值取向。""'民生新闻'不仅仅概括了媒介对报道内容的选择标准,还体现着报道者的立场、态度和出发点,更蕴含了媒介对自身社会功能的认识。其中媒介对自身社会功能的认识,是'民生新闻'的核心。"⑤

---

① 那长春:《城市民生电视新闻浮出水面》,载于《当代传播》,2003 年第6 期。

② 孟建、刘华宾:《对"电视民生新闻"现象的理论阐释》,载于《中国广播电视学刊》,2004 年第 7 期。

③ 韩泽:《民生新闻小札》,《视听界》,2004 年第 1 期。

④ 李幸:《十年来中国电视的第三次革命》,载于《视听界》,2004 年第 1期。

⑤ 陆晔、苏菲:《地方电视新闻的新走向》,载于《中国广播电视学刊》,2004 年第 6 期。

(5)报道风格说

民生新闻不应该再作为新闻题材的一种，也不单纯是一种固定的节目形态或新闻体裁，而应该是一种风格上的追求和手法运用。我们应该确认民生新闻是一种新闻生态的存在，是一个风格特异的新闻流派。[1]

(6)话语建构说

"民生新闻"应该是媒体市场化以后强行推进的，维持自身公信力与主流意识相对接的一种"话语建构"。众所周知，主流意识形态是随着社会发展变化而变化的，从这一点看，"民生新闻"的提出是针对当前社会的"话语建构"，它只能成为社会发展的一个过渡产物。[2] 当下的民生新闻并不是一种成熟且具有独立新闻品质的新闻样式，它是在市场和消费主义意识形态、精英和白领意识形态、百姓和平民意识形态等多重复合的掩护下，推行国家、民族、执政党意识形态的电视策略，旨在提升党的形象及合法性。[3]

(7)新闻类别与价值取向"融合"说

所谓"民生新闻"，是指采用平民的视角，站在百姓的立场，去播报平民百姓喜闻乐见的新闻，评说百姓关心的事情，并为百姓排忧解难，从而体现出社会主义媒体对百姓的社会关怀、真正以大众为收视对象的新闻样式。[4]

如前所述，来自民生新闻创制者的定义则更为简单直接，意义显豁：民生新闻简单地说就是反映民众生活的新闻，民生新闻的精神品质就是平民视角、民生内容、民本取向。长期以来，电视人的

① 程前、陈杭：《望诊电视民生新闻》，载于《视听界》，2004年第6期。

② 郑宇丹：《民生新闻——主流意识的话语建构》，http://media. nfdaily. cn/cmyj/01/02/content/2009-01/16/content_4846618. htm。

③ 陈力丹：《2004年新闻传播学研究的十二个新鲜话题》，http://news. xinhuanet. com/newmedia/2005-02/01/content_2529363_5. htm。

④ 白小易：《解读民生新闻》，载于《视听界》，2004年第1期。

新闻视角本质上是贵族化的，是居高临下的，我们总是自觉不自觉地把自己看成是精神贵族，用贵族的视角俯瞰众生，这使我们的新闻充满了教导，充满了导师的影子。在这种身影的笼罩下我们的平民是被矮化了的。作为电视人，我们不是生活的导师，我们是市民的一分子。①

显然，上述所列的不同类别的定义各有各的道理，但同时它们不仅在学理上相互矛盾，也极难做到相互包容，业界与学界难以就电视民生新闻含义给出一份具有共识性、权威性的答案，这无疑会对进一步深入探讨、充分理解电视民生新闻带来困难。

李舒、胡正荣撰文指出，给我们理解民生新闻内涵带来困难的原因是，概念的差异和混乱是按照单一标准划分和多个标准共同生效相互冲突的结果。让多个分类标准共同生效，一方面帮助我们从内容、表达、受众定位三个方面理解民生新闻这一概念，同时也给我们带来困惑：在原有的新闻专业领域里我们无法找到与其对应的分类项。民生新闻就是这样充满悖论的存在。② 对于固有的悖论，应有的态度是坚定包容开放的心态，同时不回避继续探索更具合理性的学术理论创新发展之道。如前所述，为了解决民生新闻认识中存在的这种悖论，董天策突破现有的理论架构与认识框架，引入科学社会学的"范式"概念及其理论模式，认为"民生新闻"的实践及其理念凸显，本质上是对我国当前一种由多种独特内涵有机结合在一起而形成的新型新闻传播范式的理论概括③。据此，他率先提出了"民生新闻"概念的英文表述议题，对于"民生新

---

① 景志刚：《我们改变了什么？——〈南京零距离〉及其民生新闻》，载于《视听界》，2004 年第 1 期。

② 李舒、胡正荣：《"民生新闻"现象探析》，载于《中国电视广播学刊》，2004 年第 6 期。

③ 董天策：《从范式角度审视民生新闻》，载于《现代传播》，2006 年第 4 期。

闻"中的"新闻"二字对应"news"还是对应"journalism"更为准确，合理展开积极讨论辨析。通过比较得出的结论是，"民生新闻"中的"新闻"并非新闻文本意义上的 news，而是新闻传播活动意义上的 journalism；换言之，如果要将"民生新闻"这一概念翻译成英文，那么"journalism for the people's livelihood"要比"news of the people's livelihood"更为准确到位。这一论点从英语语言思维的维度反证了民生新闻既不是一种具体的新闻体裁，不是一种全新的节目类型，也不是"时政新闻、社会新闻之外的一种新的新闻样式"，而是一种裹挟着全新价值内核的传播理念运用到电视新闻中的全新实践，即一种全新的新闻实践模式。

也有学者指出，造成电视民生新闻概念模糊、争论不休、局面混乱的另一大重要原因是电视民生新闻与社会新闻之间长期存在的剪不断理还乱的关系。[①] 如前所述，与民生最先结合的并非民生新闻，而是早已经出现的"社会新闻"、"市井新闻"，两者在题材选择和价值取向方面具有较大的交叉重合关系，那么"民生新闻"与"社会新闻"是否存在本质区别？如何有，差异何在？"民生新闻"与"社会新闻"二者的真实关系又是怎样？以上问题直接影响着我们全面准确理解电视民生新闻的真正内涵，弄清楚这些问题必将有助于我们在新闻实践中科学厘定民生新闻与社会新闻的外延边界。

李幸曾经对将民生新闻与社会新闻二者等同的看法表示赞同，"如果说，相对于那些正统的新闻而言，社会新闻是比较好看的话，把'民生新闻'等同于社会新闻，我是赞同的"。[②] 民生新闻＝社会新闻？我们的答案当然是否定的。在这里我们必须注意到李幸

---

① 陈立生：《电视"民生新闻"的七大待解之谜》，载于《淮北煤炭师范学院学报（哲学社会科学版）》，2005 年 4 月。

② 李幸：《民生新闻　社会新闻　新闻娱乐化》，载于《中国电视》，2004 年第 11 期。

提出这一说法的生成语境与逻辑链。李幸同时写道,全国地方电视台风起云涌的电视民生新闻栏目事实上并没有达到"民生"的高度,只是为了求得政治上的保险,提升自身品位①。也就是说,现阶段大多数电视民生新闻节目就实体性内容而言,走的仍是社会新闻、市井新闻的老路,其所标榜的"民生新闻"的产品口号,更多的只是现代大众传媒精致包装下表面带有平民特征的文化产品的虚假广告。"现在看来,地方电视台做的这类新闻其实可以分为三种,即一般的、中间层的'市民新闻',往下走、俗一点的'市井新闻'以及往高里追求的'民生新闻'。"②关于民生新闻的三层次划分为我们全面厘清民生新闻与社会新闻的关系提供了一种历时性的视角。同样,孟建也提出过类似的中国电视民生新闻发展的"三个阶段":(一)本土话语阶段——地方新闻(Local Journalism);(二)平民话语阶段——社会新闻(Social Journalism);(三)民主话语阶段——公众新闻(Public Journalism)。③

依上述观点,民生新闻是社会新闻发展到更高阶段的新闻实践产物,那么民生新闻相较于社会新闻的优越性主要体现在哪些方面,即社会新闻依据何种关键性要素进化升级为民生新闻?有学者认为,民生新闻和社会新闻两者的镜头虽然对准相似的题材,但摄取的却是不同层面的内容,传播出来的是完全不同的效果④。还有学者指出,民生新闻与社会新闻的显著区别之一,体现在它的

---

① 李幸:《民生新闻 社会新闻 新闻娱乐化》,载于《中国电视》,2004年第 11 期。

② 李幸:《民生新闻 社会新闻 新闻娱乐化》,载于《中国电视》,2004年第 11 期。

③ 孟建:《十年一剑,铸就中国电视民生新闻》,载于《现代传播》,2009年第 4 期。

④ 那长春:《城市民生新闻浮出水面——兼论〈南京零距离〉等栏目的题材意义和传播价值》,载于《当代传播》,2003 年第 6 期。

民生的视野、民生的态度、民生的情怀。①

　　摄取内容不同，传播效果不同，视野、态度、情怀不同，似乎都对民生新闻与社会新闻的本质区别有着或深或浅的触及，但这些研究大多仍停留在基于民生新闻实践的经验性观察与判断上，浅尝辄止，有合理性同时又有很大的片面性。有学者提出，"民生新闻为什么会跟市井新闻混为一谈？因为我们仅仅把新闻确定在它的取材上，而没有考虑媒介的加工态度。"②应该承认的是，从各地方电视台民生新闻节目的实体性内容来看，民生新闻作为社会新闻、市井新闻的色彩十分浓烈。究其原因，民生新闻电视人普遍面对相对沉重的播出压力：民生新闻体量较大，都是自办新闻，强调时效性和现场报道③，民生新闻欲想成为众人期待其成为的民生新闻，必然要求记者在填满属于自己"时段"的同时，又必须在实体性内容中嵌入关键性的"媒介加工态度"，思考、咀嚼、表达社会事件的意义——在环环相扣、快速生产、日产日播的新闻链条中，记者们实在是心有余而力不足。

　　诚然，若要把民生新闻和社会新闻、市井新闻强加区别，民生新闻势必将失去其实体性内容。甚至可以这样说，当下大多数的电视民生新闻，撇开其表现的具体视角、叙事语言和技巧不论，不过是换了名头、经过重新包装、最后理念"镀金"的社会新闻、市井新闻。

　　然而，当今中国正面临政治、经济、文化等多领域的急遽转型，腐败、贫富两极化、城乡二元对立等紧张性因素不仅阻遏中国的现

　　①　朱天、程前、张金辉：《解读电视"民生新闻"现象》，载于《传媒观察》，2004 年第 8 期。

　　②　嵇炯：《〈新闻坊〉：民生新闻的坚守与开掘》，载于《中国广播电视学刊》，2004 年第 10 期。

　　③　王雄：《电视"民生新闻"的幻象和转型》，载于《现代传播》，2006 年第 2 期。

代化进程，并且冲击着社会现有结构，加剧着社会各阶层矛盾，不断推高社会风险指数——这些问题处置不及时或处置不当，极有可能将中国社会拖入失衡甚至动荡境地。在此情境中，广大民众对新闻媒体尤其是传播覆盖面广、影响力巨大的电视媒体怀有全新的期待，期待后者在揭露社会矛盾、强化舆论监督、维护公众民主权利、弥合社会冲突、构建和谐共识、共圆"中国梦"的历史进程中有更大的作为。因此，无论是民生新闻的创制者、支持拥护者还是抱有全新收视期待的普通受众，都寄希望于民生新闻内部的自为转型，真正"名"符其"实"，他们更愿意将其作为实现公民权利、参与社会建构的利器，在中国直接抑或间接地驱动一场自下而上、由江湖至庙堂的社会进步运动来制约权力、驾驭资本、制止社会的分裂。从长远的、发展的角度来看，时代的呼唤、公民的诉求、媒体人的专业主义理想共同决定了民生新闻从社会新闻、市井新闻的窠臼中突围求生的必要性与必然性。市民的生活本身或许是十分琐碎而具体的，但当他们的生活被搬上电视荧屏时，需要经过电视把关人的选择、提炼和重新组合，建构由一幅幅生活画面组成的客观、公正、平衡的"媒介现实"；此外，应该确立正确的舆论导向，从总体上展现社会生活的亮色。① 上述条件才是理想状态下民生新闻不同于以往的社会新闻、市井新闻的关键所在。

回到当下的现实语境中，尽管民生新闻之"名"具有无可置疑的正当性，但将其付诸新闻实践后，"名不符实"特别是"名过其实"的问题已经并将长期存在，因而即使经过十余年发展，尚不能在理论上给予民生新闻这一概念终极的界定与不容置疑的解说（也没有必要），其终极性意义也许仅仅存在于民生新闻持续着的实践中——在不断变化、持续创新、酝酿整体转型的实践与理论思考

---

① 王雄：《电视"民生新闻"的幻象和转型》，载于《现代传播》，2006年第2期。

中,电视民生新闻的价值旗帜将展示不同的色彩或色系,烙印上更新的标识,宣示与时俱进的时代精神。

第二节　电视民生新闻勃兴的背景

　　站在民众立场,以反映民众生活与民间疾苦为己任,电视民生新闻这一中国电视新闻业务实践中的创新之举,几乎是中国电视界近十余年来改革的最大成果之一,也是电视业界和学界最热门的话题。电视民生新闻的孕育、产生,再到勃兴大红,可以说是我国新闻从业人员在原有的常规实践中创造的非常规实践,并将这种新兴的非常规实践纳入常规的过程(即创制新标准的过程),是地方台在中国社会现实语境和媒介生态环境的制约下寻求自身突破所采取的现实策略,并进一步反作用于中国政治、经济、文化等领域的变革,对社会发展产生深远影响。对于民生新闻产生动因的考察,不可避免地要将其归因于复杂多变的当代政治、经济、文化语境,庶几可以揭开缭绕于民生新闻神话核心部位的重重迷雾。

1.电视民生新闻的勃兴与社会转型

　　改革开放三十多年以来,中国社会处于急剧变革与加速发展的时期,呈现多向度的转型。20 世纪 90 年代被人们普遍公认为中国社会真正步入社会转型期,以 1992 年中国宣布建设社会主义市场经济体制为显著标志,即从计划经济体制向市场经济体制的转变。郑杭生对"社会转型"的概念表述较为典型:社会转型意指社会从传统型向现代型的转变,或者说由传统型社会向现代型社会转型的过程,这个过程是从农业的、乡村的、封闭的、半封闭的传统型社会向工业的、城镇的、开放的现代型社会的转型。① 王雅林则

----

　　① 郑杭生、李强等:《当代中国社会结构和社会关系研究》,首都师范大学出版社,1997 年版,第 19 页。

提出了由经典"二分范式"(农业社会—工业社会)变为"三分范式"(农业社会—工业社会—知识社会)的"双重社会转型"，也就是说，中国社会正同时经历着从农业社会向工业社会的转型和工业社会向知识社会的转型。①

经济转型、社会转型、思想转型、文化转型，四重转型体现为时空的高度压缩，浓缩而急剧的变革一方面极大地激发了中国发展的活力与潜能，加速经济增长，改善人民群众生活水平，另一方面也给社会带来了多重压力与巨大风险，包括失业问题、社会分化问题、犯罪问题、通货膨胀问题、群体性突发事件问题、环境污染与生态破坏问题等，加剧了社会成员心态上的不平衡、焦虑以及恐慌，不断凝结的社会失望和不满情绪在马不停蹄的现代化步伐中扩散蔓延，积压于中下层尤其是社会底层的失落感、愤怒、怨气、戾气等极端情绪浓重。上述矛盾需要得到重视，并在可以预期的未来获得广受信任的解决方案，与之伴生的这些情绪所裹胁的巨大力量需要释放，甚至需要被社会关切和抚慰，而以暴露事实和表达观点为己任的媒体，恰恰就是非常高效的舆论交流场域和"社会排气阀"——对于优秀的、有社会担当的媒体来说，对变化中的中国现实社会有准确而深刻的认知，并以自己独特的方式揭示社会矛盾，纾解失落、焦灼和愤怒的社会情绪，宣示关注与关切，当是无可回避、无法抗拒的时代命令。

同时，在利益急剧分化和权力分散下放这两种互为因果的力量的作用下，多元化成为社会各领域、各层面发展变化的普遍特征，原先预想的社会认同(即所谓"统一的社会认知")随之呈现出"碎片化"特征，各种社会思潮和价值取向如辐辏般指向四面八方，

---

① 王雅林：《中国社会转型研究的理论维度》，载于《社会科学研究》，2003 年第 1 期。

中心意识形态或价值图腾遭到解构。① 存在于碎片化社会中的人们对于信息的需求日益多元化、个性化、人性化，新闻叙事从国内外"重要新闻"转向本乡本土的"生活场景"，从"高屋建瓴"的政治新闻、经济新闻转向与人民群众生活密切相关的衣食住行、柴米油盐的社会事件报道，已然成为社会巨大的心理期待和电视市场强劲的消费预期。民众希望看到媒体能够讲述老百姓自己的故事，他们甚至都按捺不住，渴望自己直接走上前台，成为电视新闻的报道对象，直接表达自己的立场、观点。

与社会转型并驾齐驱的是如火如荼的中国城市化进程。有学者提出，中国正处于"城市社会来临"的社会变迁期，这期间中国将有 5 亿—6 亿的农业人口转化为城市人口，这将是人类历史上规模最大的社会与地理变迁之一。② 根据社会学研究，城市作为崭新的社群处所，当下社会版图中最活跃的生活场域和最富张力的文化平台，城市居民在当代中国电视的传播对象中占有很大比重，甚至是最重要的组成部分。对于新闻媒体而言，"得城市者得天下"。从另一个角度看，每一座城市形成和兴盛的维度绝不仅仅是地理的、政治的、经济的、制度的，还是社会心理的，也就是说，每一座成长着的城市都有必要也必然会在本区域民众中构建多层次的"社群认同"、"区域认同"、"城市认同"，打上本土化的、属于城市这一特殊社群场域的烙印。在这一时刻，具备鲜明地域性特征和新闻价值上天然追求"接近性"的电视新闻产品势必会应运而生，在活跃城市公共领域、维系新的城市精神共识、强化城市居民身份认同从而推动中国当代城市化进程中扮演积极角色。

上述提及的中国社会转型期的种种特征使我国电视媒体内在

---

　　① 凌燕：《可见与不可见：90 年代以来的中国电视文化研究》，中国传媒大学出版社，2006 年版，第 5 页。

　　② 张鸿雁：《"合法化危机"：中国城市化社会问题论》，载于《探索与争鸣》，2006 年第 1 期。

自发式或外界强制式地被赋予了崭新而富有建设性的内涵,其社会功能得到了极大程度的拓展。在变革过程中,电视作为重要的社会整合力量,开始参与构建公共政策议程,呈现出一种复杂多变并具有中国特色的格局。

自 1982 年起,《新闻联播》被授权比其他媒介早一天独家发布重要新闻,从而改写了电视在媒介阵营中的从属地位[①],与国家权力的结合,使我们有理由确认电视尤其是电视新闻在中国政治传播谱系中对政治意识形态建构的核心位置。20 世纪 90 年代以来,一方面是改革引发的社会变迁与分化,另一方面是电视的核心地位日渐凸显,以致被过分夸大、强化形成"刻板成见",从地方领导到黎民百姓无一不深谙从电视所传达的声音、画面等符码中解读政治气候与风向。身处改革阵痛与动荡中的普通人,需要的不是充斥荧屏、一成不变的新闻"宏大叙事",不是旨在凸显国家主义意识形态的居高临下的训诫,不是"小部分人总是别有用心的,群众总是不明真相的"诸如此类的程式化的类政治宣传的单一话语,他们需要的正是基于生活的有效安抚、交流和宣泄,一种有现实可能的想象空间,或者说是"一种表象,在这个表象中,个体与其实际生存状况的关系是一种想象关系"。电视执行的"按摩"作用因为传统联播式新闻"高高在上,俯瞰苍生,冰冷生硬,千人一面"而付之阙如了,公众与官方沟通的渠道(或者说是公众单向度接受的政意下达通道)被阻断[②],这必然会引发公众对于电视媒体的"信任危机",或者说,观众作为民间立场表述者和电视媒体作为官方意识形态表述者的不同角色及其判然有别、"互不来往",奠定了日后电视民生新闻产生与勃兴的内在逻辑基础。

---

① 凌燕:《可见与不可见:90 年代以来的中国电视文化研究》,中国传媒大学出版社,2006 年版,第 3 页。

② 周炯:《意识形态梳理与主流媒体构建——新意识形态下的中国电视民生新闻》,http://www.xschina.org/show.php?id=2200。

随着转型期中国政治、经济体制改革逐步推进,国家权力开始上收,重新赋予社会一定的自主性,"国家—民众"的二元扁平结构逐步被"国家—社会—民众"三角形结构所取代。国家与社会关系的变革催生了大众传媒开始具备公共领域的某些特质:大众传媒由完全代表官方意识形态的舆论宣传工具,转变为社会成员发表各种意见的场所,初步具有公共交流平台的功能。

这里我们有必要首先对"公共领域"思想做一番梳理。"公共领域"概念起源于古希腊雅典时代的城邦精神,基本理念为主张公民可以自由在市集上发表言论,臧否人物,议论执政官施政的利弊得失,并参与公共事务的讨论。到了十六、十七世纪的英国,伴随着资本主义的初期发展和同时期产生的自由主义思想,公共领域开始兴起。政治意义上的公共领域的形成经历了漫长的过程,在中世纪后期,市民社会伴随着商品经济的发展和市场体制的雏形开始作为一种独立于国家政治权力之外的领域出现,而资产阶级的发展和相继发生的资产阶级政治革命最终使市民社会与国家的分离成为现实;与此同时,作为市民社会组成部分的公共领域也完成了从文学公共领域到政治领域的演变。[①] 20 世纪 60 年代以来,德国哲学家哈贝马斯对于公共领域的论述成为阐释这一概念不可逾越的经典,1964 年哈氏给出公共领域的规范定义,他认为,国家和社会之间可以存在一个公共空间,某种接近于公众舆论的东西能够在其中形成,并向所有公民开放,公民可以以不受限制的方式,对涉及公众利益的事物自由发表意见,在公共领域内,不必服从国家官僚机构的限制。

中国步入社会转型期以来,"公共领域"、"公共空间"、"公共性"等相关概念及论述被大量引入国内,大众传媒尤其电视媒介作

---

① 石义彬:《单向度、超真实、内爆——批判视野中的当代西方传播思想研究》,武汉大学出版社,2003 年版,第 93 页。

为公众不可或缺的信息生产与发布机构,以其不可替代的公共性与普及性,被公认为是公共领域的天然载体。我国的大众传媒作为公共领域而存在的逻辑起点并不同于哈贝马斯所说的"公共领域"的形成机制——哈贝马斯所讨论的公共领域是由私人领域和市场领域通过私人集合而形成,私人报刊作为市民社会的讨论手段发展成为公共领域的一个重要组成部分;[①]我国的大众传媒是从政治领域不完全地分离出来,它仍然隶属于政治权力领域,只能是某种程度上具有公共性功能的准公共领域。[②] 即便如此,大众传媒构建的这种公共话语平台,使各方利益自由表达与聚合成为可能,成为影响公共政策制定的重要变量,对中国政治生活民主化空间的拓展仍具有积极意义。

电视民生新闻作为中国电视人在现有体制下最求自身理想的一次策略性突围和成功,其"以人为本、报道民生、反映民意"的核心宗旨在一定程度上触及并吸纳了原有电视新闻节目没有触及、不敢触及、被自动过滤屏蔽的代表"民间立场"的新闻原材料,并且主动利用这些内容与普通百姓建立亲密关系,将自身打造成为学术界千呼万唤、期盼已久的"公共领域"理想之光的投射之所。电视民生新闻就是以这样的一种姿态破土而出,它作为一剂疗效不错的药剂中和了中国社会转型过程中所遭遇到的民间立场与国家主义意识形态截然对立的紧张关系,它构建出的公共舆论交流平台在一定程度上解决了先前饱受诟病的公共表达途径缺失与断裂的问题,间接促进了政府决策民主化与多维度改革进程中社会意见的公开自由表达。

英国社会理论家汤普逊(J. B. Thompson)认为,作为公共领

---

① 夏洁秋:《相互承认的表达:公共政策过程中的大众传媒功能》,载于《行政学研究》,2007 年第 9 期。

② 展江:《哈贝马斯的"公共领域"理论与传媒》,载于《中国青年政治学院学报》,2002 年第 2 期。

域,现代大众传媒的重要性并不止步于它开放了一个平等、开放和自由的公共对话空间,更在于它提供了"可见度/透明度"这种公共性。也就是说,大众传媒的存在提高了传媒事件的公共可见度,使得全社会得以了解这个传媒事件;可见度的提高直接对权力构成约束,给权力持有者带来政治风险。① 电视民生新闻所体现的鲜明的"民间报道"的新闻实践活动特征,可视为实现国家与社会良性互动的第一束微弱的光,政府必须对噤声缺位已久的"民意"负责,罔顾"民意"的公共决策必将降低自身政权的合法性。

在"民意表达"的现实语境中,有学者进一步指出,在民众观点得到表达与伸张的过程中,存在着一个基本的动力机制,这个机制或过程即是"民意"被传媒表达、形塑、凝聚和再表达的不断发展的运动过程,这个机制以传媒的特定实践为基础和平台。② 考虑到当下中国媒介生态的现实情况,国内电视新闻市场相对封闭、管理者对于境外媒体与境外资本仍持警惕态度,这种"传媒的特定实践"或许只有电视民生新闻能够加以施行。所以,电视民生新闻的产生与中国社会步入转型期关系重大,它是电视人在现有体制内最大限度地利用政策资源、市场资源以规避体制风险的一次有限尝试,是中国电视媒介发挥全新社会功能、构建具有中国特色的公共话语空间的一次难得且有益的尝试。

2. 电视民生新闻勃兴的政治背景

包括电视媒介在内的中国大众传媒,与政治有着难以分割的关系,大众传媒本身可以说就是政治权力的组成部分之一。从政治角度分析,电视民生新闻的生成,是由媒体上层的相关管理部门所默许,同时被电视人抓住时机迅速做大和规模化的结果。电视

① 李艳红：《大众传媒、社会表达与商议民主——两个个案分析》,载于《开放时代》,2006年第6期。
② 李艳红：《大众传媒、社会表达与商议民主——两个个案分析》,载于《开放时代》,2006年第6期。

民生新闻的政治生态具体体现在社会政治力量与民生新闻的相互制约与协调：政治民主化是社会转型期政治力量的主要体现，为电视民生新闻的兴盛创造了条件，而电视民生新闻的发展又在一定程度上推动了社会政治民主化的进程。①

基于社会主义市场经济发展及其所带来的制度创新，中国政治体制终于孕育出了以民主制度建设为核心的当代中国政治形态的转型。② 要发展民主政治，在中国建设一个有能力与政府进行良性互动的自治性"大社会"，就必须使民众能够不受任何不必要的干涉与限制，自由参与一切涉及公共利益的政策意见表达与政策批评，培育民众对于公共政策的品评能力，"社会大众通过自由讨论或传播媒介的作用，形成包含利益要求、思想观念、价值取向的公共舆论，直接或间接影响决策，而公共舆论影响政策是社会大众参与政治的形式之一"。③ 在社会转型期，大众传媒明确和维护自身社会公器角色、成为民众公共论坛，是中国实现政治民主化的硬性指标。

随着改革的不断深入，社会政治环境已然发生了巨大的变化，当代中国人的权利意识、责任意识、法治意识与参与意识高涨澎湃，政治心态愈来愈趋于主动，与之相适应的是执政党与政府管理社会的观念即执政理念的创新与调整。关注和改善民生作为中国共产党执政理念的新发展，越来越成为自上而下各级政府的工作重点，每年的"两会"都会成为民生话题奔涌而出的"井喷"式平台，"民生"俨然已是中国社会最热的主流话语，并具有了无可撼动的政治"正确性"。

---

① 侯迎忠：《媒介与民生：电视民生新闻的理论与实践》，中国传媒大学出版社，2008年版，第70页。

② 廖圣清、张国良、李晓静：《论中国传媒与社会民主化进程》，载于《现代传播》，2005年第1期。

③ 凌燕：《可见与不可见：90年代以来中国电视文化研究》，中国传媒大学出版社，2006年版，第85页。

　　"立党为公、执政为民"，"以人为本"，"群众利益无小事"，"权为民所用，情为民所系，利为民所谋"，"坚持发展为人民，发展依靠人民，发展成果由人民共享，切实解决人民群众最关心、最直接、最现实的利益问题"，"实现民族复兴和每一个人理想达成的中国梦"等执政理念的提出，是以胡锦涛为总书记的第四代领导集体和以习近平为总书记的第五代领导集体面对中国社会的空前变革与发展，深入研究社会治理规律，摒弃传统社会治理理念，顺应时代潮流与永葆先进性的创造性思维，所表达的党和政府对人民福祉的深切关怀，其中一以贯之的精神是把人民利益、民生诉求放在更加突出的位置上。

　　2003 年 7 月 1 日，胡锦涛同志发表《在"三个代表"重要思想理论研讨会上的讲话》，讲话中提到，"始终做到'三个代表'，是我们党的立党之本、执政之基、力量之源。这里的'本''基''源'，说到底是人民群众的支持和拥护。"他借用"乐民之乐者，民亦乐其乐；忧民之忧者，民亦忧其忧"的古训告诫全党，人心向背，是决定一个政党、一个政权盛衰的根本因素；只有顺民意、谋民利、得民意，才能得到人民群众的支持和拥护，才能永远立于不败之地。他同时特别指出："领导干部必须深入基层、深入群众，特别是要到最困难的地方去，到群众意见多的地方去，到工作推不开的地方去。"胡锦涛同志在这里一连讲了三个"必须去"的地方，这三个"必须去"的地方，对于新闻工作者来说，就是新闻传播尤其是电视传播最能够出精品力作、趟出一条新路的地方。从现阶段中国的国情来看，"最困难的地方"、"群众意见多的地方"、"工作推不开的地方"，往往是群众利益受到局部损害的地方①，是电视人执掌的镜头最应该下移推进之所，只有在这里，电视人才可以真正直面和触摸生活的原始质地和民众的心灵脉动，捕捉、记录、展现人世间微尘中最质朴平淡的情感，最需要阳光和

---

　　①　时统宇：《从"讲述老百姓自己的故事"到"民生新闻"——〈都市一时间〉的有益启示》，载于《中国广播电视学刊》，2004 年第 6 期。

温暖的生活,最谦卑弱小的社会呼吸。

2003 年 10 月,党的十六届三中全会首次在党的决议中正式提出"科学发展观"的全新命题,"坚持以人为本,树立全面、协调、可持续的科学发展观"。"以人为本"发展观把价值主体定位为"人",在当代中国,就是以最广大的人民群众为主体。坚持"以人为本",从根本上说,就是要使一切发展真正成为满足主体需要的发展,即符合人的本性的发展,也就是要坚持"民生为本"的发展。[①] 因此大众传媒要真正贯彻落实科学发展观,就必须牢固确立"民生为本"的发展理念。以"人"为本,"民生至上",电视新闻就应强调对人的关注,确立"人"在新闻节目中的主体地位;新闻的采集与选择环节必须从人出发,尤其是千千万万的普通人,而不再是"中央"、"省委"、"市委"、"县委"等党务政务层级打头定调。

2004 年 9 月,党的十六届四中全会首次提出"构建和谐社会"的理念,"和谐社会"的六大标准是"民主法治、公平正义、诚信友爱、充满活力、安定有序、人与自然和谐共处"。大众传媒作为社会的"神经"、"血管",是构建和谐社会的重要社会资源,同时又是整合社会资源的重要工具之一,在构建和谐社会的网络中处于一种枢纽地位。[②] 和谐社会的建设目标需要大众传媒重新找准自身的定位,积极回应构建和谐社会的诉求,以更敏锐的触角探知社会各阶层生活的最细微的脉动,特别是以往较少以真实面目示人的社会中下层,挖掘隐蔽的、可能在未来形成的新闻议程和热点;打造畅通无阻的各阶层利益表达渠道,以有助于妥善处理社会矛盾、问题及协调各阶层利益关系。身处浩浩荡荡的时代潮流之中,电视媒介自然开始发力寻求自身发展与实现和谐社会对大众传媒的期

---

① 李仕文:《民生为本:科学发展观的本质诉求》,载于《毛泽东思想研究》,2006 年第 3 期。

② 罗以澄:《构建和谐社会与新闻传播的和谐发展》,载于《江汉大学学报(人文科学版)》,2007 年第 10 期。

待间的最佳契合点，以期与社会一道实现双赢。

　　在政治体系理论中，大众传媒被誉为"第四种权力"，是权力制衡和社会控制的一种工具和手段。如前所述，我国的大众传媒只是从政治领域不完全地分离出来（"事业性质，企业经营"），获得了一部分自身享有的媒介权力——独立面对市场的自主权力，但从根本上说，媒介仍然隶属于政治权力领域，党委和政府决策部门依据"组织原则"、"新闻政策"、"新闻纪律"对大众媒介依然拥有直接的管理、监督与控制权力。正如有学者所论述的那样，影响媒介活动的政治生态主要是公共政策或媒介管理政策，二者主要通过规范媒介行为来调节媒介与环境之间的关系，从而使媒介朝着政策指示的方向发展。① 电视民生新闻正是在这种电视媒介所持有的不完全权力与党和政府所行使的政治权力的"拉锯战"中应运而生，它是部分聪明的、"先知先觉"的中国电视人凭借自己灵敏的政治嗅觉和市场嗅觉在转型期中国这两种权力对峙、博弈之间找寻到的一个巧妙的平衡点，使为政者和电视观众双方都能接受，甚至欣然支持。如同大多数习惯并擅长于将任何人、物、事做一番政治解读的中国百姓一样，电视民生新闻的创制者们深谙这样一个至少在中国永恒"正确"的真理：当一个媒介承担起某种政治使命时，这个媒介本身就拥有了天然的"合法性"，甚至某种政治特权。

　　新兴的、非常规的电视民生新闻实践在经过了与各方面因素周旋博弈后终于等来了被整合到现行制度框架中的历史拐点。② 2003 年 3 月 28 日，胡锦涛同志主持中共中央政治局会议，讨论通过了《关于进一步改进会议和领导同志活动新闻报道的意见》。该文件规定中央领导同志出席部门召开的会议和日常活动，一般不

---

　　① 侯迎忠：《媒介与民生：电视民生新闻的理论与实践》，中国传媒大学出版社，2008 年版，第 77 页。

　　② 钱蔚：《政治、市场与电视制度》，河南人民出版社，2002 年版，第 203 页。

作公开报道；会议报道不应完全依照职务排序安排报纸版面和电视时段；另一方面，新闻单位要多报道对工作有指导意义、群众关心的内容，"力求准确、鲜明、生动"，"使新闻报道更好地贴近实际、贴近生活、贴近群众，更好地为人民服务、为社会主义服务、为党和国家工作大局服务"。同年，李长春同志在《求是》杂志上撰文阐述新闻工作的"三贴近"原则，指出：贴近实际，就是立足于社会主义初级阶段这个最大的实际，真实反映改革开放和现代化建设的实践；贴近生活，就是深入到火热的现实生活和人民群众的日常生活中，反映客观现实，把握社会主流，从生活中挖掘生动事例、汲取新鲜营养、展示美好前景；贴近群众，就是深深扎根于群众之中，想群众之所想，急群众之所急，办群众之所盼，以群众满意不满意、高兴不高兴、赞成不赞成、答应不答应作为根本出发点和落脚点。

概括起来说，电视民生新闻蓬勃崛起，应运而生，是电视业界深入贯彻落实邓小平理论、"三个代表"重要思想和以胡锦涛同志为总书记的党中央提出的立党为公、执政为民、以人为本、构建和谐社会等重要理念的生动体现，是探索电视新闻规律的一种成功实践。电视新闻从业者经过对社会转型期中国政治生态的精密考量，自发探索，使一种非常规的新闻实践由于契合"关注民生"的主流社会政治话语，最终获得政府和管理部门政策层面的支持与官方话语系统的认可，实现了从"非常规"到"常规"的制度容纳过程，从而进一步为自身的繁荣勃兴奠定了强大的政治合法性优势。

3. 电视民生新闻勃兴的经济背景

曾有学者将电视民生新闻誉为十年间中国电视的"第三次革命"[①]，毫无疑问，电视民生新闻是那个十年间中国电视新闻发展所取得的最辉煌的成果之一。政治理念和宏观政策的变革是电视发

---

① 李幸：《十年来中国电视的第三次革命》，载于《视听界》，2004年第1期。

展最隐蔽、最强大动力，而传媒制度的变迁通常则是社会经济力量调整变化后的结果，所以经济因素的考量当是电视民生新闻创制者们不得不面对的又一主要诱因。

从国家经济指导思想上看，1978 年党的"十一届三中全会"重新确立了解放思想、实事求是的思想路线，作出把党和国家的工作重心转移到经济建设上来、实行改革开放的伟大决策；1984 年党的十二届三中全会提出实行"有计划的商品经济"；1987 年党的十三大提出实行"国家调节市场，市场引导企业"的经济运行机制；1992 召开的十四大在党的历史上第一次明确提出了"建立社会主义市场经济体制"的改革目标；1993 年 11 月党的十四届三中全会通过了《中共中央关于建立社会主义市场经济体制若干问题的决定》，把十四大提出的经济体制改革的目标和基本原则加以具体化，在某些方面有进一步发展，制定了社会主义市场经济体制的总体规划。以《决定》为标志，我国社会主义市场经济体制的改革目标最终成型。2001 年 12 月 11 日，中国正式加入世界贸易组织（WTO），成为其第 143 个成员国，对外开放的程度进一步深化，在经济全球化的浪潮中，中国市场经济的改革之路从此不可逆转。

在新时期的中国，大部分的改革基本都发端于经济领域或围绕着经济领域而展开，事实上，经济领域之外的其他所有领域的改革无一不是在市场化的目标下进行、完成的，或者由此引发。社会主义市场经济指导思想与体制的最终确立和日臻成熟完善，必然极大改变大众传媒生存之所系的经济环境，新闻改革与传媒制度变迁毫无悬念地作为改革大潮的有机组成部分被提上了议事日程。在很长的一段时期内，电视媒介作为党和政府的"喉舌"，一直受到党委、政府的直接管控，自然也接受政府的拨款支持，因而无须为自身的生存操太多的心；市场经济大潮涌动以后，政府财政的投入、"补贴"与中国电视媒介的发展诉求之间逐渐出现了日益加剧的资金裂口，政治权力无所不在的保障渐渐松动，市场因素重新成为电视媒介生存发展的另一个关键变量。所谓的市场因素,一方面是指电视媒介自身的市场化问题,即"事业单位,企业经营",另一方面则是指在市场经济条件下,电视媒介必须以市场逻辑组织新闻内容的生产,换句话说,就是要以媒介的消费者——广大受众为中心,顺应、服务于媒体消费市场。

政府财政"断奶"政策的实行为大众媒介赢得了更多自主发展的动力,而"政治家办报(台),企业家经营"则是业内有识之士基于对现存基本制度框架的认知所做出的一种富有智慧的回应姿态,并具体化为业界传播极广的"三不变原则":广播电视作为党的喉舌不变;坚持党性原则,党管干部的原则不变;坚持正确的舆论导向,政治家办台的方向不变(时任湖南广播电视影视集团董事长魏文彬语)①。

但无论如何,九十年代的新闻改革为中国电视引入了市场机制,并导致了其后新闻传播实践中的创新变化,这在逻辑上是确定成立的。市场化改革使得电视媒介逐渐成为一个相对独立的利益主体,开始进行不同于政治逻辑的成本—效益核算。为了在新的市场环境中持续生存和发展,它必须不断满足市场和社会对其提出的多种要求。② 有学者将中国电视媒介的这种市场化趋向描述为"党的宣传工具"向"党营商业性的信息娱乐业"转变,或"党和政府的宣传部门"向"国营的准信息产业过渡",部分具备了商业传媒特性的电视媒介由于其自身担负的财政压力与"经济人"身份所滋长的利益欲望,在 20 多年的传媒制度变迁中,型塑勾勒出了一个整体垄断、局部竞争的特殊媒介市场环境。

首先,我国电视新闻的局部竞争态势主要体现在地域市场和节目内容的竞争上。20 世纪 80 年代的四级办电视政策,使我国电

① 郑世明:《权力的影像:权力视野中的中国电视媒介研究》,中国传媒大学出版社,2006 年版,第 97 页。

② 钱蔚:《政治、市场与电视制度》,河南人民出版社,2002 年版,第 210页。

视媒体发展迅速,全国大部分省、市、县甚至县级以上的企业单位都有了电视台;90年代的"上星"热,从地域上扩大了广告竞争的范围,中央电视台和各省台纷纷上星,各省、市(地)有线电视台相继建立,各台都拥有多个频道资源,原来的本地竞争扩大到全国范围,同城竞争主体增加。虽然2001年中央对广播电视进行整顿,有线无线合并,资源整合的结果是电视台大幅减少,但是并没有撤销市、县两级电视台,总体播出频率、频道一个也没有少。① 上述政策变革又进一步将地域性竞争划分为全国性竞争与地区性竞争两个层次,前者指中央台与省级卫星频道之间的竞争,后者指省级卫星频道与省级地面频道、市级台三者之间的竞争。面对电视媒介内部这种多层次、多方位的激烈竞争,浸淫市场逻辑多时的新闻媒介组织想要追求自身财富最大化,获取经济实利,首要条件就是摆脱"常规化"实践框架的局限,试行一些"非常规"的或"创新"的实践。电视民生新闻在某种程度上即是电视媒介市场竞争发展到21世纪关口的产物,是在市场竞争态势下电视人积极追求收视率的一次合理的"非常规"举动。受市场因素的影响,衡量一个电视新闻节目成功与否,首先看它是否取得了高涨的收视率与可观的经济效益(最直接体现在广告的投放上)。而在节目内容的竞争方面,在当代我国传媒市场化变迁进程中,媒介竞争进入了"核心竞争力"的比拼阶段,电视民生新闻乃是创制者们将"民间话语"作为市场竞争的一种品牌策略和拳头产品来打造的,以期获取稳定地位和良好声誉。电视民生新闻所表达的"民间立场",在如前所述的公众与官方沟通渠道基本缺失的语境下,属于竞争中的"稀缺资源",善用这种稀缺资源可以使媒介组织同时兼收较高的品牌价值与实际收益。电视民生新闻的核心竞争力问题在本书后面部分将

---

① 侯迎忠:《媒介与民生:电视民生新闻的理论与实践》,中国传媒大学出版社,2008年版,第155页。

单辟章节讨论,此处不再赘述。

其次,我们还必须看到我国电视媒介市场环境的垄断特性是如何催生出电视民生新闻这一新兴的电视新闻样式的。有学者曾经这样描述中国大众传媒在自身变革中所扮演的复杂角色:它不仅是市场化改革的急先锋,同时又是现存"半政治、半市场"格局的自觉维护者——这种自觉维护不仅仅出于意识形态的限制、自身安全性等因素,更重要的是,这种维护本身已成为传媒利益最大化的需要。① 具体到电视媒介,这种双重角色所导致的话语冲突,已成为其市场化进程中的核心特征,即电视媒介既要服从市场逻辑,又要服从官方意志,政府控制与市场动力之间的紧张与张力正是诸如电视民生新闻之类的新闻实践创新动力的源泉,但也正是其限制所在。有人用"拔河赛"这个形象的比喻来阐释媒体制度变迁中经济力量与政治力量之间的角力。在"拔河赛"中,竞争双方都竭尽全力试图将对方拉入自己的领域,竞赛中那种无时无刻不在的接触、拉拽和前后移动,形成了竞赛的动态过程。② 还有学者借用"拔河"这一解释模式来界定电视制度变迁与电视新闻改革中政治与市场的 5 种形态的博弈关系:③

第一,政治主导形态。这是 20 世纪 80 年代以前中国电视制度的基本形态,即使处于当下的社会转型期,电视制度的许多层面仍属于此类形态,尤其是界定电视制度核心框架的基本原则部分。但在市场经济条件下,这些原则有了新的解读。如同样的一条原则"政治家办报(台)",在过去意味着媒介是党的喉舌,政治要求至上,必须与

---

① 钱蔚:《政治、市场与电视制度》,河南人民出版社,2002 年版,第 199 页。

② 何舟:《从喉舌到党营舆论公司:中共党报的演化》,《中国传媒新论》,(香港)太平洋世纪出版社,1998 年版,第 70 页。

③ 钱蔚:《政治、市场与电视制度》,河南人民出版社,2002 年版,第 166 页。

党中央保持高度一致；而在市场经济的情形下，该原则不仅包含以上内容，还被人们赋予了新的含义：即该原则的实现，不仅要求有必备的政治素质，还必须有企业家的眼光。因为只有搞好经营，才能维持媒介的更好生存，从而才能更好地做好党的宣传工作，搞好经营在这种市场经济的话语机制中成了政治要求的重要组成部分。

第二，政治主导但市场增势形态。在这种形态中，尽管政治因素仍占主导地位，但市场因素的势头已经在增加。

第三，政治与市场的均势形态，两者形成一种暂时的平衡。

第四，市场主导，政治增势形态。

第五，市场主导形态。随着宣传与经营两个轮子的日益分化和"双轮驱动"，电视产业经营的许多方面已经非常市场化，甚至彻底市场化了，如广告经营等。

如前文所述，自 20 世纪 80 年代以来，电视媒介在中国政治传播的谱系中始终居于核心地位，本质上仍然是党和政府的喉舌，还是要受到政府的诸多限制与管理，但实际上也享有其他市场化程度更高的非传媒行业所没有的特殊优势。首先，党和政府的"喉舌"地位赋予媒介巨大的无形资产，有着极高的公信力与声望。一旦把这种"比较优势"转化为获利手段与能力，将是一种不平等的非市场竞争。[①]其次，政府为传媒维持了"垄断经营"的局面。我国传媒业是一个实行严格审批准入制度的特殊行业，广播电视尤为严格，实行政府办台体制，业外资本特别是私营资本与境外资本仍被排斥在外，现有媒体客观上获得了政府给予的市场"专营权"[②]，所以我国媒体所处的仍然是一个整体垄断的内部竞争市场，行业内所面临的不管是竞争对手的数量，还是竞争的激烈程度，都远远不及非传媒行业。

---

① 钱蔚：《政治、市场与电视制度》，河南人民出版社，2002 年版，第 200 页。

② 陈怀林：《试析中国媒体制度的渐进改革——以报业为案例》，（台湾）《新闻学研究》，第 62 期。

这种带有规定性与限制性的市场竞争环境与创新变革空间无疑是电视民生新闻在中国大地破土而出最适宜的土壤。电视民生新闻的出现本身就如同已进行了 20 多年的中国新闻改革那样,以明显的渐进性为基本底色。为了更好地探究考察电视民生新闻生成背后所存在的这种渐进改良式的创新机制,在这里我们需要引入一个传播政治学的研究视角——制度变迁理论——来审视电视民生新闻生成的深层次制度性机理,研究模式可以借鉴海内外学者运用制度变迁理论对中国传媒制度的分析。需要指出的是,这种分析的局限依然是存在的:第一,制度主义学派出现于市场完善的发达资本主义国家,传统西方经济学理论中的基本假设,如私有产权概念等在我国并不存在;第二,我国传媒总体上受制于政治力量的程度明显高于经济力量,单纯的经济学理论并不能真切清晰地解读当代我国的传媒改革图景。

西方经济学界的"新制度主义"学派的代表人物为诺贝尔经济学奖获得者、美国经济史学家道格拉斯·诺斯,新制度经济学的开山之作可以追溯到美国芝加哥大学教授罗纳德·科斯于 1937 年发表的《企业的性质》以及 1960 年发表的《社会成本问题》。诺斯使用新制度经济研究方法解释经济制度变迁的过程,制度变迁理论在整个新制度经济学的理论体系中可以说居于核心地位。根据制度变迁理论,现存制度是某种利益格局的固化,而任何制度变迁都是利益格局的调整。传媒制度的变迁可以经由不同的路径,即自上而下地由政府推动,或是自下而上地由个人或者自愿团体推动[1],一般这两种方式被称为"强制性制度变迁"与"诱致性制度变迁"。20 多年的中国新闻改革就其主流而言,应属于"诱致性制度

---

① 陈怀林:《从宣传部门向准信息产业的艰难过渡——试析中国传媒制度改革的渐进过程》,http://ccs. nccu. edu. tw/history_paper_content. php? P_ID=831&P_YEAR=1999。

变迁"，是以自下而上为主的——有学者认为"推动 20 年新闻改革进程的始终是新闻界自身的实践"①。潘忠党这样概括新闻实践活动的变化与传媒制度变迁二者的因果联系，"新闻改革的内容是新闻生产的实践之改变；由于实践之变化，新闻生产及媒介运作的'游戏规则'也发生变化，新闻体制变革因此不可避免。"②

　　具体落实到电视民生新闻的生成，在新闻生产实践的创新阶段，后来称之为中国电视新闻改革的重大成果的新兴新闻实践活动诞生地不是中央电视台，也非省级卫星频道，而是实力、地位、辐射区域远不及前两者的地方城市频道，中国新闻改革自下而上的自发性特征由此得到了充分的体现。此时，国家政策与上级管理部门"有意"滞后并不直接表态（"等一等，看一看"），对地方传媒组织大搞"电视民生新闻"的突破性、"违规"举动采取默认或宽容态度，等到电视民生新闻节目的收视效果和盈利能力在实践过程中得到检验，且传播效果完全可以预期或"可控"，继而得到大多数业界人士和学界精英的肯定以后，相关管理部门最终才以"条例"、"暂行条例"的形式将其合法化，"非常规"或叫"创新"新闻实践正式被"招安"，向"常规化"新闻实践转化。

　　这种以市场力量为原动力，政治权力有意为之的主动"退让"而发动的自下而上的制度创新，实为传媒与政府颇具默契谋划的一场轰轰烈烈的"合谋"或"合作"。同时我们必须认识到，上与下的"合作"模式是由当时社会变革时期大环境的种种不确定因素所决定的，一方面政府管理部门对于传媒市场化进程的认识还不够成熟甚至存在模糊性，因而只能做到运用一些宽泛的、暧昧不明的词汇对新闻改革本身赋予正当性与认可，另一方面则对于改革方

---

　　①　童浩麟、秦傅：《新闻改革：实践与实际》，载于《新闻战线》，1998 年第 11 期。

　　②　潘忠党：《新闻改革与新闻体制的改造——我国新闻改革实践的传播社会学之探讨》，载于《新闻与传播研究》，1997 年第 3 期。

向、具体目标、达成手段语焉不详；对新闻实践的主体——传媒人而言，他们有非常丰富的体制内生存经验，他们懂得通过自己的深思熟虑的实践，最大限度地规避改革的不确定性，尤其是其可能的"负面影响"，即按照经济利益最大化、政治风险最小化的原则展开制度创新——电视民生新闻正是这种创新空间内地方电视台新闻人"摸着石头过河"的自发式、渐进性改良之举。

新制度经济学通常认为，"诱致性制度变迁"往往具有边际性特征，即它通常总是从某一制度的"边际"，也就是不平衡最严重、获利可能性最大的地方开始的。制度变迁总是从最易于推行和展开，成本和阻力最小的那一点开始，且制度变迁的进程也仅推进到边际收益与边际成本相等的那一点为止。电视民生新闻究其实质内容脱胎于都市报、晚报的"市井新闻"、"社会新闻"，专门表现老百姓生活的方方面面与世俗人情的琐碎小事，如柴米油盐酱醋茶、衣食住行等，这一新闻题材领域相较于政治、财经、军事等层面的所谓"国家大计"新闻而言，处于政治权力染指的遥远"边界"，意识形态色彩也十分淡薄，所以便于作全新的、突破性处理，而且风险最低。换言之，纵观巩固并推动新闻改革行进的那些具有创新意味的"点子"或"行动"，在所处的历史环境中都具有一定的"擦边球"成分，往往首先在距离"党的新闻事业"这一核心原则较远、官方意识形态色彩相对较淡的地带展开，构成一种"中心"与"边缘"独具风格的互动。有学者将这种特点归纳为"边缘突破"①，可谓与新制度经济学理论中的"边际调整"有异曲同工之妙。所以可以断言，电视民生新闻的出现依旧归属于中国新闻改革渐进性边际调整的领域，这就从根本上规定了对前者的评价标准和评价尺度。笔者在此所要着重表达的观点是，肯定电视民生新闻对中国新闻

---

① 潘忠党：《新闻改革与新闻体制的改造——我国新闻改革实践的传播社会学之探讨》，载于《新闻与传播研究》，1997年第3期。

改革的贡献是正确的，但在论述这种贡献的相当多的论著中，随意拔高的倾向十分普遍，混淆了"幻象"与"现实"、"局部突破"与"本质嬗变"之间的差异。

在"整体垄断、局部竞争"的特殊媒介市场环境，中国传媒制度变迁仍然从根本上受制于政治力量，双重因素共同制约决定了边际调整实际上已是我国新闻改革创新的唯一选择。有学者曾对此做出解释，"中国的媒体市场仍然是一个封闭的市场，境外媒体被禁止入内，私营媒体更无生存的空间，竞争仅仅在同一地区发生或播出的少数国有媒体之间进行。因此，个别媒体只要比相似的对手略胜一筹即可赢得受众和市场，完全没有必要采取'跃进式'制度创新。此外，中国媒体制度同政治制度千丝万缕的牵挂，以及多变的政治环境，都增加了制度创新的风险，迫使媒体采用安全系数最高的变革方式——边际调整。"①

电视民生新闻产生之前，各电视台的节目时间往往被划分为"黄金时间"与"非黄金时间"，"黄金时间"播出的节目（尤其中央一套）受限制的因素很多，譬如《新闻联播》在 20 多年的新闻改革中变化不大，而"娱乐性"、"服务性"节目则花样迭出，享受着较大的自由度，地方电视台的情况也是大致相同。众所周知，19 点到 19 点 30 分历来是各地方电视台的收视禁区，《新闻联播》一家独大的强势地位使得地方台不敢在这个时段与央视正面对抗。恰恰由于该档节目长期不变的固化面目以及与当地新闻消费市场鲜活"地气"的严重脱离，使该档节目的"强势"带有很大脆弱性，蕴含着"供"、"需"的严重不平衡，使得"边际调整"或者"边缘突破"成为可能。假若能做到占得先机，并将这种先机运用得当，这些边缘往往就会成为利益最大化的"中心"地带。《南京零距离》最初在时段的

---

① 陈怀林：《试析中国媒体制度的渐进改革——以报业为案例》，载于（台湾）《新闻学研究》，第 62 期。

安排上同样带有"边缘突破"的特征，它的开播时间被果断地确定为18点50分，与《新闻联播》打了十分钟的时间差，从而成功地"截流"、"抢夺"了原本只能收看《新闻联播》的电视观众。与此同时，《南京零距离》的创制者在节目编排上也作了策略性的考虑和精心布局，"在节目的编排上采取攻占两厢、过渡中央的策略"，即"把收视率预期高的节目放到19点前的10分钟和19点30分后的20分钟，把相对软性的实用资讯安排在19点至19点30分中间，避免与《新闻联播》的直接冲突"。① 不难看出，作为中国电视新闻改革重大成果的电视民生新闻是我国传媒制度变迁过程中最为普遍的渐进式边际调整的最新代表，它身上所体现出的创新程度不是破釜沉舟式的"大跃进"，而是进退有据、妥协式的有限创新，最终目的在于求得现有传媒体制的最终容纳。

4. 电视民生新闻勃兴的文化背景

社会文化思潮的风起云涌也是电视民生新闻产生的一个重要动因。20世纪90年代中国经济经过几十年的僵化体制后，转入社会主义市场经济轨道，这一转变给中国社会带来的巨大冲击无法估量，旧时期高度协调的"社会同质性"开始大幅度消解。在市场经济语境下，文化领域出现了多种文化价值取向共生并存的局面，各种社会思潮和文化观念在社会转型期相互碰撞、冲突、融合。其中一种以消费性、娱乐性为主要特征的文化形态，即当代中国的"大众文化"异军突起，它以其多元性、娱乐性、流行性和大众参与性，贴近世俗生活和普通民众，使文化的共享性在新的历史时期得到了实现。在文化生态上，大众文化以新的时代精神回应着在政治、经济、文化等领域全方位变革转型的当代中国社会，与"高雅文化"、"传统文化"等一起构成了我国目前精神文化消费的整体

---

① 景志刚：《我们改变了什么？——〈南京零距离〉及其民生新闻》，载于《视听界》，2004年第1期。

结构。

关于文化领域主体的分类，存在这样一些划分标准：美国社会学家席尔斯（E. Shils）将文化分为精致文化（refined culture）、平凡文化（mediocre culture）和粗俗/感官文化（brutal culture），前一种为上层文化，后两种为非上层文化①；英国学者斯特里纳蒂则将文化划分为精英文化、通俗文化/民间文化以及大众文化。② 另外有学者通过对当代中国文化状况的分析，将当前中国审美文化一分为三：以表达国家意识形态为主的主导文化（或称主流文化）、以艺术审美探索为不懈追求的高雅文化（或称严肃文化、精英文化）、以商业诉求为根本旨归的大众文化（或称商业文化）。③

无论如何划分，大众文化在当代中国的存在已经是不争的事实，它如同一股滚滚洪流，以其强健旺盛的生命力，呼啸奔腾，裹挟着某种显而易见的世俗气息与商业味儿，满足着普罗大众日常的、占比最大的文化消费。大众文化的本质到底是什么？见仁见智，歧见纷呈，比较容易接受的观点有：大众文化意指"在当代大众社会中，以文化工业为赢利目的批量生产的，以大众传媒为手段、旨在使普通大众获得日常愉悦的文化商品（culture commodity）"。它融合了传统意义上的高雅文化和民间文化的许多形式和特点，其存在外观具有多样性，包括电影、电视剧、动画片、通俗小说、流行音乐、商业广告等等。④

大众文化的兴起，在西方资本主义社会正是以电视的发明以

---

① 杭之：《一苇集》，三联书店，1991 年版，第 140 页。

② 多米尼克·斯特里纳蒂：《通俗文化理论导论》，商务印书馆，2001 年版，第 15 页。

③ 隋岩：《当代中国文化形态的划分与嬗变——对三种文化形态的哲学思考》，载于《北京大学学报》，2002 年第 4 期。

④ 孙英春：《大众文化：全球传播的范式》，中国传媒大学出版社，2005 年版，第 31 页。

及二战结束后电视文化的爆发式流行为显著标志的。在我国，以电视民生新闻产生、勃兴的 21 世纪初为分析年代（数据截至 2003 年底），全国共播出广播节目 2006 套，电视节目 2165 套，平均每日播出广播节目 24503.3 小时，电视节目 25611.5 小时……全国城乡有收音机 5 亿台，电视机 3.7 亿台，广播听众近 12 亿，电视观众近 13 亿；已建立了无线、有线、卫星等多技术、多层次混合覆盖的、现代化的、世界覆盖人口最多的广播电视覆盖网，我国广播电视在国内的人口综合覆盖率已分别达到 93.56％和 94.82％。① 可以说，电视以及电视文化已经深入到中国社会的方方面面，收看电视已成为一种社会现象和一种生活方式。民众的收视行为与现实社会产生着强烈、持久、日常的互动，电视不仅形塑着观众对于现实的认知甚至"刻板成见"（stereotype），而且比其他任何媒介更强有力地满足着民众的文化—娱乐需求。20 世纪 80 年代以来大众文化研究领域最有影响力的人物之一传播学者约翰·费斯克曾有一句经典名言："大众文化就是日常生活"（Popular culture is everyday life）。当电视走入千家万户，收看电视成为中国老百姓日常生活必不可少的一部分的时候，毋庸置疑，电视媒介已然代表着大众文化的声音，并且事实上无论从市场占有份额，还是从社会影响力的角度来看，电视媒介都以一种一马当先的姿态，成为其时中国大众文化的主力军，全方位、多层次地渗入、涵化、改造着中国民众的物质—精神生活（现时异常兴盛的网络文化，在 21 世纪初的年代里是无法抗衡电视文化的）。电视民生新闻的崛起，从某种程度上正是得益于当代中国大众文化的兴起。

电视民生新闻"民生内容、平民视角、民本取向"的独特品质，正是对电视大众文化最及时、最浪漫的表达。它所体现的是一种

---

① 《2004 年中国广播电视年鉴》，中国广播电视年鉴社，2004 年版，第 47 页。

区别于以往主导文化、精英文化传播系统的人文关怀与平民主义立场，是以普通民众的人性诉求为本位、以大众的日常生活经验为基本叙事对象、尊重大众的趣味爱好和文化权力的一种立场。① 原本高高在上的电视媒介俯下身子倾听黎民百姓的声音，用最亲切熟悉的方式表达老百姓自己的声音与情怀，不断建构属于自己的"日常生活"的文化，即费斯克口中的大众文化。从这个角度看，电视民生新闻的出现极大地改变了已有的电视新闻格局，实现了电视新闻的大众化，扩大了电视媒介的受众群体与有效传播空间，进一步贴近和介入普通公众的心理与情感生活，这无疑对提高人民群众的社会参与意识，满足人民群众关注自身生存质量、追求快乐生活、宣泄情感的正当欲求，实现个体的全面、科学发展，最终促进社会的整体和谐具有积极意义。在电视大众文化中，受众不再是被动的"他者"，相反，他们成为有选择权、否决权的文化主体；观看电视民生新闻的普通民众不用再扮演教堂里洗耳恭听的信徒，也不用装作是政治乌托邦中言听计从的顺民，他们用遥控器可以选择观看他们自己想看、想关心的内容，无论是家国天下还是绿豆芝麻，也可以直接打电话向节目表达自己的观看感受和鲜明立场。耳提面命、说一不二的主导文化和藐视苍生、凌驾于尘嚣之上的精英文化惯用的所谓的"教导"与"启蒙"再也不是唯一的精神"圣餐"——它们要证明自身的神圣、灵验和合法性，必须嵌入到大众文化的消费逻辑——当代大众文化已经培育出了一批学会"对抗式解读"的"颠覆性消费者"。

　　当然，必须看到的是，这样一个庞大的"颠覆性消费者"群体内部也并非单一质地和毫无差别，他们往往在收视之前就已经被现实的政治、经济关系"建构"过，而呈现出结构化、分层化特征。改

---

　　①　孙长军：《电视文化的平民主义精神》，载于《中国电视》，2003 年第 8 期。

革开放以来,中国社会阶层的状况已经发生了深刻的变化,2001年出版的《当代中国社会阶层研究报告》首次提出了以职业分类为基础,以组织资源、经济资源、文化资源占有状况作为划分社会阶层的新标准,划分出"十大阶层":国家与社会管理阶层、经理阶层、产业工人阶层、农业劳动者阶层、私营企业主阶层、专业技术人员阶层、办事人员阶层、个体工商户阶层、商务服务人员阶层和城市无业、失业和半失业阶层。从中可以看出,目前我国社会阶层结构已不再简单划分为工人阶级、农民阶级和知识分子阶级,原有的阶层正在发生分化,新的阶层正在形成和壮大,社会利益群体日益多样化与多元化。值得注意的是,报告中指出,中国社会出现了一个不断扩大的社会"中间阶层":即以脑力劳动为主,靠工资及薪金谋生,具有谋取一份较高收入、较好工作环境及条件的职业就业能力及相应的家庭消费能力,有一定的闲暇生活质量;对其劳动、工作对象拥有一定的支配权;具有公民、公德意识及相应修养的社会地位分层群体。① 有学者纳入中国城镇化进程的考量因素,在"中间阶层"的基础上进一步提炼出了"城市中间阶层"的概念,城市居民划分为管理阶层、专业技术人员阶层、办事员阶层、工人阶层、自雇佣者阶层、私营企业主阶层和其他难以确切划分的阶层等七个阶层。其中,专业技术人员、中层管理人员、办事员、部分私营企业主、部分自雇佣者(个体户)属于城市中间阶层。②

城市中间阶层的出现改变了传统中国社会结构,使得精英阶层与底层弱势群体之间出现了一个明显过渡带,该阶层人口数量庞大,所涵盖的职业类别广泛,该群体的价值判断、思维方式与行为角色同以往的任何阶层相比呈现出前所未有的多元化、多样化

---

① 陆学艺主编:《当代中国社会阶层研究报告》,社会科学文献出版社,2001年版,第252页。

② 郑杭生等:《当代中国城市社会结构——现状与趋势》,中国人民大学出版社,2004年版,第166页

以及复杂化趋势。由前文已知，在大众文化的传播过程中，受众已不再是被动的信息接收者，而是积极地参与到信息的传播过程中去，他们是积极的劳动者，是大众文化的"共同创造者"。城市中间阶层作为现阶段大众文化产品的一大重要"消费者"与"创造者"，其在日常生活中表现出来的喜怒哀乐与价值追求代表了一个城市的总体形象，他们的日常消费行为及媒介消费行为也成为新闻媒介追逐和关注的主要对象——对于电视民生新闻节目这样主要针对城市中间阶层与弱势群体的新闻节目来说，还存在着很大的市场开拓空间①。

电视大众文化中所蕴含的平民主义追求已成为现阶段整个社会文化语境的特征之一，渗透到社会生活的方方面面。作为城市空间的主要占有者——城市中间阶层，日益感受到电视文化"市民化"、"平民化"倾向对个体意识的充分尊重与满足，他们逐渐走向前台，在大众传媒与社会共同构建的准"公共空间"展现自我与满足自我需求，实现其阶层分化重组后政治参与和利益表达的公民诉求。如果说城市中间阶层是电视民生新闻产品的主要"购买者"，那么电视民生新闻节目的"制造者"——电视媒体从业人员，由于其自身身份的临时性、脆弱性和分化结构，也必然从总体上归属于他们产品的消费者阶层，不可避免地呼应城市中坚阶层的利益诉求，从而完成了消费主体和生产主体在身份认知上、情感表达上、价值诉求上的高度统一，这种统一无疑进一步强化了电视民生新闻的社会基础。从表面上看，电视媒体人是官方认可的主流文化的主要生产者、承载者、传播者，属于信息传播过程和媒介掌控中的强势阶层，他们拥有一定的文化资源，掌握话语权，而这种话语权具有转化为政治资本和金钱资本的可能性；在文化身份的问

---

① 侯迎忠：《媒介与民生：电视民生新闻的理论与实践》，中国传媒大学出版社，2008年版，第116页。

题上，他们习惯性地将自身归入社会精英阶层（"文化精英"），但中国特殊的政治、经济、文化现实语境与传媒管理体制造就了关于媒介人文化身份的一个奇妙悖论，而正是这一悖论将民生新闻的生产者和消费者纳入了同一社会阶层：一方面，媒介从业人员的"精英"身份来源于文化资源与媒介话语权的占有，然而这种占有只是临时性的占有，而非彻底牢固的占有。他们在信息传播与媒介掌控中所获得的强势地位来源于政府管理部门的赋予，并不是依靠其个人能力的实现与创造；与此同时，新闻媒体内部存在着规模庞大的"非编制"人员，因其居无定所、工作强度高、薪酬低、待遇差，历来被业界称为"新闻民工"，他们并没有享受到"精英"光环下与之相称的报酬收入、福利待遇以及提拔和晋升的机会——这种情况在电视媒介机构，尤其是大量雇佣非编制人员进行生产的民生新闻栏目中更为常见。这部分媒介从业者一般并不认同所谓的社会精英身份，相反往往很容易将自己视为底层弱势群体，与无权无势的普通老百姓并无二样，甚至是利益"受损者"。总体说来，新闻信息的传播者即媒介从业人员的"文化精英"身份呈现出相当的脆弱性与暧昧性，并且行业内部群体的分化导致共识与认同的缺失，使其在改革开放前所代言、倡导的精英文化由内部消融瓦解开来。

另一方面，20世纪90年代以来，后现代主义思潮大举进入中国，形塑着大众文化的时代特质，对中国社会的思想文化领域产生深远影响。后现代主义是一个"有序与无序、亵渎和虔诚、意义解释和价值重估相互碰撞的时代，是攻讦同一性而标举差异性的时代。"①后现代的边缘化、零散化、非主体化与大众化色彩使知识分子精英文化意识、一元话语结构和非此即彼的思维定式遭到扬弃，

---

① 王岳川：《后现代主义文化研究》，北京大学出版社，1996年版，第204页。

出现多元文化共生的景观。① 在后现代多元价值共生的年代，大众话语权不再是某些文化精英的特权（当然包括媒介从业者），精英文化权威地位的失落与立场的日渐边缘，如何在后现代语境中实现大众传媒的文化定位、自我身份确证以及自我形象的重塑，都成为这些媒介文化精英/知识分子解不开的焦虑。

电视民生新闻则是媒介文化精英对于"大众文化主导、多元文化共生"的电视文化格局的一种现实妥协，他们以一种特殊的方式主动参与大众文化的建构，那就是致力于让普通公众的身影进入主流媒体，让"老百姓以自己喜爱的方式讲述自己的故事"，体现着"以民生为本"的人文关怀与平民化追求。事实上，平民化已成为知识分子/精英身份的一种标识，诉诸平民化的潜在意义则是：平民代表着绝大多数，代表着权力和权利的源泉，因而也就代表着正义，诉诸平民化无非是表明自身观点的正确性。② 也就是说，电视民生新闻的创制者所引以为豪的"民生内容、平民视角、民本取向"三大精神内核与其说洋溢着的是与人民群众打成一片的草根情结，不如说更多体现出的是文化精英自诩肩负的启蒙使命与执着不悔的启蒙诉求。从这个意义上说，民生新闻的创制者们也无法摆脱这样的悖论：一方面他们厌恶"说教"、"启蒙"等具有抽象合理性的宏大叙事，另一方面又像卢梭一样，堕入赞美"多数人的意志"和单一"平民视角"的同样具有抽象合理性的草根叙事法则。事实上，无论是"多数人的意志"、"百姓"、"草根"还是"市民日常生活"，这些概念成为媒体生产过程中的中心理念或视角，都是需要经过反思、批判、妥协和平衡的，任何无原则的偏向都会走向另一个极端，而失去自身的合理性。各个地方台电视民生新闻在发展过程

---

① 王岳川：《中国镜像：90年代文化研究》，中央编译出版社，2001年版，第101页。

② 凌燕：《可见与不可见：90年代以来中国电视文化研究》，中国传媒大学出版社，2006年版，第40—41页。

中逐渐暴露出来的流于琐碎的"市井新闻"色彩、社会画面"灰色调"过浓、"批判"远多于"建设"乃至舆论引导失误等一系列弊端，莫不源于此。

尽管如此，我们仍然不能抹杀甚至低估民生新闻创制者们利用电视媒介这个工具所营造出的一个高度分化、具有异质性的话语空间，它既保证了观点、意见的（草根）多元化，又注入了人文关怀的色彩，而且电视人着重强调的是电视新闻产品本身所具有的启蒙意义，这种启蒙更多地指涉齐美尔所说的"个体的独立性与个性"，即个人与个人生命体验，具体到中国当下环境，则是指市民阶层尤其是市民中间阶层的生命体验。有学者将知识精英群体和有理想的媒体人这种寻找新的价值规范尺度的诉求，概括为张扬"新理想"和"新启蒙"①。

中国大众传播媒介中的文化精英与其他各领域的文化精英们一样，受到了"新启蒙"思想的启迪，热衷于社会中"人的现代化"命题，注重从个体良知的当下体验的精密分析中获得对当下中国最富智慧与时效性的理解，同时注重个体的选择自由和自主多样性，使普罗大众不再是只能被教化的沉默的"他者"，而是使之有更多的精力、更大的自由名正言顺地关注个人和他人生活细节、倾听个体心灵之声。有学者这样理解"新启蒙"问题，"我把启蒙理解为一个社会过程，一个把我们自身卷入其间并迄今受其规定的社会过程。有许多人把现代性理解成为启蒙的后果。不过就中国的新启蒙运动而言，我倒宁愿说它是现代性的后果。"②有学者则认为新启蒙的精神承诺在于，强调知识分子走出启蒙误区的"新觉醒"，真实地破除"去启他人之蒙"这一教主心态之后进行整体精神"自我启

---

① 王岳川：《中国镜像：90年代文化研究》，中央编译出版社，2001年版，第108页。

② 汪晖：《传统、现代性与思想史研究》，载于《文化思想评论》

蒙"。这无疑强调"启蒙"不是赋予知识分子的特权，不是一个人对另一个人，一个群体对另一些群体的教诲和指导。将"启他人之蒙"置换成为"启自我之蒙"是新价值诉求的基本定位。①

对于有作为的电视人来说，新启蒙与旧启蒙的根本区别在于，新闻信息传播由"国家话语"走向"民间话语"，由"造神的承诺"走向"自我身份承诺"和"自我价值承诺"，由封闭的"意识形态话语空间"走向开放的"公共话语空间"。具体来说，新启蒙引发了新闻传播活动诸多思维理念的转型，根本者如传播观念的转变与受众观念的革新。传播观念的转变在于宣传、说教观念让位于平等交流、真诚服务的姿态，受众观的革新在于由被动地接受传播到主动地参与传播等。电视民生新闻借助这些由媒介从业人员有意开拓而萌生出的多元化话语空间找寻到了益然的生机，并逐渐迎来了属于自己的黄金发展期。

第三节　民生新闻热与电视新闻的"泛民生化"

在大数据时代，数据本身就能"开口说话"，它不仅胜于雄辩，甚至也胜于未经分析的事实。如前文所述，2002年1月1日江苏广电总台城市频道强力推出的《南京零距离》，打出全新的"民生新闻"旗号，迅速吸引了大批市民观众的热切关注，其收视率和经济效益双双飙升。江苏城市频道前4年同时段的平均收视率为1.5%左右，《南京零距离》开播第2周即进入AC尼尔森南京地区电视节目排行榜（周平均收视率居于前50名），开播第6周进入排行榜前15名，第28周进入排行榜前5名，列所有电视新闻栏目排行第一名，第36周名列AC尼尔森南京地区电视节目排行榜第一名。

①　王岳川：《中国镜像：90年代文化研究》，中央编译出版社，2001年版，第111页。

《南京零距离》自开播后迅速成为南京地区乃至整个江苏所有电视媒体中广告折扣率最少的栏目,开播当年广告创收近5000万。彼时,每晚南京城区有超过100万人同时收看《南京零距离》,随机调查显示:该栏目在南京市民中的认知度超过94%。① 2004年初,《南京零距离》栏目经过招标,获得1.0088亿的独家广告代理费,从而一跃成为中国身价最高的电视栏目。同年10月,在江苏广电总台举行的2005年部分广告时段公开拍卖会上,《南京零距离》再次以1.388亿元卫冕"标王"。②

《南京零距离》的出现,不仅盘活了江苏广电总台城市频道,而且拉动了江苏电视的整体收视率,改变了江苏电视观众的晚间收视习惯,使人们关注的节目从电视剧、娱乐节目重新回归到电视新闻。《南京零距离》轰动性的成功示范效应,激发引领了一场全国性的对电视民生新闻节目的关注与效仿热潮,且大都屡试不爽,由此所谓"民生新闻,一抓就灵"的说法开始在新闻业界流传。

中国电视民生新闻的群雄争霸时代终于到来了。仅仅在南京地区,民生新闻大战的"参战方"就达到了7家之多,它们分别是《南京零距离》、《1860新闻眼》、《绝对现场》、《直播南京》、《服务到家》、《标点》、《大刚说新闻》,值得深思的是,以上7档节目均取得了不俗的"多赢"收视成绩。2003年7月28日,安徽电视台《第一时间》开播,其收视率在合肥地区屡创新高,最高达到28.92%,在安徽地区达到9%左右,成为安徽收视率最高的栏目。该栏目广告时段爆满,2004年第一季度的广告、栏目冠名等已经达到了1800万元。③ 2003年10月1日南方电视台创办民生新闻栏目《今日一

① 《数字——〈南京零距离〉》,《现代传播》,2003年第2期。
② 朱天、程前:《2004:中国电视新闻传播变革观察》,载于《电视研究》,2005年第3期。
③ 《〈第一时间〉:打造地面强势新闻品牌》,载于《荧屏内外》,2004年第2期。

线》,节目播出一周内就跃升广东普通话新闻收视第一的位置。①
2004年元旦,杭州电视台西湖明珠频道推出方言播报形式的民生
新闻节目《阿六头说新闻》,开播不久就达到11%—12%的高收视
率,创下当年杭城电视新闻节目的收视新高。就在同一年4月,伴
随着重庆电视台新闻频道开播,《天天630》新鲜出炉;7月海南广
播电视台新闻综合频道《直播海南》、山东电视台公共频道《民生直
通车》、河北卫视《直播生活》三档大型直播民生新闻栏目先后震撼
推出;11月湖南经视正式宣布其都市频道将以民生为频道定位,在
品牌栏目《都市一时间》的基础上构筑中国第一个本土专业民生频
道。② 此后不久,全国各地电视台纷纷推出自己的电视民生新闻栏
目,民生新闻的蓬勃发展成为中国电视新闻界数十年来少有的热
闹景象,其影响的热度、广度、深度、力度前所未有,至今无有其相
匹者。

　　2004年,中国广播电视集团在全国范围内开展了最受观众欢
迎的电视栏目评比活动。评比由专家评审团审看样片,并参照央
视索福瑞对2003年6月到2004年5月全国电视栏目收视状况统
计数据得出结果,一定程度上是观众用电视遥控器“选出”了全国
37家电视台表现优异的100个电视栏目。其中,民生新闻节目与
纪实纵深类节目平分天下,占电视栏目总数的30%。③《阿六头说
新闻》、《直播南京》、《天天630》、《都市一时间》等为代表的电视民
生新闻节目榜上有名,显示出其巨大的生命力和发展前景。

　　以广东媒体为例,2001年国家广电总局先后准许凤凰、华娱、

　　① 郭光华:《民生新闻是非论——以广东南方电视台〈今日一线〉为例》,
载于《视听界》,2006年第6期。

　　② 朱天、程前:《2004:中国电视新闻传播变革观察》,载于《电视研究》,
2005年第3期。

　　③ 周小普:《民生新闻:内容与形式的创新表达》,载于《中国广播电视学
刊》,2005年第2期。

星空、MTV以及香港无线电视的翡翠、明珠,亚洲电视的本港、国际等一共8个频道在广东珠三角地区合法落地,广东遂成为我国唯一拥有境外电视落地的省份,被视为我国电视传媒开放的试验区。该地区电视观众多年来受境外电视节目的影响至深,根据AC尼尔森的调查数据,在广州地区,2001年境外频道总共占有64.3%的市场份额,境内频道只占35.7%。① 2004年9月到2005年3月期间AC尼尔森的收视数据显示:在广州地区,境内频道取得了历史性突破,市场份额持续超过了境外频道。其中,广州电视台已击败以新闻见长的香港亚视,其新闻栏目《广州电视新闻》、《新闻日日睇》深受广州地区观众欢迎。《新闻日日睇》自开播起一炮打响,在数十个频道中迅速跃升为黄金时段第四名,起到了一个节目"激活"一个频道的作用。名牌栏目《广州电视新闻》收视率稳定在10%以上,2005年的收视率曾高达15.78%,成为广州地区同类节目的收视冠军。② 广东电视台珠江频道民生新闻栏目《今日关注》2005年6月的收视超过香港亚视和无线两档主打新闻,最高收视率在广州地区达到了8%。③ 深圳广电集团都市频道的新闻直播节目《第一现场》,是深圳最具影响力、最具"观众缘"的电视节目。2006年上半年《第一现场》平均收视份额达到21.5%,为深圳地区收视率最高的节目。《第一现场》的成长带动了深圳都市频道收视率的总体攀升,到2006年6月,深圳都市频道月平均收视率超过香

---

① 侯迎忠:《媒介与民生:电视民生新闻的理论与实践》,中国传媒大学出版社,2008年版,第55页。

② 谭天:《2005中国电视新闻面面观》,载于《新闻记者》,2006年第2期。

③ 郭光华:《民生新闻:经济效益与社会责任双重探索的一个范本》,载于《现代传播》,2009年第5期。

港翡翠台，成为深圳地区的冠军频道。①

　　随着我国电视民生新闻实践的如火如荼，相关学理层面的研究探讨也日渐深入并逐步升温。2003年，《现代传播》和《中国广播电视学刊》两本新闻传播权威学术期刊对江苏的《南京零距离》、安徽的《第一时间》、湖南的《都市一时间》、福建的《现场》、上海的《新闻坊》等全国范围内具备代表性的一批知名电视民生新闻栏目逐一进行了个案研究。与此同时，《电视研究》、《中国电视》、《视听界》、《山东视听》、《声屏世界》、《当代传播》、《传媒观察》、《新闻实践》、《新闻与写作》、《新闻爱好者》、《青年记者》、《新闻前哨》等新闻传播类专业期刊分别就民生新闻进行过专题讨论、个案研究，发表了一系列的专栏文章。电视民生新闻受到了学术界越来越多的青睐与关注，此类节目的相关研究渐成规模，成为近年来新闻传播理论研究的一大热点。2004年，"民生新闻的理论与实践"即被列入江苏省社科研究"十五"规划（其后出现了关于电视民生新闻的国家级社科规划项目）。在陈力丹总结的2004年新闻传播学研究的十二个新鲜话题中，"民生新闻"位列第二。有学者以2002年1月至2006年6月为时间界限，采用关键词检索的方法，在中国期刊网上搜索"民生新闻"，共检索到186篇相关文章，关于电视民生新闻的共有168篇之多。其中，期刊论文161篇、报纸文章5篇、优秀硕士论文2篇；从时间分布来看，2003年8篇、2004年40篇、2005年92篇、2006年1—6月28篇。②

　　无论是电视机前的普通观众，还是忙碌在新闻事件现场的媒介从业者，抑或是坚守书斋的知识精英们，面对这场新一轮的电视新闻热潮，几乎无人可以保持"淡定"，他们无一例外地成为电视新

---

　　①　侯迎忠：《媒介与民生：电视民生新闻的理论与实践》，中国传媒大学出版社，2008年版，第55页。

　　②　侯迎忠：《电视民生新闻研究综述》，载于《现代传播》，2006年第5期。

闻实践创新运动的受益者,同时进一步推波助澜,使得这样一场发端于江苏南京、标举"平民化"的电视新闻狂欢持续升温,显示出其席卷中国电视媒体的强劲势头。

经过 2003、2004 年的集中创办热潮后,随着时间的推移,民生新闻栏目全国开花。与之相伴随的是,在同质化竞争严重的各色民生新闻的"狂轰滥炸"下,观众们逐渐产生了审美疲劳与厌烦情绪。电视新闻节目的生存规律决定了一个节目形态或者一类栏目的生存周期毕竟是有限的,这是媒介市场竞争的规律使然,也是由受众的媒介接触习惯与行为决定的,民生新闻当然也不例外。最突出的表现是,经过最初井喷式的发展后,进入 2005 年后,电视民生新闻节目已经逐步显露出节目内容同质化严重、受众关注度降低、收视率下降等迹象。在市场经济语境下,新闻资讯类节目等文化商品同样遵循"优胜劣汰"法则,电视民生新闻的市场竞争格局遭遇了重新调整与洗牌的瓶颈期,只有那些具有鲜明特色和美誉度、并具有持续创新能力的栏目才能够继续生存。有学者总结了国内电视民生新闻能够持续"生存"下来的三种主要类型:一种是以《南京零距离》为代表的"亲民化"节目;一种是《天天 630》、《新闻全垒打》之类的"大众化"节目;另一类节目强调"效用"和"效率",代表节目就是湖北经视的《经视直播》、安徽电视台的《第一时间》和福建广播影视集团新闻频道的《现场》。① 纵观我国电视界的几次热潮,都是"各领风骚三两年",民生新闻推动了我国电视新闻的发展,但民生不是受众对电视新闻的唯一期待,民生也不应该成为新闻媒体和新闻工作者的唯一关注,民生新闻自然不是电视新闻发展的终点。热潮冷却后的优胜劣汰、精品犹存的平稳发展状态,才是电视节目类型成熟的标志。

---

① 石长顺、袁茜:《民生新闻:在历练中升华》,载于《中国广播电视学刊》,2006 年第 3 期。

在严峻的市场压力下,民生新闻生产者最初的应对措施是:突出差异化战略、强化本地特色和增强区域传播效应。众多的省台地面频道和省会城市台把差异化定位上升到频道立身之本的战略高度,尤其是中部以南省份的地面频道,基本都拥有支柱性的本地品牌新闻栏目,采用差异化竞争策略寻求市场突围。以差异化构建栏目的特色,成了各地民生新闻节目创作人员的自觉追求。民生新闻本没有固定的模式,中国幅员辽阔,各地的民情差异很大,"橘生淮南为橘,生淮北为枳",民生新闻自然应该随着"落地"的不同而呈现出不一样的样态、风貌和气质。在这方面,电视方言新闻节目作为民生新闻节目的一个分支开始兴盛走红,一度成为民生新闻的新景象。2005年以来,方言新闻类节目在江浙地区增幅巨大,以杭州电视台西湖明珠频道的《阿六头说新闻》为龙头,迅速扩展到地市级电视台。《阿六头说新闻》中的主持人驾轻就熟地操着一口地道的杭州话,杭州电视台生活频道《我和你说》与扬州电视台的《新闻评话》都采用当地传统曲艺的形式讲述新闻故事。《阿六头说新闻》制片人翁晓华曾这样总结节目的成功经验,"这档新闻之所以成功就是我们采用了百姓说话的语言,也就是杭州话,让主持人说杭州话,说话方式也完全是老百姓式的,不拿腔拿调,非常直白,话都往往能够击中要害,所以受老百姓的欢迎。阿六头就是普通老百姓的代表,我们把老百姓的话语权推崇到了一个至高无上的地位,这样的方式就是我们阿六头贴近老百姓的方式。"①播报语言还只是形式,背后的用心是姿态、情怀和内容的完全本土化,"地气"充盈。立足"本土"做新闻,才能最及时地倾听民声,最快速地传达民意,最深刻地体察民情。但就目前方言新闻的上升势头来看,其所蕴含的发展潜力与生存空间到底有多少,值得引起

---

① 詹小路:《方言新闻的传播学探讨价值——以杭州地区新闻发展现状为例》,载于《当代传播》,2007年第6期。

重视与思考，"从杭州地区近 3 年的有线网内省、市各频道主要新闻栏目收视率情况看，方言新闻虽然保持着名列前茅的位置，但与其自身相比，收视率亦呈下降趋势，《阿六头说新闻》辉煌时期最高收视率达到 17％，2006 年则下降到了 9％不到。"①方言新闻因其贴近性与本土化满足了区域化消费需求，节目操作中的多种传播实践和成功经验对电视新闻的传播尤其是我国电视民生新闻的差异化发展提供了有益的借鉴意义——显然，如果仅仅依靠这种形式上的创新来吸引受众的眼球，其效果只能是暂时的、过渡性的。

新的采访或转播技术的运用，对于增强民生新闻的竞争力也是十分重要的。随着电视民生新闻的直播已经常态化，成为节目"标配"，我们认为，直播不应该止步于演播室，还应该让电视镜头在新闻事件现场"直播"，以最大限度地增强新闻时效性。2005 年，一种新兴的电视新闻技术——SNG 开始在电视民生新闻栏目中得到推广应用。SNG 是英文 satellite news gathering 的词头字母缩写，意为卫星新闻转播，特指装有 SNG 全套设备的采访车。国内电视新闻较早应用该技术的是湖南经济电视台，2005 年 1 月 1 日"直播都市"正式开播，从此经常性地使用 SNG 直播车，标志着电视民生新闻技术革新步入新的阶段。这种 SNG 直播车体积小，行动便利，穿梭于大街小巷，特别是对突发事件的直播报道，突出体现了 SNG 的灵活性和快捷性，为民生新闻吸引更多的观众立下汗马功劳。目前国内电视民生新闻普遍采用的 SNG 技术所带来的变化在于：零时差报道，即观众从电视机画面上看到的是正在发生的即时报道；零距离报道，即观众从电视机画面上看到的是新闻事件发生的现场报道；展现新闻事件的过程而不是报道结果，音视频以原生态展现，可以完全不经编辑剪接。电视民生新闻引入卫星

---

① 詹小路：《方言新闻的传播学探讨价值——以杭州地区新闻发展现状为例》，载于《当代传播》，2007 年第 6 期。

直播,实现技术革新,成功地扩大了自身影响力,同时获得了直接或间接的经济效益。以湖南经视的《都市一时间》为例,2007年春节前后,该栏目独家策划了大型系列报道"SNG全国大接力——春运在路上",北京、上海、广州、成都、台湾、长沙等城市多地联动进行大型SNG直播报道,整合新闻信息资源,充分展示了栏目的强大实力,有效提高了栏目影响力。

在收获传播技术革新所带来的更高的时效性、更大的收视快感与经济效益的同时,必须警惕先进技术有可能给民生新闻带来的负面影响。有学者指出,国外电视媒体SNG的滥用导致新闻报道失却深度,提供粗糙和冗长的垃圾新闻,一切交给观众判断,等于取消了记者对信息进行消化与综合处理的过程,因此有人把SNG戏称为"super no good"。在国内,一些民生节目SNG直播报道不加剪辑地播出市民生活的真实面貌,使得一些缺乏亮色、灰度太深的内容在电视荧屏上大行其道,电视"把关人"的职责完全丧失。这种现象值得深思与反省。

地方台的电视民生新闻倡导的"民生新闻"理念,即题材选择上的民生内容、报道立场上的平民视角、价值取向上的民本主义、报道方式上的民众话语,渗透影响了中央级电视台新闻节目的制作与发布流程。2006年6月5日,央视新闻频道升级改版,推出"新闻服务生活"的《朝闻天下》、"报道最贴近您的新闻"的《360度》等新闻栏目,原本高高在上的央视也加入了电视民生新闻的"番号序列"。白岩松阐释了他对于"民生新闻"的理解:"我们不是按照狭窄的民生新闻做那种概念,而是做出所有新闻的民生性来,我认为所有的新闻都是有民生性的。"[①]央视放弃传统话语姿态,加入电视民生新闻"大战",一方面深刻改变了民生新闻的市场竞争环境,

---

① 白岩松:《不做概念,做出所有新闻的民生性》,http://www.cctv.com/news/special/C 15823/20060531/101954.shtml。

提升了市场竞争的层级和档次，另一方面也显示出电视新闻的"民生化"倾向正在成为一种不可阻挡的趋势。

2007年10月，党的十七大召开，十七大报告中将"加快推进以改善民生为重点的社会建设"独立成篇提出，把民生问题上升到了一个前所未有的高度。由此，新闻传播界与此密切相关的一个概念——民生新闻，需要我们站在十七大精神这一制高点来重新审视。有学者指出，目前民生新闻最明显的问题是选题编辑缺乏对全局的把握，选题视野狭窄、内容琐碎，部分节目迎合低级趣味等。十七大报告启示我们，民生新闻可以在更广阔的领域去开拓、去挖掘。① 宏观政策所释放的"以民生为本"的政治信号，赋予了电视民生新闻由"小民生"向"大民生"转型的最佳时机。电视民生新闻完全有条件以更加专业化的定位扩展民生新闻的自身内涵，将国计与民生共同纳入报道视野，紧密联系、巧妙融合，做到对政策的通俗解读和及时传达，同时为百姓提供权威的意见和指导，所谓"百姓小事中见社会大意义，社会大事中找百姓焦点"。② 另外，电视民生新闻开始关注农民这一弱势群体，重视对农民民生的报道，逐步扭转了以往节目中农民话语权缺失的问题，实为电视民生新闻内容层面上的一次成功探索与转型。

《南方日报》总编杨兴锋在《既要小民生，也要大民生》一文中详细表达了电视新闻"民生化"的观点，"所谓的小民生，就是将关注的着力点放在百姓的柴米油盐衣食住行等寻常生活中，为百姓提供度身定做的生活信息和服务讯息，成为他们须臾而不能离的生活参考；所谓大民生，就是更多注目于那些与百姓生活息息相关的国家宏观政策及走势等新闻，比如金融、房地产、汽车等方面的

---

① 陈力丹、瓮巍巍：《以改善民生为重点的社会建设与民生新闻》，载于《新闻传播》，2008年第2期。
② 柴素芬：《民生新闻该选些什么》，载于《青年记者》，2007年第12期。

政策调整或者新规，同时大民生还包含'从民生角度对国计所进行的解读和诠释'这层意思，通过民生的角度来解读国计的内涵和对民生所可能带来的具体、直接的影响，不但有利于促进国计的影响力，更有利于国计的深入人心。"①

电视新闻的"民生化"走向，其中最重要、最值得探讨的一个课题就是如何审慎看待"民生新闻"与"时政新闻"之间的区别与联系。在以"大民生"为共识的传媒逻辑运作下，电视民生新闻栏目尝试以自己特有的方式来加工传播时政新闻，即以百姓视角关注、挖掘、解读时政类题材，既要体现主流媒体的话语权，又能找到与百姓需求契合的点，因为老百姓最关心的，也是政府最关心的。电视新闻"民生化"这一新生的发展方向在创制之初，可以说既满足了观众期待已久的收视欲求，也使得电视民生新闻的自身定位再一次由混沌走向明晰。当然，这并不意味着中国新闻改革只有民生新闻一条道路可走，更不是好的新闻就一定长着民生新闻的模样。电视新闻"民生化"发展到后期，逐渐定型化和模式化，出现了"伪民生"、"泛民生"等不良趋向。曾有学者对此做出分析，要警惕那种将"民生"无限制、无原则泛化的倾向，警惕对"民生"一词的误解和滥用：并不是所有的民生现象和问题都可以用来做新闻，也不是所有的"民生新闻"都会被受众所接受，必须进行"有节制的导向性处理"。② 2007 年上海电视节上发布的《中国电视新闻节目市场报告 2007—2008》，用"关注受众需求，强化平民视角，民生新闻发展进入相对成熟阶段"来概括电视民生新闻的特征与发展现状。对于"相对成熟"的判断，是否为时过早，学术界意见尚不统一，但有一点是可以肯定的，电视民生新闻对于中国新闻传播实践具有

---

① 杨兴峰：《既要小民生，也要大民生》，http://media. nfdaily. cn/cmyj/01/01/content/2009−01/14/content_4841780. htm。

② 石常启、陈宏坤：《以民为本：民生新闻的精神内核——〈民生大参考〉栏目的实践与思考》，载于《中国广播电视学刊》，2004 年第 9 期。

变革性意义。

　　以上所述的差异化发展战略、新的采访和传播技术的运用以及挖掘一切新闻的民生内涵，对于电视民生新闻的持续健康发展都是极为重要的。但在笔者看来，自《南京零距离》开播迄今已逾十余年，电视民生新闻作为一个整体甚至作为一个"电视新闻行业"已经走到了这样的一个关键节点：在这种新闻样式的优点已经充分展现、难以继续扩张，节目的固有内部缺陷已经无法从根本上消弭、甚至难以压缩，观众的审美感受已经高度疲劳、一家人不再扎堆收看，节目收视率已经触摸到天花板且已整体性下滑的历史性时刻，电视民生新闻此时需要的不是小修小补，而是对自身十余年发展的全面审视，以及这一新闻样式的整体转型。但无论如何，电视民生新闻所体现出来的那种创新求变的使命意识、为民请命的拼命精神、舆论监督的批判锋芒以及纯熟的市场运作策略，都永远不会过时落伍，它们将作为这一新闻样式积淀下来的"精魂"和"DNA"与中国新闻事业永在，并被以不同形式埋置在中国新闻报道的所有种类和样式中。至于电视民生新闻的整体转型之路，本书后面部分将做出探索，即试图在荆棘丛生、充满着无数变数和不确定性的荒芜大地上蹚出一条新路——笔者希望，这条新路，将属于电视民生新闻的明天。

第二章　电视民生新闻与中国电视新闻改革的张力结构

　　电视民生新闻的出现绝不是一个孤立的事件,它不仅和中国社会发生的深刻变迁息息相关,而且和它置身其中的中国新闻体制以及这种体制下的电视新闻生产有着不可分割的联系。事实上,改革开放以来,中国电视新闻的改革步伐从没有停歇,从"新闻立台"理念的再次确立、"新闻频道"横空出世、"汶川地震"引发的全媒体报道变革、"大编辑部"生产机制的建立、中国电视新闻协作网的诞生、新华社办电视("中国新华电视新闻网"成立)到电视媒体与网络媒体的集聚—融合等,无一不彰显这种进步。这种改革的每一个步骤一定都给电视民生新闻产生了积极的推动作用。但需要指出的是,中国电视新闻的改革每前进一步,潜力每释放一点,其改革空间就被进一步压缩,向着无形的"天花板"就逼近了一步。这种改革的不彻底和时进时退,特别是关键环节的缺失和僵化,反而给民生新闻的蓬勃发展提供了难得的机会;反过来说,民生新闻每前进一步,也给整个中国的电视新闻生产提供了宝贵的经验和启示。说到底,民生新闻成长的动力和空间是中国电视新闻生产的大环境给予的,而后者改革的不彻底性、艰难性也给民生新闻的发展设置了难以逾越的天花板。一句话,电视民生新闻的发展和中国电视新闻的改革有着极为复杂的张力结构。

第一节　逼近"天花板"的中国电视新闻改革

2009 年，以央视新闻频道改版为肇始，中国电视界再次刮起"新闻立台"之风，电视新闻的价值再次得到较为充分的体认，并因此迎来了自身的改革契机。中央电视台在 1958 年建台伊始就奉行"新闻立台"的宗旨，而关于"新闻立台"的讨论则大致开始于 20 世纪 80 年代，随着当时"四级办电视"方针的确立和施行，各级电视台都纷纷寻求自身生存的基础和价值。因为"四级办电视"本就是基于扩大各地政府宣传阵地和舆论影响、同时加快广电建设和普及步伐的思维提出，所以各方对于新闻节目自然十分重视。2003 年，作为国家媒体的央视，以开辟专门的新闻频道、24 小时滚动播出新闻的方式向国内所有电视媒体宣示了新闻的重要性。就在前一年，江苏广电总台城市频道《南京零距离》新闻节目的开播和成功，开创并领跑了中国的"民生新闻"时代。但此后随着媒介竞争的日益激烈，电视媒体越来越趋于商业化运作和娱乐节目的经营，"新闻立台"这一创台宗旨有被淡忘的趋势。

2009 年，央视启动了 10 年来规模最大的改版。新闻频道的早间新闻节目《朝闻天下》于 2009 年 7 月 27 日开始"变脸"，除节目包装方面出现增大字幕区、放大主播头像、更换背景颜色等变化外，还首次引入评论员机制，主持人胡蝶在演播间与特约评论员杨禹进行即时连线对话。随后，《新闻 30 分》、《中国新闻》、《焦点访谈》等栏目也相继改版，从形式到内容上都有不同程度的变换，不仅增加了新闻播出的时长，更增添了新闻报道的体裁，提高了新闻报道的时效，加强了评论板块的分量，较大地提升了自身的新闻采集能力和舆论引导能力，使新闻频道正式变身为覆盖全时段、由滚动新闻类栏目组成的全新新闻资讯台。改版后第一个星期，新闻频道的收视份额就有了十分显著的提高。① 改版后周均播出总量5020条新闻,比2009年前7个月增加了52.89%;周首播量2117条新闻,比2009年前7个月增加了321.7%;首播率42.09%,比2009年前7个月增加了26.83%。②

央视此次改版行动在业界引起普遍效仿,各地的品牌卫视和有线电视台也开始了新一轮的改版风潮,倾力打造全新的"新闻形象"。上海东方卫视于当年6月23日进行改版,重新确立"新闻立台、文艺兴台、影视强台"的宗旨,《第一财经》更是成功打造了"六位一体"的运作模式,其取胜的关键在于将报纸、杂志、广播、网络等媒体进行全方位的互动,充分整合资源塑造品牌形象。《第一财经》起了很好的"新闻立台"的带头作用。《第一财经》诞生以来收视率一直很高,而且有效吸引着社会主流人群和有影响力人群的注意力,对我国地方电视台的发展也有重要的借鉴意义。以娱乐节目闻名的湖南卫视也提出"强化新闻立台"的口号,策划组织多个专题报道,影响较大。如《湖南新闻联播》为庆祝建党90周年专门推出的《湘江激荡》、《湖湘如此多娇》等系列报道,先后受到国家广电总局发布的第71期、第81期《收听收看日报》的肯定和表扬。传媒经济的本质就是舆论经济,它通过发挥舆论影响力,实现其经济行为与目标。在2009年至今的"新闻立台"大潮中,众多电视人逐渐认识到:新闻立台并非是和市场脱轨的"自说自话"甚至"意淫",而是完全可以依循一种市场的逻辑,寻找到新闻立台的理念支撑。但令人惋惜的是,当下各卫视热炒"新闻立台",在很大程度上只是有迫于广电总局强调"新闻立台"的压力,尚未完全实现新

---

① 饶云峰:《从央视新闻频道改版看其"新闻立台"理念的实现路径》,载于《南方电视学刊汇编》2009年第5辑。

② 梁建增:《坚定"新闻立台,提升传播力》,转引自周小普,王冲:《突破与困窘:解析2009年中央电视台新闻频道改版》,载于《国际新闻界》,2010年第2期。

闻立台的价值营建,将新闻立台融入媒体机构的组织文化中,形成各自牢固的文化信念和价值理念,从而促进广电媒体运营战略和模式的全面转变。①

有学者在 2009 年进行中国电视发展盘点时,将自 1979 年开始的中国电视新闻改革分为前后 15 年,认为在前 15 年里,我国电视新闻发展最为活跃的领域是在技术和政治领域,而在后 15 年里,得益于 1992 年邓小平同志南行讲话对改革新思维的论述,中国电视新闻的发展回归到新闻价值领域。自央视渐次开播《东方时空》、《焦点访谈》、《实话实说》、《面对面》、《新闻调查》等栏目,中国电视新闻逐渐增强了观众意识和服务意识,报道内容从"重大事件让群众知道",到主动关注那些不太典型的常态生活,从报告世界大势的风云际会到记录生活之流的细节演进。② 改革的路径总是螺旋式上升的,虽有跌宕和曲折,但总体方向是不可逆转的。20 世纪 90 年代以来,中国电视新闻的报道内容和叙事方式等方面在原有基础上变革不断。

有业界和学界的人士将以 2002 年《南京零距离》开播为肇始的中国"电视民生新闻潮"称之为中国电视新闻的"第三次革命",且不论这种界定是否全面、科学,但就新闻的传播内容和叙事方式而言,"电视民生新闻潮"确实引发和引领了重大改变。《南京零距离》这一栏目名称即昭示了节目的主体内容——最贴近、最全面地报道南京市民的生活状态,着眼此前新闻报道所忽略的市井生活、民生图景和生活服务的细枝末节。主持人孟非极具标识性的光头和嬉笑怒骂、随性点评的播报方式,都使其有别于此前中国电视荧屏上的任何新闻主持。孟非的主持人定位不是居高临下,而是与

① 朱永祥:《价值营建:"新闻立台"的一种市场逻辑》,载于《新闻实践》,2010 年第 7 期。

② 宋颖:《中国电视新闻改革三十年》,载于《新闻采编》,2010 年第 1 期。

观众仿佛面对面娓娓道来,毫无压迫感和距离感,他的话语方式也是关注的、关心的、批判的和商榷式的,而非关怀的、指导的、教育的、和稀泥式的。一句话,主持人在这里就是老百姓的代言人,他和广大电视观众是完全感同身受的,主持人和观众,彼此都不是相互隔离的"他者"。如前所述,自《南京零距离》取得成功之后,各地"民生新闻"、"社会新闻"、"方言新闻"涌现不断,尤其是"方言新闻"兴盛一时,主播播报方式更是五花八门,如杭州电视台的《阿六头说新闻》,两位节目主持人不光采用杭州话播报,还会在播报过程中时不时唱一段、演一段,努力追求新闻的趣味性。平民化风格主播的出现,消解了电视的"精英"和"明星"情结,而"说新闻"的流行更是使得电视的大众性、平民性得以浮出水面。电视新闻走下神坛、走向民间,向其本质递进回归——事实上,电视的"家用电器"属性先天地决定了其播报内容的"市民化"和视角的"平民化"是个人观看或家庭观看最欢迎的。

2008年在中国电视新闻发展史上有着里程碑的意义。2008年初中国南方恰逢雪灾,中国电视媒体在此次灾难报道中的表现中规中矩,报道视角也多是基于"受灾情况"+"政府救灾"+"领导慰问"的三重常规视角。随后,西藏爆发"3.14事件",国内媒体在第一时间里的"失声"不仅招致民众的批评和不满,也让国外媒体抢占了对此事件的报道先机。部分外媒的报道扭曲事实,甚至在新闻图片中采用"移花接木"的拼接技术,但因为中国媒体未能及时发声,将"话筒"拱手让于外媒,使得许多国外民众基于"首因效应"对部分外媒的虚假报道深信不疑,造成不良传播影响。国内媒体后来虽然强化报道,百般澄清,但已无法做到完全挽回影响。显然,当时存在的主客观两方面的种种限制,造成了中国新闻报道的尴尬局面。

2008年5月1日,《中华人民共和国政府信息公开条例》正式实施,明确以法律条例保障公民、法人和其他组织依法获取政府信息,提高了政府工作的透明度,促进了依法行政。11天后,汶川发生特大地质灾害。中国媒体在此次灾难中的表现可圈可点,可以说是大放异彩:第一时间发布了地震的消息,多家电视台随即调整节目播出时段,开始抗震救灾的长时段、不间断直播。当时身处四川地区的观众更能深刻感受电视台直播的意义:地震发生突然,许多缺乏地震常识的人对当时的情况完全丧失判断,不知道发生何事、自己和亲友是否安全,加之电话和网络又曾中断十多个小时,电视成为很多人获取外界消息的唯一途径。在大灾发生后的第一时间即做出直播决定,很多电视人当时是没有也来不及逐层请示政府领导的。以新闻规律而非行政命令作为新闻报道的原因和基点,这体现了中国电视对新闻价值体系的回归。"可乐男孩"、"敬礼娃娃"、"小英雄"林浩、"最美女警"蒋敏……一个个鲜活的人物和他们的事迹通过媒体让受众铭刻在心。除常规的"受灾情况"+"组织救灾"+"领导慰问"三重视角外,更多的电视媒体将镜头对准具体的家庭和个人,用更多的篇幅讲述百姓个人的故事,还有的电视人在与灾区民众共悲痛的同时,也以克制但不乏犀利的口吻向灾区学校的建筑质量提出质疑和追问。在"5.12地震"灾难报道中,中国的各种媒体——从报纸、广播、电视到网络都交出了一份出色的成绩单,但电视媒体在这场灾难报道中的影响力最大,新闻改革创新的力度也给人留下了最深刻的印象。国际舆论"西强东弱"的态势终于被打破,第一次出现了"西方舆论跟着中国的主流媒体走"的新态势。中国的电视传媒逐渐学会了如何在第一时间发布最权威的信息,学会了如何拓展和深化报道的内容和主题,学会了以何种报道方式去赢得观众的欢迎和尊重,同时也懂得了在新闻专业主义职业诉求和"灾民至上"的人道主义之间维持必要平衡的极端重要性。

地震的灾难报道毕竟是正常新闻秩序的一次"断裂",这种断裂会突然激发体制或秩序的特殊活力,但在随后的作为连续体的秩序演进中,新闻创新遭遇中国电视新闻节目同质化现象严重、千台一面的瓶颈。究其原因,与创新成本高企而模仿、抄袭成本极低,创新先行者与跟风追随者所获得的收益差别不大等因素有极大关系。上述三种原因也导致包括电视新闻的创新和突破始终停留在浅层,有识之士逐渐意识到诸种现状对中国电视新闻发展的限制,将电视改革的重心由话语内容转向话语组织方式。

中国新闻话语组织方式的改革主要体现在大编辑部机制在央视的建立、中国电视新闻协作网的成立以及电视新闻与新媒体的互动等方面。2009 年 7 月 2 日,中央电视台宣布组建新闻中心。此前,央视不少频道都有自己的新闻部门,一遇大事发生,不同频道的新闻部门都会派出自己的记者参与采访,重复劳动、资源内耗较为严重。而央视新的新闻中心则整合新闻、广经(广告经济)、海外、社教、文艺五大节目中心的新闻采编系统,旗下设综合部、策划部、时政新闻部、经济新闻部、社会新闻部、地方记者部、海外记者部、国际新闻部、新闻评论部、新闻频道编辑部、国际频道新闻编辑部等部门。部门间分工明确,前期采访部门负责采访新闻信息并上传至央视新闻共享系统,后期编辑部门则不再具有采访职能,而是直接在共享系统选取所需的新闻素材,或是通过编前会对前期部门提出新闻采访要求。大编辑部制的建立,改变了新闻作业原有流程,采、集、编、播四大模块若能有效协同运作,则可形成与栏目播出相适配的新闻流水线,极大提高生产—播出效率。当然,电视生产不是"一大就灵",大编辑部制以及"前"、"后"方部门的分离也可能造成"前"、"后"方思维脱节,后方编辑部门"看菜下饭"的负面影响。电视媒体如不能从受众需求出发去科学合理地开发利用新闻资源,大编辑部制也可能成为制约电视新闻更好、更全面发展的因素。

中国电视新闻协作网是由中央电视台等 50 家电视机构打造的直播联合体,是国内最大的电视新闻资源收集和播发平台。除各级电视台外,各类企事业单位、武警、军队和政府等具备电视直播能力的信息发布机构也是"中国电视新闻直播联盟"成员。按照联盟章程,联盟成员利用直播手段,播发重要新闻,其他成员可通过卫星传输设备同步采用,最低可延伸到县级电视机构,从而大大缩短了电视媒体抵达新闻现场的距离和时间,实现了优质资源的全面共享。

另一方面,随着新媒体、自媒体的蓬勃发展及其在新闻报道领域的大显身手,电视媒体已经在与之角力的过程中,逐渐适应了后者带来的冲击,并学会与新媒体合作以挖掘新的价值领域。在2008年北京奥运会的报道中,电视媒体积极表现出传统媒体与新兴媒体融合过程中的主动姿态,CCTV频频打出"上央视网,看奥运会"的宣传口号。电视与网络的融合给电视新闻带来的变化在于:对一些时事报道,电视更加倾向于发挥自身长处,强化提示性的新闻"快报"和第一时间的权威"解读",而将更多的新闻事件细节、背景分析或对比、后续影响分析放在无内容上限的网站上呈现。

中国电视在2009年创造了很多大事记,如新华社开始办电视,被视作对电视渠道垄断的打破,以此为拐点,也许将会有更多的力量涌入电视渠道市场,电视媒体原有的稳定格局被打破。

新华社电视定位于"全球视野,中国视角",以成为一个跨国播出电视媒体为发展目标。2010年1月1日中国新华新闻电视网(CNC)中文台开播;2010年7月1日,英语台开播,中文台和英语台采取全天24小时滚动发稿。CNC依托国际大社新华社既有人力资源和覆盖区域,素材采集和架构运作都有着国内其他媒体难以代替的优势。目前CNC尚处于初始阶段,竞争力尚未完全显现,但笔者相信,只要CNC后续发展能够较少受到现有体制的限制,采取独特的发展策略,则其有可能对包括央视在内的国内现有电视台形成市场威胁。

另一方面,自媒体的强势包围、"公民记者"队伍的日渐庞大、观众越来越高的观看期待等外部环境的变化致使电视新闻进一步改革的呼声不断。但相对于中国电视其他内容版块,电视新闻的改革还是明显滞后的,突出表现在新闻价值体系缺失、改革创新动力不足、对市场格局和自身定位缺乏长远眼光等方面。

新闻价值体系缺失主要表现在各地新闻联播型节目。这些节目大都克隆央视《新闻联播》模式,以领导人活动报道、会议报道、成果报道为主体内容,但在播报方式和内容组织方面背离受众,因循多年来的报道惯例,形成了"八股新闻"。这种"八股新闻"未对播报内容进行深入的价值挖掘和影响分析,未将播报内容与受众之间的关联充分展现出来,千篇一律的报道形式也背离了新闻价值规律,同时在"更好地展现'国计'与'民生'之关联"这一重要职能上缺席。

改革创新动力不足,一方面是囿于部分电视人自身的短视,只专注于眼前市场的争夺,忽略了对未来市场的培养;另一方面,也与当下竞争环境不良、体制约束较大、知识产权保护体系不健全等客观因素相关。有时,电视人辛辛苦苦研发出一种新的节目形式,但只要一投入市场且反响较好的话,立即就有其他电视台跟进模仿。事实上已经出现了这样的情形:一搞民生新闻,全国就都流行民生新闻;一搞故事新闻,全国就都流行故事新闻;一搞方言新闻,许多地方电视台立即跟进。新节目的创制者要经受研发成本较高、市场早期试验可能失败等风险,而跟风者不仅可以避免这些风险,还可以在早期观望先行者的市场反应,并在模仿时及时给予调整,"后发优势"明显,经常会出现创新先行者获得的收益可能还不及跟风者。

20世纪90年代以来,部分中国电视新闻人的受众意识不断增强,但对市场格局和自身定位缺乏长远眼光。尤其是地方台,将主要的新闻受众定位于"庸俗少思"的群体,过度迎合受众而渐有走向"舆论误导"、"价值误导"的趋势，如在内容上唯部分受众趣味的马首是瞻，一步步走向庸俗、媚俗乃至恶俗，表达上过分煽情而失去新闻叙事必须具备的冷静和理性。事实上，不可忽视的一点是，受众的新闻需求是能够培养和创造的，具有可引导性、可培养性和可塑造性，所以"有什么样的媒体就有什么样的国民"和"有什么样的国民就有什么样的媒体"这两句话是同样正确的，它真实反映了媒体和受众之间相互影响、相互塑造的关系结构。

第二节　中国电视新闻改革的动力与阻力

中国电视新闻改革的整体框架背景可归纳为"三个改革和三个文明建设"，即经济体制改革和物质文明建设，文化体制改革和精神文明建设，政治体制改革和政治文明建设。① 三个文明发展不平衡，三个改革力度也各不相同，所以当代中国电视新闻改革出现不协调、不一致的状况。

首先需要注意的是，新闻改革是在整个中国经济体制改革大潮中被动进入的，所以其改革进程受到整个经济体制改革进程的极大影响，而新闻传播业又具有其特殊的意识形态属性，所以相对于整个经济体制改革进程，新闻改革更为滞后和艰难。如前所述，中国电视新闻改革的前十五年是技术进步的十五年，媒介特征的形成依赖电视技术的进步。② 在改革开放之初，我国电视新闻还采用胶片摄制、微波传输技术，电视新闻在很大程度上只是对报纸新闻和广播新闻的转述和"画面再现"，不具备自身独立的媒介特征。随着改革开放对于经济体制的大改革和生产技术、传播技术的大

①　童兵：《突破体制瓶颈　推进新闻改革——纪念中国新闻改革30周年》，复旦大学出版社，2009年版，第21页。

②　宋颖：《中国电视新闻改革三十年》，载于《新闻采编》，2010年第1期。

解放、大引进,我国物质文明建设对新闻改革产生了积极的推动作用:一是经济建设的发展增加了国民的财富,国民"吃穿用"后的剩余财富份额大增,产生了创业、投资、理财、教育、健康等诸多方面的巨大信息欲求,使得新闻媒体包括电视新闻必然面对"如何回应民众信息需求"的大问题,这推动了电视新闻改革的内容组织方向;二是物质文明发展带来丰裕的资金和技术的飞跃,解决了电视新闻发展的技术制约,如采、编、播以及传输等环节的全套现代化设备的大规模采用,让电视新闻显示出其他媒介不具备的图、声、文并茂的媒体特色,在时效性、接近性、现场感、影响力等方面具有明显优势。

文化体制改革则是解放电视生产力,促使电视新闻面向市场,牢固树立尊重市场、"受众至上"的观念。文化体制改革对中国电视新闻的重大影响有三次:第一次是确立电视媒体的市场性质,取消对电视媒体的财政拨款,让电视"自谋生路"。这一次改革把中国电视推向了市场和受众,电视要考虑从广告市场获得生存资本,就不得不考虑受众的收视兴趣,电视新闻的"贴近性"、"服务性"都得到了增强。第二次是基于打破"条块阻隔"的集团化浪潮。这一次改革的初衷在于让媒体实现跨媒介合作,降低生产成本、扩大产品效用范围、减少经营风险。此轮改革未能充分考虑各地实际,在不同地方得失不一,但集团化对于报台互动的确有一定促进作用,对于拓展电视新闻的新闻源有较大正面影响。第三次就是本章先前提到的发源于 2009 年但局面至今尚不明朗的电视新力量的崛起——以中国新华新闻电视网(CNC)兴办为始,电视渠道现有的垄断被打破,中国电视媒体市场开始形成新的竞争格局,形成新的发展压力。

在中国当代语境中,电视媒体特有的强烈意识形态属性使得政治体制对电视新闻发展具有决定性的作用。政治体制改革对中国新闻传媒规制的重大改善包括新闻发言人制度的逐步完善和政府信息公开制度的建立，这些都部分地从机制上保证了包括电视在内的媒体遵照新闻价值规律发挥自身职能，有一定能力及时、公开报道时政新闻，满足民众的知情权，报道政策形成过程及其施行机制，披露热点新闻事件处置结果，评判施政的利弊得失，进行舆论监督等。但总体而言，当下中国政治体制改革仍相对滞后，新闻改革缺乏最必要的前提条件和最重要的制度环境，因而改革的难度更大，改革的成本也更高。①

除了"三个改革和三个文明建设"之外，西方新闻传播观念的导入也是中国电视新闻改革的一大背景。以自由主义话语为逻辑的西方大众传播学是围绕媒介的市场体制而思维的，其动力是追求媒介运作的最大利润。西方新闻传播观念对中国新闻改革的影响路径是：学院派率先引入西方新闻传播观念，一方面通过新闻教育影响即将走入电视新闻领域的学生，一方面通过学术探讨直接影响电视实业界和电视新闻的主管部门。西方新闻传播观念涵化、催生了中国电视界的市场意识，对中国媒介市场、产业化发展起到了侧面推进的作用。

中国电视新闻改革的根本动力在于政治经济体制的变革所带来的受众观念的改变。政治经济体制的变革衍生出社会信息需求的变化，这种需求是推动媒介创新最大的动力也是最大的压力。市场经济条件下，人们需要的决策参考信息是多方面的；由于切身利益的相关性，人们必然要求新闻报道突破以往的许多题材禁区，特别是在重大的时政、经济、社会信息等方面。实际上，按照现代法治原则，市场经济条件下的信息公开主要就是"保障公民有向政府索取有关信息的权利"。② 这就包含了政府向公众公开信息的义

① 童兵：《突破体制瓶颈 推进新闻改革——纪念中国新闻改革30周年》，复旦大学出版社，2009年版，第21页。

② 魏永征：《信息公开制度在中国》，载于《中国法律》（香港），2001年第6期。

务,包含了媒介向政府索取和向公众公开政务信息的当然权利,这对新闻媒介报道题材的开拓既提出了要求又提供了难得的机遇。

另一方面,电视媒体作为社会经济的一个部门,被政治经济体制改革的大潮所席卷,也会顺应经济体制的宏观变化对自身的经营管理体制进行变革。电视媒体的经营管理体制实行变革,其收入结构也会发生改变,从以前的"向财政要钱"转为"向市场要钱"——由于电视媒体产业化发展并不均衡,收入结构相对单一,"向市场要钱"又主要指向广告市场。收入来源和收入结构的变化使得电视媒体的经营理念和服务方向都发生了变化,"市场意识"和"受众需求"的观念得以确立,媒体会最大限度地追求自身的受众市场与广告商的目标市场重合,会想尽办法采取措施吸引广告商目标市场人群的注意力。重塑传媒市场主体作为传媒社会定位转型中的新探索,反映了传媒系统的运作与社会经济系统运作的密切联系,其最根本的动力,来自我国社会主义市场经济体制下传媒业运作的现实需要。这也是中国电视受众理念得以确立的最根本动因。

此外,改革过程中受众观念还会直接或间接受到经济全球化和西方新闻理论与实践的影响。如世贸组织成员国必须遵守"透明度原则",加入 WTO 后中国政府将加速向法治化政府,向信息、决策透明化政府转变——对政府而言,"公开问题已经由道德自律转变为法律强制"。[①] 任何时候,媒介受众观的衍生变化都会伴随媒介发展和变革的过程,两者相互作用、互为因果,当代中国新闻媒介变革的每一步在一定意义上都将取决于媒介受众观的革新变化。[②] 西方的新闻理论与实践之间一直联系紧密,其中对中国新闻

---

① 李惠等:《中国政企治理问题报告》,中国发展出版社,2003 年版,第 59 页。

② 林晖:《未完成的历史——中国新闻改革前沿》,复旦大学出版社,2009 年版,第 45 页。

影响较大的几次浪潮当属 19 世纪下半叶的"扒粪运动"、19 世纪末的"黄色新闻"、20 世纪 90 年代的"社区新闻"和"公民新闻"。这几次浪潮分别在一定程度上促使中国新闻依次出现深度化和批评化、娱乐化和大众化、接近性和建设性等特征。在当代中国发展变革的大大压缩的时空里，这些特征常常又是随机组合和任意叠加的，呈现出强烈的"后现代"风格。

在西方的媒介市场，新闻与娱乐的合流之势日显，直至明确出现"Infortainment"这一新名词（即 Information 和 Entertainment 的合称），而这一名词作为我国某些类型的民生新闻节目的标签，是再恰当不过的。经济全球化带来的是信息全球化和观念全球化，西方的新闻观念也会对中国的新闻实践产生较大影响。在新一轮改革中，中国新闻媒介既要逐步改变把受众单纯当作被教育者、被指导者的受众观，又要防止在经济利益驱动下滑向另一个极端——只把受众看作带来直接或间接利益的单纯消费者，毕竟新闻消费和一般的物质消费、娱乐消费还是有重大差异的，它关乎着人的思想、观念乃至对社会的认知和信心。正确的改革方向是必须适应中国社会改革的深入和市场机制的全面确立，转而逐步树立媒介的公民观。

中国的电视新闻改革已经迈出了许多步伐，但不可否认的是，难以迈出实质性的步伐，总是差"最后一公里"。除了其不可除去的意识形态胎记之外，还有文化体制局限、电视新闻改革着力不当、改革层面过于微观、缺乏长远的全局性的改革眼光等原因。

中国电视新闻的意识形态胎记使得"党管宣传"、"党管媒体"的惯例延续多年，这套惯例对维护社会稳定、抵制消极片面思想的侵蚀、坚定民众对社会主义的"三个自信"具有极为重要的意义；但毋庸讳言的是，这套惯例在制度细节、管理手段的优化和调整上存在着僵化、畏葸不前、时松时紧、一紧就死的缺陷。这套惯例对媒体造成的负面影响在于：新闻话语体系僵化、政治话语独占新闻舞台,新闻的"官样"、"官态"、"官气"明显、浓厚,平民化的语态和平民化的视角在新闻报道中长期缺席。电视新闻的意识形态特殊属性还使得它必须观政治改革之"机"、行新闻改革之"事",政治体制改革不先行一步,电视新闻改革绝难"单骑独进"。

从管理体系上看,我国电视体制具有行政分级、行政垄断的特点,因此对于电视台、尤其是地方电视台而言,要进行新闻改革,则必须突破当地主管行政部门和上级电视台的双重压力。如在中国电视新闻协作网成立之前,地方台有向中央台提供新闻线索、人力资源和节目资源的义务,而中国电视新闻协作网则颠覆了这种传统的方式,联盟成员可以通过信息平台共享直播选题内容,共享卫星直播设备等技术服务。

当代社会的发展使得"蝴蝶效应"在日常生活中越来越显著,受众不光关注本土新闻,对于指向异地的信息需求同样强烈,电视新闻的"跨界跨域"合作因而变得格外重要。而电视体制行政分级和行政垄断的特点加大了"跨界跨域"合作的难度,如电视台级别不对等则无法建立平等合作关系,电视的新闻资源不能跨域共享等;此外,电视体制行政垄断的特点还使得某地发生负面新闻时,当地政府能够较为方便地屏蔽信息,本地媒体受制于行政压力无法发声,而异地媒体难以进入事发地实施异地监督。

总而言之,中国电视新闻改革偏好"自上而下"式路径,改革的"引火索"多是相关领导的意志和要求。如中国电视新闻协作网的建立是为了回应中央领导的要求,中国新华新闻电视网(CNC)的成立是为了顺应国家对于"国际知名媒体"的期待,央视2009年大刀阔斧的改革也是源于央视台长新上任的"三把火"。"自上而下"式的改革路径偏好从根本上可以归结于中国电视管理运行机制强烈的意识形态特性和行政垄断特征,这种改革方式的好处在于改革的初衷能一以贯之,改革所遇阻力较小;但这种改革有"路径错位"的风险,其改革大多是基于传播低效的"压力"而非观众"需求"——没有对一线受众实际需求的精细了解和洞悉,怎能找到化解传播低效之压力的"良方"? 不言而喻,缺乏科学的受众调查的支持,改革有可能失去自身的标靶——对倚重收视率拉动广告经营的电视新闻收益模式来说,这种改革方法与其生存基础有"背离"的危险。

改革在大多数时候是作为某种修正、调整机制而存在的,但在中国,改革一开始就是限定在体制内的,因此中国电视新闻的改革之路行进得格外缓慢;但无论如何,中国电视新闻改革都必须以中国国情作为改革的框架和背景,在此基础上嫁接先进的新闻理念,上述改革才能如愿前行。当代中国社会正面临着由传统的"私德社会"向现代的"公德社会",由传统的"百姓社会"向现代的"公民社会"转变。① "公民社会"强调每个人都是社会构建不可缺少的部分,强调个体对于公共议题的发言和参与权利;与这种转型相适应,新闻话语的功能定位也需由"宣传性"、"信息性"过渡到"公共性"。中国电视新闻,包括民生新闻,在这条路上只能说是刚刚起步,或者说是出发不久。

第三节　尖兵与镜鉴:民生新闻之于 中国电视新闻改革的意义

电视民生新闻是电视新闻改革的先行部队,它作为事实上的新闻改革突破点具有不容忽视的意义。这种意义不仅体现在民生新闻对于电视新闻整体改革有着"试水"的作用,还体现在当民生新闻改革受挫时,它为电视新闻整体改革继续推进提供了回旋余地和"议价"空间。

---

① 单波:《西方新闻传播观念的导入与中国新闻改革》,复旦大学出版社,2009 年版,第 272—273 页。

社会主义市场经济的冲击,使得我国文化、经济、社会生活发生了相应的变化。在实行对外开放、发展社会主义市场经济和经济全球化、信息网络化不断发展的条件下,怎样改革和建设电视新闻,是新时期面临的一个重大课题。按照"三个代表"重要思想的要求,电视媒介的事业性质决定了其必须代表中国最广大人民的根本利益和最先进的文化方向——这就要求电视媒介做好党和人民的喉舌,发挥好信息沟通和文化建设的职能,而这一职能的发挥正是基于政治价值目标的确立。与此同时,电视媒介的产业性质还要求它追求自身的经济价值目标,电视新闻也必须回应市场的要求,关注目标受众"情之所系"、"利之所在"。迈入新世纪以后,中国新闻事业改革的立足点在于坚持以"三个代表"重要思想为指导,坚持解放思想、实事求是,围绕着"全心全意为人民服务"这一党的宗旨,依靠群众,服务群众。而民生新闻正是将这些关键点落实到实处,有效地践行了中国电视新闻改革的理论建构和操作思路。

民生新闻对于中国电视新闻改革的"尖兵"效应如上文所述,但仍有一个问题留待我们思考和解决:为什么是而且只能是民生新闻承担电视新闻改革尖兵的角色? 回答这个问题需要从三方面着手:

首先,中国电视民生新闻诞生于地方电视台,这既是因为中央电视台已成为国家话语的绝对权威发言者,所以地方电视台只能从自身最有资源优势和接近性优势的"地区性民生生活"着手发力;又是因为相对于诞生于中央电视台的中国其他类型尤其是国家主义政治新闻来说,落户在"地方"电视台的新闻节目可以拥有比"中央"改革空间相对更大一些的优势。

其次,中国电视民生新闻源起之地是江苏,经试验获得政治和市场上的双重肯定和成功之后再逐步推导到其他地方。江苏是经济、文化发达省份,也是改革开放的前沿地区,这里的人们思维相对开放，所以才有像景志刚为代表的这样一群敢想敢做的电视人，才有《南京零距离》一面世即受到追捧的收视市场。另一方面，经济、文化发达地区的地方新闻政策也相对宽松，所以才有了《南京零距离》从"虚"到"实"的成功兑现，才有了南京各档电视民生新闻节目可以在较小阻力的环境里尝试、矫正、成熟，并在全国形成集群和示范效应。

第三，中国电视新闻改革最具实质性意义同时也是最艰难的地方，正是在政治、经济、文化三重既有体制交叉影响下的中国新闻体制。民生新闻对于中国电视新闻整体改革的回旋作用体现在：民生新闻不是正面碰撞中国新闻体制的原有模式，而是借"三突出"、"三贴近"之政治旗号，钟馗打鬼式地成功"绕过"了体制的核心礁石。

民生新闻对于中国电视新闻改革的镜鉴作用则体现在：经过民生新闻实践总结出来的经验，可以反过来促进电视新闻改革进一步深入，探索出来的某些具有普适性的理念、机制和运作手法可以推广使用到所有的电视新闻类型。

首先值得注意的是民生新闻对电视报道视角的改革性贡献。对于新闻报道来说，报道视角是极为重要的，一般可分为三类，即政府视角、百姓视角、专业视角。普通百姓对于抽象概念的理解程度不可能很高，对过于宏观的全局性的事物、重大但距离自身生活较远的事件关切程度也不是很高，所以民生新闻对报道视角——百姓视角的选择非常务实，也非常精准，可以说是号准了城市观众认知期待的脉搏。百姓视角的报道具有平视化、个人化、具体化和微观化的特点，这种视角不是从国家或政府的工作全局出发进行报道，而是透过百姓视野看待社会生活的变化，由此出发报道百姓关心的社会变动，解释新闻世界对百姓生活的利弊、得失的影响，供百姓做思维、行为的参考。

除报道视角的转换外，民生新闻对于中国电视新闻的经验贡献还在于民生新闻创造的传播模式、传播手段、新闻组织生产方式等方面。传统的传播模式是传播者单方面拥有媒介话语权,而当受众参与传播,媒介话语权就成为传、受双方共有的资源和权利。市民享有媒介话语权是指市民不仅是传播内容的被动接受者,还可以是传播内容的提供者、生产者,可以是传播内容的主体,可配合传播者进行新闻的发掘、选取、制作、表现和反馈。要让市民参与传播,首先要让市民意识到新闻传播与自身生活、个体状态、城市命运之间的关联——要实现这一目标,则需要不断关注市民的生存状态和生存环境,记录普通市民在时代命运和城市发展中的个人故事。民生新闻诞生之后,以"民生"反映"国计"的"以管窥豹"式的报道模式越来越普遍,报道的编排方式也越来越成熟。事实上,大众传播科技进步的总趋向是,媒体记录越来越保真,越来越接近生活实际,或者说,媒体报道出来的新闻事实越来越"像"和越来越接近生活事实——当电视直播、SNG 等技术进步足以支持这样做的时候,唯一缺少的也许就是让镜头进一步推向生活的决断和勇气了。电视直播是提高新闻时效、消除新闻现场与收视观众之间的距离感、增强受众对于新闻的真实性感受、增大新闻的吸引力和感染力的有效方法,所以,电视新闻采取直播还是录播形式,绝不仅仅是一个技术问题,而首先是新闻观念问题。《南京零距离》在直播过程中,把城市生活中正在发生的事件实时切入节目,通过主持人与现场记者的直接连线让受众知道新闻事件的最新进展;后来节目中的《绝对现场》栏目更是通过卫星直播车实现了直播室与新闻现场的完全同步报道,让观众自己可以直击新闻现场。

随着传播技术的发展更新,电视民生新闻还注重将现场直播与观众互动结合起来,如以新闻话题和新闻素材作为讨论的议题,在网上设置讨论区,在新闻播报过程中和结束后选取网友的观点作为一种意见表达呈现出来,使其作为新闻点评的一部分。这种

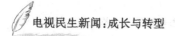

方式无疑改变了电视的单向传播程式。

电视民生新闻在新闻组织生产方式方面的改革性贡献还在于通讯员制度和信息员制度的建立，在这方面，《南京零距离》是首创者。该栏目在始创时就号召市民运用自己的摄影设备及时记录下突发新闻的场景，市民们拍摄的新闻画面是《南京零距离》的重要新闻原料来源；《南京零距离》还公开招聘市民担任信息员，运用"群脑"战术，极大丰富了栏目新闻线索来源。这些信息员分布在社会的各个阶层，年龄、职业各不相同，信息员的广泛分布和彼此间的差异性保证了民生新闻对市民生活的"全覆盖"。《南京零距离》在通讯员制度和信息员制度方面的"吃螃蟹"举措可谓是开启了"公民记者"大步进入媒体的时代。在突发性新闻事件尤其是灾难性新闻事件中，因为专业媒体人员进入时间的滞后（这种滞后在逻辑和时序上是必然的），或因新闻事件的特殊性可能导致新闻现场封闭，专业媒体一时难以进入，处于事件现场的当事人或目击者所记录下的场景就成为众多电视新闻急需的第一手权威素材来源。

民生新闻在传播方式、播报语言、播报样态，甚至新闻生产组织方式上，都有创举。因此，无论从哪个角度上来看，民生新闻都无疑体现了一种新闻创新。它在内容上从"宏大叙事"转入"微观社会学"观察，从"国计"的神坛走下来，步入"民间"场域；媒介事实和生活现实的重合，则让观众从电视中找到了他们熟悉、有亲近感并且可以轻易辨认出的生活。除此之外，民生新闻还创造了多种形式的"有奖收视"、"有奖线索"征询等营销方式，极大地刺激了新闻节目的收视率。

从以上层面观察，不难发现，民生新闻是一种与旧新闻体制、旧新闻理念抗争的产物，并以自身特殊的方式获得了体制的认同和市场的成功。对于民生新闻的这一开创性贡献，无论如何评价都不算过分。但是需要指出的是，民生新闻仍是一种改革不彻底的产物,它的身上仍带着很多妥协的痕迹,是中国电视新闻改革的一种过渡性产物。

如前所述,数字压缩技术的突破使得电视频道数量猛增,原来短缺稀少的频道资源突然变得供大于求,电视业由此从"卖方市场"进入到"买方市场";与此同时,中国电视业的行政特性决定了每个省级行政单位只能有极个别频道通过卫星覆盖全国,绝大多数的地方频道只能覆盖省区、市区范围(跨区域传播,则会带来覆盖成本难以承受的问题)。因此,对于城市频道而言,更多的收视群体是本地区的市民,为了吸引更多本地观众的注意力,城市频道只能最大限度地发挥其地缘接近性优势,为观众提供大量的生活性、服务性信息服务和地域性新闻报道。因此,民生新闻可看作是在中国垄断性电视体制下,地方频道为了求得自身生存而毅然改革的一种无奈之举。从 2002 年的《南京零距离》到现在的《零距离》,这种从名称到内容的改版虽然凸显了民生新闻突破地域新闻信息服务和影响力地域局限的努力,但无法改变自身城市新闻、地域市场的核心定位。

其次,在经济全球化的浪潮下,人们的生活与外部世界的联系越来越紧密,人群的分化使得中国社会出现"橄榄型"社会结构的雏形——处于中间层的人群越来越庞大,他们除了关注自身基本物质生活外,对外部社会的关注度也越来越高,其日常思维、社会行为乃至经济—投资决策所依赖的参考信息也越来越多元和丰富,对信息质量的要求也渐趋高企甚至苛刻。需求决定市场,中国人当代经济生活的巨大变化以及对于"巨量"、"丰富"、"多元"、"高质量"新闻信息和服务信息的强烈需求决定了必须有相对应的、能够满足此类信息需求的电视新闻类型诞生。根据利益相关度的高低,人们对部分信息领域有着打破原有报道禁忌的要求,这类信息领域必将呈现从经济、社会、文化、消费向时政、法制、公民权利实现与保障等领域扩散的趋势。当下的民生新闻,就其实体性内容而言,其主体是对地域社会类、经济类、民生服务类、突发性事件领域的创新性报道形式,尚未对最为敏感的时政新闻信息区域产生直接的冲击,并创新出一种广为接受的报道理念或模式。所以,从这一角度而言,民生新闻的最初含义和形式只是一种中间产物,不是最终目的。

第三,如果将电视民生新闻视作一种产品类型,对其做战略管理的"SWOT"分析,我们就可以发现:从"优势"(Strengths)和"机遇"(Opportunities)来看,民生新闻具有相对于此前诸种新闻类型的突破性优势,如改善新闻语态、丰富新闻内容、创新播报方式、强化营销力度等;民生新闻还把握住了顺应其时"三突出"、"三贴近"政治诉求的战略机遇,具有紧跟西方"公民新闻"潮的市场前瞻性。与此同时,民生新闻的"劣势"(Weaknesses)和面临的"威胁"(Threats)却被很多人忽略了。毫无疑问,民生新闻是在国内电视新闻市场相对封闭、境外电视新闻节目难以进入、播出时段内缺乏真正有竞争力的对手的媒体环境中获得巨大成功的,因此,民生新闻也只是电视人最大限度利用政策资源、市场资源以规避体制风险的一次尝试,这种尝试的尺度也是有限的,过分夸大其"跨越"的意义则失之牵强。电视民生新闻自身的"劣势"和所面临的"威胁"有哪些具体内容,本书将在后面章节详述,此处不再赘述。

民生新闻本就是电视新闻改革的产物,它最初的诞生可视作电视人在无奈之下的"穷则思变",也可看作是在电视新闻改革思维推动下的顺势而为。如同一条大江,浩荡而下不可阻遏,这股奔涌的力量必定会在堤岸最薄弱的某处冲击出一个缺口——民生新闻就是在电视人求新求变思潮的奔涌下冲击出的一个"缺口",一条改道的"生路"。从民生的本质和当前中国社会阶层结构来看,民生新闻的出现也属必然。在现代社会中,民生和民主、民权相互倚重,而民生之本,也由原来的生产、生活资料,上升为生活形态、文化模式、市民精神等既有物质基础也富有精神特征的整体样态。

在当代中国,传播资源仍属较为紧缺的有限资源,所以占据传播平台就意味着拥有话语权和发声器,在市民阶层开始争取自身的话语权之时,"民生"与大众传播媒介的结合就变得势在必行——这就是"民生新闻"概念产生的社会基础。

从中国新闻改革的总体趋势和目前进程来看,新闻改革的主体方向仍是将更多的新闻选择权甚至决定权归还于市民,从而回归新闻报道的本质。循此逻辑则可判断,不管 2002 年《南京零距离》是否播出,"民生新闻"这一称谓是否诞生,具有"民生"内涵特征的新闻样态都会出现,也许会被冠以"公民新闻"、"市民新闻"等不同的名号,但其实质,当与目前的民生新闻相差不远。事实上,"民生新闻"这一称号,也是景志刚等电视人在成功打造以《南京零距离》为代表的类似新闻节目后,基于对此类节目发展方向的期许和对此类节目关怀指向的概括,而提炼出的"取其神而弃其形"的名称。如本书前面所述,在《南京零距离》之前,中国电视的"类民生新闻"已有萌芽征兆,进而言之,在电视媒体的"民生新闻潮"之前,平面媒体早已将"民生新闻"这一概念投入到传播实践中,如《新华日报》专门开设了民生新闻版,《南方日报》珠三角新闻版的宗旨正是"做必读的民生新闻"。从更宽广的视野来看,电视民生新闻的出现,不仅仅是电视体制内部自身的变革,它还与我国经济的城市化发展进程、社会文化体制的变动,尤其是"三贴近"有着客观的、强烈的呼应。

有不少学者认为,民生新闻不能算作一个严谨的科学命题:民生新闻是社会转型期部分新闻栏目发生重点偏移后诞生的一个语境,意在强调这类新闻栏目对普通百姓生活内容的报道在深度和广度上的拓展,它虽不具备新闻生态学上的意义,仍可视为社会新闻在新语境下的一种演绎,是对转型期社会新闻栏目的一种临时性代称。从这一类观点的角度来看,将一些涉及政治、经济方面的新闻"软化"处理,加大对普通民众生活状态的关注本就是社会新闻概念的题中之意，民生新闻做到了这些，也不过是对于新闻价值和社会新闻本质含义的正常回归，算不上是一种新兴的新闻样态。关于民生新闻是否具备生态学意义这一话题，讨论的价值主要在于对民生新闻本质内涵和产生动因的梳理和界定。民生新闻也许不能算作一种严格意义上全新的新闻样式，除了"民本思想"的延续之外，它的出现还是多种因素的合力作用的结果。从宏观上看，中国政治经济模式转轨与中国社会结构转型是驱使民生新闻诞生的本质因素，从最直接相关的影响因素来看，新闻媒体自身的嬗变则是民生新闻产生并获得持续发展的最大动因。

从另一个方面来说，遍观中国电视民生新闻的发展现状，其遭受诟病的几大短板主要在于：内容同质化，意义内涵的独特性消解；过度着力于节目包装营销，娱乐化、庸俗化特征显著；视角扁平化，对社会关键症结缺乏有深度的延伸追问；舆论引导上理性不足，缺乏建设性。而上述这些病症，都可以在作为整体的中国电视新闻改革中找到对应的病因。改革意识不够深入，这让许多民生新闻节目的"批评"和"监督"大多流于表层，遭遇到一些关涉群众利益和部门利益相冲突的"敏感"问题时，媒体常常不自觉地、本能地选择缄默；电视媒体的所有制结构也使得新闻的本地监督难以真正实现，异地监督虽具备一定可行性，但毕竟是"客场作战"，获取信息的便捷性和及时性都会大大降低；此外，电视新闻的线索搜集渠道和队伍的建立健全、采编流程的设计安排、电视各类节目时段和时长的组织规划等也会对民生新闻样态产生重要影响；而中国电视新闻改革的外围环境不成熟，则对民生新闻理念的进化和实际操作造成重大负面牵绊，如民生新闻在采访报道中总是面临着数不清的题材禁忌、言论禁忌、"打招呼"压力和权力部门的各方责难等——节目制作的分寸和"度"，并不是电视人总是可以轻易辨识和成功把握的，从根本上说，仍然极大地受制于总体的新闻舆论氛围和各种显性、隐性的媒体"规制"。从这个意义上讲，电视民生新闻虽然是中国电视新闻改革的尖兵和镜鉴，具有十分重要的积极价值，但是我们也要清醒地认识到，这个"尖兵"到底能走多远，能否把"大部队"带到指定地域，是它本身完全无法预料和决定的；民生新闻这面鲜亮的镜鉴，到底能映照出多少美丽的"风景"和暗藏的"阴翳"，从根本上取决于中国政治、经济、文化发展状况尤其是新闻体制打算以怎样的"面目"和"姿态"来面对这面镜子。

第三章 复制与不可复制：民生新闻的核心竞争力

1993 年中央电视台《东方时空》的创办以及其后湖南卫视娱乐化节目的勃兴，曾带动中国电视迈出了新的"功能性"步伐，改变了中国电视僵化的观念体系。随着时代的推移，两者的吸引力和影响力都逐渐趋于消减。《东方时空》"铁肩担道义"式的精英意识曾经点燃了电视机前的受众对电视新闻的期待和嘉许，但不自觉的精英"俯瞰"视角使节目本身无法真正地贴近受众，走到平民大众的心坎里；湖南卫视汲取了传统电视模式的前车之鉴，逆精英意识而动，大张旗鼓地掀起了娱乐化节目的热潮——在湖南卫视名利双收的同时，娱乐节目的痼疾也逐渐显露出来。止步于娱乐层面的电视节目很难传达社会最本质的声音，为社会主流所接受和认同。尽管这两种类型电视节目的影响力都走向式微，却曾经给中国电视注入过新鲜的电视理念，树立了新的"类型"和"模板"，改变了电视与观众的原有关系结构，一步一步地推动着中国电视业的发展。2002 年元旦，《南京零距离》在江苏城市频道横空出世，意味着另一种崭新"类型"和"模板"的出现，它以新颖的电视新闻样式和精准的节目定位，为频道带来了社会效益和经济效益的巨大双赢。电视民生新闻受到行业的热烈追捧，自然遭到同行的大规模"拷贝"，那么问题来了：被大规模复制的是电视民生新闻的"形式"还是"精魄"？它的的核心竞争力到底又是什么呢？

第一节　《南京零距离》的"模板"效应

电视民生新闻是地方电视台在现有电视体制、收视环境下追求自身新闻理想的一次策略性突围和成功。[①]《南京零距离》出现之前，江苏城市频道并没有多大的社会影响力，不管收视率还是节目收益都处于弱势频道之列。频道的生存压力促使电视人迫切地希图打破原有电视节目框架，寻找新的突破口。当时传统的电视新闻节目的影响力正走向衰落，观众们对一本正经、字正腔圆的新闻播报方式产生审美疲劳，程式化的会议报道、方针政策的宣传等"宏大叙事"的新闻内容与百姓的日常生活相隔较远，加上长期以来节目形式缺乏新意，自然难以吸引电视观众。尽管如此，长期以来电视新闻在观众心中树立起的权威性仍是其他电视节目无法与之相提并论的。"新闻立台"是电视产业早已达成的共识，江苏城市频道在巨大的生存压力下坚持做新闻，在新闻中寻求突破——传统电视新闻模式的不足恰恰给《南京零距离》的出现提供了一个机会。这档崭新的电视新闻节目一反既定的传统模式，从主持人形象到播出画面，从新闻内容到播报方式，从新闻视角到版块设置都打破了受众印象中电视新闻固有的范式。一档优秀的电视节目可以盘活一个频道，《南京零距离》的成功再一次充分印证了这个道理。该档节目不仅逆转了省市电视台城市频道的地位，还掀起了后续席卷中国各大城市电视台的"民生新闻"节目的狂潮。

电视民生新闻把镜头对准一座城市，服务于城市普通市民，从传播媒介的角度尽量满足市民所需所想。传统的电视新闻节目是"我播放什么你知道什么"，而民生新闻节目着力的则是"你需要什

---

① 王雄：《电视"民生新闻"的幻象与转型》，载于《现代传播》，2006 年第 2 期。

么我尽量帮你满足"。放下身段,转而以公共服务的姿态面对受众,这无疑是对电视媒介社会功能的本源性回归。《南京零距离》以南京市民为节目的目标受众和服务人群,以发生在南京市民身边的新闻事件为报道内容,以"我也是南京市民一分子"的立场为观众排忧解难,提供信息资讯。再熟悉不过的都市生活呈现在电视荧屏上,早上才发的牢骚晚上就在主持人嘴里说出,办事不力、推诿扯皮的职能部门遭到电视镜头的曝光……这些对媒介功能"分内事"的恪尽职守,无形中满足了受众对电视功能的心理期待,对他们产生极大的吸引力。电视节目本身具有"邀约"、"约会"性质,通过出售经过包装的内容产品来实现受众的精神消费。《南京零距离》不仅赢得了超高的收视率,更赢得了南京市民的信任和依赖,"有事找零距离"是一句在南京城内时常听到的口头禅,城市中有重大事件发生时,老百姓们自然会想到晚上收看《南京零距离》,听听主持人孟非怎么评说。

科技的发展给电视传播方式的提升带来了新的机遇。《南京零距离》节目运用高科技提供的所有可能条件为新闻的贴近性拓展了更大的空间。新闻讲究时效性,为了实现向电视观众承诺的"零距离",该档节目的采编和导播尽可能地缩短甚至消除新闻与事件之间的"时差",节目经常临时插播刚刚送达演播室的新闻,极大增强了节目的鲜活性和吸引力。当然,"零距离"并不仅仅体现在时间上的"零距离",还暗示着新闻传播主客体之间的"零距离"。相较于报刊上的民生新闻版块,电视民生新闻拥有得天独厚的电视语言优势,《南京零距离》时常就公共话题邀请各方嘉宾进行讨论;节目直播期间,观众可以拨打节目的热线电话,参与嘉宾讨论,表达自己的意见和建议。公共话题的讨论和热线电话尊重了受众的话语权和表达权,也在某种意义上确认了受众的政治权利和公民身份。对高科技以及电视语言本身优势的充分利用,使《南京零距离》的直播跳出了狭隘局促的演播室,走向一个完全开放的城市社会空间。不管这些举措是否是形式大于内容，是否是节目制作方为了取悦受众、谋求收视率的"花架子"，但这一形式本身已经传达了与传统"告别"的崭新的新闻传播观念，潜移默化地推进了普通民众对自身权益的关注以及社会民主意识、公民意识的成长。

《南京零距离》节目独特的"读新闻"播报方式是业内外人士津津乐道的话题。电视新闻节目的主持人是在台面上与受众的直接交流者，很大程度上决定了一个节目给观众的最直观印象。民生新闻节目主持人不仅仅停留在新闻节目的播报上，还以自己的社会责任、学识阅历对新闻进行解读，甚至直接、明确地表达自己的看法。在这一点上，《南京零距离》节目主持人孟非是一个经久不衰的典型范例，他成功地在节目中"输入"自己的思想和见解，常常脱口而出的南京方言"多大事啊"也成为深受观众喜爱的"孟非态度"。孟非的个人形象和传统的电视新闻主持人大相径庭，他剃着光头，五官平凡，说起话来嘴角还略有歪斜，普通话发音也不够字正腔圆，播新闻时还时不时地夹杂几句南京话。虽然孟非以毫不修饰的平民形象坐在演播室里，与传统的电视新闻比照称得上是"另类"，但是和以"南京零距离，就在你身边"为口号的节目气质却浑然一体，相得益彰。这个新闻节目主持人不是观众印象中端着主播架子的刻板形象，而是非常生动鲜活的一个人，这个人生活中可以出现在城市的再平常不过的角落，与市民共同感受着城市发展的脉搏。

孟非的平民形象拉近了《南京零距离》和电视机前观众的距离，不过，真正使孟非形象深入人心的还是他个性化、有深度、有力度的话语表达方式。孟非的语言真诚、质朴、犀利、睿智，点评新闻往往一针见血，发人深思，更重要的是他的话语里流露着浓厚的悲悯情怀和人文精神。"孟非读报"环节对新闻资讯解读的意义已经超过了信息发布本身，南京市民亲切地称孟非为"南京市民的儿子"，以至于遇到意义难辨、有争议的新闻事件，就习惯性地等着听听孟非的看法和态度。孟非的成功并非偶然,而是得益于他丰富的人生阅历和电视从业经验。他做过搬运工、印刷工,后来在电视台从临时工做起,有过记者、摄像、编辑、制片人的经验。他体味过生活的艰难,对普通市民的生活感同身受,且有敏感、细腻的情感表达。主持节目时,孟非经常把自己的生活体验作为评说的依据,真实恳切、条理清晰,并非为了民生新闻而刻意做出一副"草根"模样。南京市民在孟非身上找到一份认同,也在《南京零距离》节目中找到身边生活的真实影像。

《南京零距离》是深谙电视市场运作规律和受众心理期待的电视人为了寻求频道出路,对电视新闻节目进行大刀阔斧革新的产物,它的成功则又极大刺激了全国范围内电视新闻节目的创新求变。如前所述,《南京零距离》的意义不仅仅局限于扭转了城市频道的弱势地位,使其跻身本土第一频道之列,还有更深刻的含义和影响。正如江苏城市频道原总监景志刚所说的那样:"当我们在改变着传统新闻的固有生态和固有模式的时候,这种改变已为我们赢得了一个收视格局的改变。《南京零距离》改变了新闻收视率拼不过电视剧和综艺节目的历史,改变了省台新闻拼不过央视新闻和市台新闻的历史。2004 年,当《南京零距离》的广告以超过一亿元的价格被买断,也许它已成为国内身价最高的电视栏目。"①

《南京零距离》的成功为中国电视新闻打开了一扇别开生面的窗户,让业内人士看到在当前条件下以新闻传达社会本质、实现自己新闻理想的可行性。民生新闻的理念和运作模式声名鹊起,本身形成了一个成功的、近乎完美的模板,越来越受到电视界的追捧和学术界的关注。不到两年时间,电视民生新闻栏目便在全国各地形成燎原之势,蔓延全国。其时,仅以南京为例,每天 18:00~

---

① 景志刚:《我们改变了什么? ——〈南京零距离〉及其民生新闻》,载于《视听界》,2004 年第 1 期。

20：00，就有江苏广电总台的《南京零距离》《绝对现场》《1860 新闻眼》《江苏新时空》《服务到家》和南京广电集团的《直播南京》《法治现场》《标点》等 8 档相似的民生新闻节目。而放眼全国，北京电视台的《第七日》、安徽电视台的《第一时间》、东方卫视的《直播上海》、湖南经视的《都市一时间》、成都电视台的《成都全接触》、广州电视台的《新闻日日睇》、河南电视台的《民生大参考》、海南电视台的《直播海南》、重庆电视台的《天天 630》、山东电视台的《民生直通车》以及杭州电视台的《阿六头说新闻》……全国各省市大大小小的电视台民生新闻节目遍地开花，争奇斗妍，造就了中国电视新闻的"现象级"景观。

　　这些电视民生新闻节目唯《南京零距离》马首是瞻，纷纷举起"民生新闻"的旗帜。下文表一是各地电视台具有代表性的民生新闻节目以及节目提出的口号，从这些宣传口号可以看出，所有的民生新闻节目都具有很强的服务意识，把普通市民作为目标受众和服务对象，把发生在市民身边的事情作为新闻报道的主要来源，以新闻内容的贴近性吸引受众的目光。

表一

电视台	民生新闻节目	节目口号
南京电视台	《直播南京》	替政府分忧，为人民服务
北京电视台	《第七日》	心疼老百姓，为老百姓说话
重庆电视台	《天天 630》	《天天 630》，贴近老百姓
河南电视台	《民生大参考》	百姓无小事，民生大参考
南方电视台	《直播 60 分》	追踪热点，关注民生
湖南电视台	《都市一时间》	民生视角，本色表达
安徽电视台	《第一时间》	寻常巷陌新闻，绘声绘色讲述
成都电视台	《成都全接触》	记录成都每一天
上海电视台	《新闻坊》	真实的市民生活，地道的城市新闻

民生新闻节目内容大多覆盖电视媒体所在的城市,城市之间的不同会带来民生新闻节目的差异。为了在市场竞争中成长为具有社会影响力的品牌栏目,一档民生新闻节目不可避免地要采取体现自身特色的差异化发展策略。本章将介绍几档具有代表性的电视民生新闻节目,这些节目都在服务民生的精神内核下努力寻求属于自己的路径,并且在当地产生了比较大的社会影响力。

《都市一时间》

《都市一时间》是湖南经济电视台直播都市频道的一档自办新闻栏目。自2001年5月18日开播伊始,就在全国率先明确提出了"民生新闻"的概念。2003年5月扩版成为一档时长60分钟的纯民生新闻节目,提出了"民生视角,本色表达"的节目宗旨和"用激情发现生活,用心力感受冷暖,用良知检讨社会"的节目定位,准确地把握了中国社会转型时期对电视新闻的新期待,成功地演绎了民生新闻这一新的新闻节目形态。2004年被评为全国百佳电视栏目,收视排名位居湖南电视市场新闻类节目第一名,栏目15秒广告单价上扬到近万元。2005年元旦起,湖南经视都市频道宣布全部改版为直播都市频道,宣称做一个"没有电视剧和综艺节目的纯新闻频道",迈出建设专业化新闻频道的第一步。

《都市一时间》栏目设有《动态报道》、《百姓话题》、《call in到你家》、《家有收藏》、《公德大考验》、《民生新闻眼》、《城市安居指数》、《都市急救室》、《110出警进行时》、《电子警察》、《DV状态》、《小李飞到》等日常性板块。这些板块具有很强的互补性,既注重传播市民关心的动态新闻,又为城市居民提供各方面咨询、服务类信息,还特别注意表达市民对公共事务的意见,以及通过文化道德等方面内容的引导提升栏目的品格,从而清晰地呈现出民生新闻理念在内容关切和形式表达上的基本形态。最有代表性的是《小李飞到》,这是2005年全新策划的一个板块,口号是:"小李飞到,帮忙快手",专门向急需帮助的市民提供援助。在节目中,"小李"作为一个代表性人物，实实在在地走向普通百姓，而在"小李"身后，节目组织了一个集医院、高校、律师、企业等几百家单位和两千多名义工于一体的庞大后援团。市民向"小李"求助的同时，栏目组根据情况启动这些后援团，义务为市民服务。仅一年时间，就募集到慈善资金1500余万元，先后为数千名需要帮助的市民解决了实际困难。这样的社会服务使民生新闻富有人情味，极大地拉近了节目与观众的距离，也使媒体的爱心和责任心得到体现。

《都市一时间》以大胆的策划不断推出大型活动，提高节目的社会影响力。如2005年《天山湘女回故乡》台庆特别节目，以寻找50年前援疆建设的"八千湘女"为创意点，衍生出一系列有特色的活动和报道，节目播出历时一个多月，感动了无数三湘儿女，获得了很高的社会美誉度，同时也成为一个挖掘本土资源的成功范例。

《1860新闻眼》

《1860新闻眼》由江苏卫视创办于2003年10月28日，每晚18点开播，每天播出60分钟，栏目因此而得名。《1860新闻眼》打出"看世事变迁，问人间冷暖，反映民情，透视民心，关注民生，万家忧乐在心头"旗号，宣扬民生理念和公共情怀。节目结构根据报道内容分为四大块：《生活服务资讯》、《现场报道》、《民情调查》、《法制专题》。《1860新闻眼》最早效仿《南京零距离》，走贴近平民大众的民生新闻路线，但是栏目一直在有意识地寻找和一般民生新闻相差异的自身特质。开播一周年之际，《1860新闻眼》提出"公共新闻"的口号，开始探索媒介在社会公众事务中所能担负的更重要角色，更注重从宏观的公民社会的角度切入，展现"公共新闻"的全新内涵。比如，《1860新闻眼》曾有过一篇名为《检查传染病该由谁买单》的报道，它抓住这样一个情况：老百姓到医院看病，不管需不需要，医院都会先行给病人做一个例行的传染病检查，而这个费用由被检查者负担。节目针对这种并不罕见的不公现象进行了讨论，倾听各方意见，尤其尊重了电视机前观众的意见，播出后获得很大反响。《1860新闻眼》非常注重与百姓生活息息相关的公共议题的讨论，为节目赢得了美誉度和影响力。

《1860新闻眼》还曾树立了"全国第一档卫视情感新闻联播"的标杆。《情感援助》是其情感定位下重点打造的一个子栏目，栏目接到观众的情感救助后，派出由专家、记者和志愿者组成的"情感援助"小组，向求助者进行必要的心理疏导、法律援助甚至经济支持，"我在，还有我的后援团"。形象端庄、温婉亲和的主持人每天准时在电视荧屏上与观众见面，为观众排忧解难。以情动人，是《1860新闻眼》情感新闻的最好阐释。"情感新闻"是20年来中国深度报道在感性纬度上的一次创新，是继中央台"东方时空"、"焦点访谈"为代表的新闻评论栏目在理性纬度上的创新之后，在感性纬度上的又一突破，它弥补了过去深度报道在感性上的不足。有学者指出，"情感新闻"不仅满足了大众的情感需求，更符合构建和谐社会的主旋律，从《1860新闻眼》曾经的实践来看，这种深度报道在感性纬度上的创新，无疑是成功的。①

《1860新闻眼》及其制作团队曾经四度摘取"中国新闻奖"，先后获得"中国十大电视名栏目"、"中国优秀原创电视栏目20佳"、"全国青年文明号"等多项殊荣。在全国省级卫视同时段栏目中，《1860新闻眼》收视率排名曾一度稳居全国第一。

2008年12月5日该节目停播，更名为《新闻夜宴》，于江苏城市频道晚间22：20-23：00播出。《新闻夜宴》由原来江苏卫视《1860新闻眼》原班人马打造，但在形式上进行了大胆的探索和改造，力图创造一种全新的节目形态：节目先播放精心挑选的新闻事实，再通过正在主播室的主持人、嘉宾、记者或多媒体观点引入等环节，对此新闻进行群体评述，造就"群体脱口秀"的生动场景。这

---

① 杜骏飞：《发展理性指引下的情感新闻——以江苏卫视〈1860新闻眼〉为例》，载于《视听界》，2007年第6期。

样一来,节目不仅妙趣横生,而且脱离了单纯的新闻报道和单一的新闻解读,可以给电视观众留下更多的空间进行思考。从《1860新闻眼》到《新闻夜宴》的转型,不变的是民生新闻原有的精神和灵魂,提升的是从"事实报道"到"新闻评论"再到"新新闻评论"的飞跃。由于多种原因,该节目最后停播。

《第一时间》

它是2003年7月28日安徽电视台经济生活频道开播的大型直播民生新闻资讯栏目。栏目以"寻常巷陌新闻,绘声绘色讲述"为宗旨,反映百姓冷暖痛痒、喜怒哀乐,因信息量大、时效性强而广受赞誉,有市民的"信息超市"之称。观众收视率、满意度自开播以来一路飘升,创下了地面频道非黄金时段新闻节目的收视奇迹,形成了一种新的引人注目的电视现象。《第一时间》在开播之初,节目内容构成上以单条动态新闻居多,这种"短、平、快"的操作方式在一个阶段内的确收到了很好的效果,收视率的表现也一路走高。

2006年以后,随着《第一时间》影响的扩大,栏目开始越来越多地承担安徽省内重大主题的报道。例如,栏目制作了反映十六大以来安徽经济发展成就的系列片《收获》,解读安徽省委、省政府"十一五"期间重大民生工程的《聚焦民生工程》等,反响良好。通过故事化、贴近性、化抽象为具象的"大题小作"、"小中窥大",该节目一方面符合自身的定位要求,同时也一改同类节目以往过于琐碎的弊病,最先开始向"大民生"的角度聚焦。

《第一时间》善于积极策划各种活动,打造自身品牌效应。自2005年起,节目多次与安徽省希望工程办公室举办"我要飞得更高——爱心圆梦大学"活动;除此之外,还曾开展"农民工维权在行动"、"为农村小学图书募捐"、"残疾人手语大赛"等活动。

2007年8月18日,《第一时间》成功扩版,播出时段是每天的18:20分到19:40,时长由原来的60分钟延长到了80分钟,并且随后在全国民生新闻栏目中首家实现全字幕版播出。《第一时间》的开播改写了安徽台新闻节目收视率低于电视剧、综艺节目的历史，连续五年稳居合肥地区所有可视频道收视率、市场份额第一。

《成都全接触》

《成都全接触》是成都电视台公共频道全力推出的一档大型民生新闻直播类节目。2004年4月26日开播，直播时间跨度1小时，后经全面改版，直播时长1小时30分钟。《成都全接触》以直播为节目表现形式，以"记录成都每一天"为口号，"生动的新闻现场、快捷的第一时间，贴近平民的新闻视角"则是节目生产的三大基本特征。选题大多出自与百姓的切身利益相关之事，内容上侧重为百姓排忧解难；节目做到了以平民的视角选取新闻题材，以平民的审美趣味观察生活、取舍镜头，用平民化的表现方式进行报道，赢得了观众的信任。

《成都全接触》也以涵盖面广、信息量大、形式新颖多样、时效性和现场感强、注重贴近性和节目营销等特点一炮而红，收视率节节上升，最高周平均收视率达到8％以上，稳居成都地区电视节目的前三位。节目运行期间，新闻中心平均每天可以接到400多个热线电话，包括提供线索、投诉求助等，"全接触热线"也成为大家心目中的百姓热线。《成都全接触》开创的纯民生新闻的新路在成都新闻界引起了极大反响，并掀起了成都电视新闻改革的热潮。

《成都全接触》打破常规，在成都地区的媒体中率先组织义务服务队主动为百姓服务。2004年4月29日，节目所在频道成立了《成都全接触》"社区义务服务队"，到成都市居住人口密集、人流量大的社区开展义务维修家电、义务保健诊断、现场新闻投诉等义务服务活动。2004年7月31日，经共青团成都市委的批准和授旗，频道又成立了成都市第8支专业志愿者服务队，这也是成都市第一支由新闻媒体注册成立的拥有全国志愿者统一证书和编号的专业队伍。通过各种形式的社会活动，《成都全接触》全方位地打造"全接触"品牌，建立真正有影响力的品牌节目。

《新闻日日睇》

《新闻日日睇》是广州电视台新闻频道2004年2月2日开播的一档主打新闻时事评论的节目，是广州电视台打造"强势新闻"媒体活动的一个重要组成部分。《新闻日日睇》强调用本土的语言、本土的态度和本土的文化观念来解读评说当天报纸杂志的新闻，力求用纪实的手法，深入城市生活，挖掘新闻背后的新闻，讲述广州老百姓自己的故事；节目注重节奏快、容量大的新闻信息和各种有碰撞的时评、观点；以平民的视角和主持人个性化的新闻点评为本色。节目由于言辞犀利、态度鲜明、作风"强硬"，深受观众欢迎。因尺度问题，节目主持陈扬曾经多次因涉及谈论敏感话题被替换。

《新闻日日睇》不采用电子媒体或平面媒体惯用的新闻分类方法，而是以头条、冲突、交流、正义、灾难、发展、温情、信号、趣闻作为分类架构。周一至周六每晚19:00播出，开播之初仅有20分钟，2004年10月11日改版后加长为1小时。

《新闻日日睇》非常注重在现代流行文化风行的大环境下对广州城市文化的细致观察、挖掘和弘扬。在一个传统文化日益衰退、传统和现代之间的矛盾日益尖锐、城市发展千城一面的时代，《新闻日日睇》通过展示广州传统民俗、建筑、文化的独特之处，唤起了"街坊"对自身生存环境的关注。2007年节目曾播出端午特别策划《酒干倘卖无》，从端午节龙船入手体现广州水乡民俗风情，同时警醒人们关注由于城市拆迁而逐渐消失的祖屋、龙王庙、趟栊屋以及精美的五色龙船等古代建筑、工艺及风俗。节目曾发起对广州失落的旧文化与保护粤语的探讨，讲述南粤传统文化的来龙去脉，讨论南北艺术差别、传统手艺与现代技术的碰撞。2005年推出"情义广州"专题，报道一位三十多岁的离异妇女"珍姐"和三十多位刑满释放人员在广州市荔湾区明心路经营的"碧源餐厅"遇到挫败面临倒闭的新闻。节目播出后引发强烈反响，观众纷纷表示捐资帮助"珍姐"；节目也对此多次推出追踪报道，直到"碧源餐厅"终于重新营业。

2008年3月15日，陈扬获得全国最佳时评节目主持人，他的获奖基于如下的理由：他从不以主持人的姿态播报新闻，一如既往地拒绝正襟危坐，时而以一个街坊的平实与亲和力描述和分享城市的现在进行时，时而如城市战士针砭时弊捍卫市民的公共利益。家长里短的絮叨，语露锋芒的时评，齐齐折射出对草根民生的倾心关怀。

《小郭跑腿》和《小莉帮忙》

任何一类电视节目，当其收视率高涨时，自然而然地会出现效仿它的节目；当效仿行为效率不高时（一窝蜂的模仿一定会"摊薄"同质化节目的注意力和兴奋点），电视人就会集中精力把民生新闻引向新的方向——专注于"帮忙"、"调解"，帮助观众解决实际问题的一大批节目应运而生——当然，此后新一轮的模仿又开始了。《第一现场》播出后，出现了相似的《一时间》；家庭调解类民生节目《金牌调解》、《小郭跑腿》火爆后，北京卫视《第三调解室》、安徽卫视《超级新闻场》等也相继出现。这类节目虽然形式上各具特色，但主题、内容上大同小异，多为帮忙解决情感纠纷和生活难题类的节目。

从2006年开始，《小郭跑腿》从山西广播电视台科教频道《都市110》节目的一个小小栏目逐渐成长为一档独立的、时长45分钟的情感帮忙类电视栏目。该节目的创办宗旨是"大事、小事、烦心事；好事、喜事、开心事，只要您需要，小郭来跑腿。"自2008年1月1日独立播出以来，该节目帮助大量家庭化解矛盾，帮助无数委托人实现了他们的愿望，由此不断刷新着收视率记录——单点最高收视率曾达到14.07%，日平均最高收视率为11.60%，持续稳居山西省地面频道收视之冠。根据央视索福瑞数据显示，在全国三十多档情感类调解节目的收视排行榜上，《小郭跑腿》位列第三，品牌影响力和知名度在同城媒体中独树一帜。

在树立品牌的同时,《小郭跑腿》努力探索节目的发展之路,更加重视收视效果和社会效益的双赢,力求将调解类节目办成加强和创新社会管理的一种有效模式。《小郭跑腿》的本土化特色十分鲜明,节目名称中的一个"跑"字就可以看出该节目和其他电视调解类节目的不同,它是由"和事佬"和调解记者深入委托人生活中去亲身调解,而不是约请当事人到演播厅进行调解;另外,栏目的内容多是山西本地的百姓讲述自身的故事,本土化的内容拉近了新闻受众与节目组和真实事件之间的距离。以百姓身边的故事为取材对象,再次还原事实真相,帮助百姓解决难题,这一"执拗的"思路在栏目的内容中得到了充分体现;同时,栏目中与百姓沟通的便利渠道设置,以及在调解的过程中尽可能满足新闻受众的话语表达风格,使节目具有极高的辨识度,在收视率上也一路持续飘红。

与《小郭跑腿》一样,口号是"小莉帮忙,越忙越帮"的《小莉帮忙》最初也是河南台《民生大参考》节目中的一个子栏目,以帮忙记者陈小莉的名字命名,后来逐渐独立出来,成为民生频道黄金时间的一档 40 分钟的民生服务类节目。该节目以出镜记者的介入帮扶为特点,为百姓搭建了一个方便快捷的生活服务平台。《小莉帮忙》采用直播形式,每天 18∶40 准时播出,出镜记者则由最初的陈小莉一人增至五人,均以"小莉"为名,强化"小莉"这一品牌标识。作为一档日播节目,尽管每天的信息量需求量很大,但《小莉帮忙》坚持"不掺水",一直固守着自己"打破砂锅问到底"、"有求必应"的节目风格。

河南台民生频道最初作为地面频道,覆盖区域为郑州及周边市县。《小莉帮忙》沿袭了《民生大参考》的受众定位,以郑州市为主要的内容来源地和覆盖区域。《小莉帮忙》最大的特色是内容完全原创,节目素材全部依靠出镜记者介入式采访获得,主持人和记者密切配合,共同完善传播内容;与此同时,该节目在故事的叙述方面始终注意保持客观冷静的第三方立场，完善故事架构，不时"点染"出令人会心一笑的默契感。改版以后，《小莉帮忙》栏目弱化了新闻宣传，进一步强化了服务民众的功能。该节目的女记者们多以采访者、调解者、评判者的身份出现，站在弱势群体的一边，调解争议双方的矛盾、问题，或者通过媒体的力量，寻找、督促相关部门去解决问题。由于连续报道、深度调查、解释性报道交替成为屏幕的主打内容，自然吸引观众持续收看。另外，《小莉帮忙》为公益事业搭台，提供社会救助，充分利用微博、微信等的强大互动功能，打造出内容贯通、渠道通畅、传播效率高、解决问题见效快的节目运营模式。

当然，以《小郭跑腿》、《小莉帮忙》为代表的参与式帮忙类节目在获得较好收视的同时，也存在一些问题，比如说主持人、记着参与或介入时不容易把握分寸，时有"跨线越界"之举；主持人、记者的个人情感有时具有明显的偏向，甚至随意将个人意志带入节目；媒体自行"审判"和硬性"包办"的情况也难以避免，这不仅妨碍了司法公正，也给媒体自身带来不必要的负担和麻烦。

第二节　电视民生新闻："文化工业"与批量复制

民生新闻节目的繁荣景象进一步刺激了各大电视台对前者的复制。这种复制甚至超越了早期各省市电视台之间的复制，逐渐转向电视台内部各频道之间的复制。《南京零距离》发端地南京多档民生新闻节目并存的情形自不必说，其他地区也纷纷呈现民生新闻扎堆的现象。例如，杭州地区就有《1818 黄金眼》、《范大姐帮忙》、《小强热线》、《我和你说》、《阿六头说新闻》、《杭州新闻 60 分》等近十档民生新闻节目；成都地区也出现《成都全接触》、《第一现场》、《直播 60 分》、《绝对贴近》等多档民生新闻节目竞相厮杀的情形。民生新闻的本土化特性决定了它的新闻视野有限，市场覆盖面有限,频道之间的竞争囿于同城新闻资源的争夺,横向差异并不显著,在推动节目创新的同时很容易落入同质化的境地。同类信息轰炸式的播出不仅是对新闻资源的浪费,还会让受众产生审美疲劳,降低观众对民生新闻节目的热情。

就目前全国范围的情况来看,电视民生新闻节目不论是收视率还是社会影响力都大不如以前。民生新闻在发展过程中暴露出来的一系列弊病和痼疾,有的是其本身先天的缺陷,有的则是在节目的不合理复制过程中造成的自我创伤。

电视节目的广泛复制并非发端于民生新闻节目,可以说是困扰中国电视已久的"痼疾"。这一痼疾有产生的必然性,其背后是无情的、不坚不摧的商业逻辑。像当年的《南京零距离》一样,2004年湖南卫视举办的《超级女声》栏目凭借大众海选歌手的选拔方式一炮而红,一时风头无二,跻身中国大陆最受欢迎的娱乐节目之列,从《超级女声》的舞台上走出来的李宇春、周笔畅、张靓颖等人成为国内炙手可热的人气明星,对中国歌坛的影响力不容小觑。《超级女声》一度引领了中国大陆综艺节目的风潮,以"海选"、"零门槛"、"PK"、"粉丝团"、"晋级"、"大众评审团"为关键词的选拔方式如雨后春笋般出现在各大电视台的综艺节目:东方卫视就有《加油,好男儿》、《我型我秀》,浙江卫视有《非同凡响》,安徽卫视有《超级新秀》、《天生王牌》,江苏卫视有《绝对唱响》,青海卫视有《花儿朵朵》、《青年汇》……就连央视的《梦想中国》、《星光大道》等综艺节目也纷纷降低门槛,向平民大众伸出参加节目的橄榄枝。随着选秀节目在各大电视台如火如荼地展开,声势浩大的全民娱乐方式,让娱乐策划人看到了巨大的商机和宣传空间,"平民海选"的选拔方式已经不仅仅限制在综艺节目上,逐渐蔓延到电视剧演员的选拔上。一部《红楼梦》还未开拍,"红楼梦中人"的选拔已经大张旗鼓地拉开序幕,随后《西游记》、《杨贵妃秘史》、《又见白娘子》、《喜事秘史》等多部电视剧也纷纷打出一副"演员海选"的好牌。

事实上，"平民海选"并非《超级女声》节目原创，而是借鉴了海外同类节目的制作经验，然后加以本地化处理。在收视率驱动下你追我赶的选秀活动逐渐造成了人们追捧热情的降温，观众们开始对选秀节目反应平淡，甚至心生厌倦。选秀节目的影响力逐渐式微，即便湖南卫视的《超级女声》，所受关注度也不可与创办之初同日而语。一档电视节目的走红常常带动同品类"复制品"的迅速衍生，这是当下越来越被中国电视人默认的事实，也是在严苛的电视生态下的无奈之举。从表面上看，复制已经获得成功的电视节目，对媒体来说有很多"好处"：可以让巨大的创新成本为零；一笔勾销了产品市场"试错"的成本；借鉴"模板"成功的经验可以最大限度地规避市场风向；"模板"的任何变化或改版还可以提供现成的、免费的、自己可资利用的新资源。总之，复制他人成功的电视节目及其运作模式，是成本最低、风险最低、受益最大的一种投机行为。往深处看，以复制为能事的电视人犯了"懒政"、"惰政"的毛病，他们是投机客，而非弄潮儿——可怕的是，如果弄潮儿越来越少，投机客越来越多，这个行业也就离崩溃和堕落不远了。

然而上述情形也不难理解，其出现具有某种必然性，甚至具有一定的"合理性"。自中国的媒介经济纳入社会主义市场经济体系以来，"企业经营"是其基本的生存模式，媒介自身的生存能力、发展能力越来越依赖其盈利能力，越来越依赖其产品在市场上的受欢迎度和收视率，经济考核的指标对每一个电视人来说都是极为现实和非常严酷的。电视民生新闻，从媒介生产和经营的角度看，就是电视台售卖的产品，就是现代媒介"文化工业"的产物，必须遵循一般商品生产和交换的基本规律（当然，我们并不否认精神产品的生产和消费具有自身的特殊性，但这种特殊性无法否认或抹杀其市场逻辑）。

法兰克福学派曾激烈地指责资本主义包括媒介在内的精神生产部门沦为现代"文化工业"，丧失了自身的独立性和批判性，成为进行大规模产品复制和彻底市场化运作的工业企业，把盈利以及盈利的效率这种"工具理性"视为企业的本质和灵魂。大规模复制和批量化生产意味着程式化，意味着文化工业产品缺乏独特的内容和风格，而是模板化和标准化的，不再具有独特的意义"光晕"（aora），而是可替代和无差别的；另一方面，文化工业又将文化产品彻底纳入商品的范畴，追逐利润的天性投映到文化形式上，势必带来文化产品的媚俗化和"可消费性"。不可否认，电视民生新闻节目作为大众消费时代的文化工业产品，和其他形式的商品一样，本身具备被批量复制的可能性。

著名传媒经济学家吉莉安·道尔在她所著的《理解传媒经济学》中指出："人们常常认为竞争的好处之一是扩大了消费者可供选择的商品的范围和品种，并同时避免了垄断，因为垄断会导致产品的均一性。然而，电视广播却给我们提供了一个有趣的反例。电视广播公司之间的竞争会促使它们盲目模仿别人的节目制作策略，而生产出比在垄断下会出现的更多千篇一律的节目"。① 市场竞争不会带来产品类型的丰富性，反而导致产品内容的同质化。电视产业的独特属性决定了这种市场竞争的"失灵"，而我国电视行业的特殊体制结构也从中起到了推波助澜的作用。

首先，电视节目的交换价值是涵盖在节目中的信息和内涵，以及由此带给受众的精神满足，电视节目的非物质产品属性决定了它不具备消费上的排他性；物质产品的消费不可能在多人之间同时进行，而电视产品提供的精神消费却可以，而且只有多人同时消费才可能实现收益。电视节目不会因为一个观众看到了而其他人无法享受，反而会因为观众人数的增加而产生巨大的规模效益。

在市场竞争环境中，绝大多数电视台缺乏直接向受众收费或

① 吉莉安·道尔（英）：《理解传媒经济学》，清华大学出版社，2004年版，第52页。

者直接从受众身上实现利润的机制,只能通过广告等收入保障电视台的正常运转,而良好的收视率是可能吸引丰厚广告投放量的前提条件。由于收视率的高低关乎一个频道的生存状况,为了吸引一定规模的受众,提高电视节目的收视率,电视台制作的节目只能以满足主流观众收视需求为目的,提供能够满足他们需求和心理期待的电视产品。一档电视节目在投入制作之前,一般会有市场调研的环节,以此来掌握这一时期大多数观众对哪一种节目类型更感兴趣,然后迎合多数人兴趣制作电视节目。仅从电视台的制作能力来说,既可以争夺主流市场,制作满足大多数受众收视需求的电视节目,也可以留意非主流市场,为少数观众提供他们期待的电视节目。但多数情况是,面对经济利益的驱动,没有哪个电视台甘心居于人后,放弃在主流观众市场大展拳脚的好机会,转而去迎合非主流市场的需求。为了获得尽可能多的广告收入,每个电视台都想赢得最大规模的受众,瓜分具有大众兴趣的观众市场比迎合少数人的兴趣而疏远主流观众更有利可图。"观众兴趣越一致,竞争性复制的趋势就越强。"①

《南京零距离》收视率的飙升,显露出民生新闻在电视市场上的巨大发展潜力,受众对这类电视产品的需求已经趋向主流。为了在前景广阔的受众市场中分得一杯羹,各省市电视台争先恐后地打起"民生牌"——没有精心推敲的盲目复制使大多数电视民生新闻节目流于粗制滥造,同质化亦成为必然。节目的同质化加剧了市场竞争,激烈的市场竞争又反过来进一步刺激了节目的同质化——恶性循环之下最终损耗的是民生新闻节目整体的生命周期,加速了这一节目类型走向没落。遗憾的是,即便深知蜂拥复制下的是一步"死棋",会引起观众的审美疲惫,但在耗尽最后的利润

① 吉莉安·道尔(英):《理解传媒经济学》,清华大学出版社,2004年版,第53页。

空间之前,电视节目制作方依然无法拒绝眼前巨大利润的诱惑。

其次,如前所述,电视节目的创新和复制之间横亘着巨大的投入及风险落差。电视产业属于人类脑力劳动的范畴,为了满足受众日益增长的文化需求,不仅要迅速地掌握庞大的信息量,还要具备在纷繁复杂的信息中挖掘、整合出有效信息的能力。这些都要求一档电视节目的初始创造,既需要摄影机、演播室、录音和剪辑等设备的投入,更需要大量脑力资源的投入,如吉莉安·道尔所说:"文化各产业的成本增长率总是比通货膨胀率高得多,这是由于创造本身就是劳动密集型的,而劳动力成本又比其他成本增长快得多"。① 在电视节目开播之前,节目的制作方无法精确地把握受众的需求和态度,受众在没看到节目之前也无法真实地表达自己的态度。在未来等待节目制作方的可能是收视的惨败,之前投入的物质成本和精神成本都可能以"竹篮打水一场空"而告终;与之相反,一档电视节目在荧屏上走红后,受众的潜在需求被昭示天下,节目的利润空间也得到了确证。利益的驱动和风险的降低对电视节目制作人而言是无法拒绝的诱惑,在外部领跑刺激和内部发展欲念相互作用下,复制成为节目制作人唯恐不及人先的选择。一档电视节目可能因为偶然因素而走红,而随之而来的疯狂复制则不可避免地成为电视产业竞争中的必然景象。

此外,电视节目的复制和我国电视行业的体制结构和制度建构也有很大的关系。20 世纪 80 年代初,我国广播电视行业开始实行中央、省、市、县"四级办广播,四级办电视,四级混合覆盖"的体制模式。全国范围内合法的省市电视台就有 400 多家,如果加上县级台,实际上就达到了 3000 多家。② 四级办台的电视模式给中

---

① 吉莉安·道尔(英):《理解传媒经济学》,清华大学出版社,2004 年版,第 57 页。

② 滕乐:《竞争性复制与差异化竞争——从传媒经济学的视角分析中国电视节目同质化的体制性成因与突破途径》,载于《新闻界》,2010 年第 5 期。

国电视产业带来数量上的优势，但也形成了条块分割、行业内高度垄断的格局，随着时代的推进，其中的弊端也日益凸显。如前所述，虽然 2001 年中央对广播电视行业进行整顿，全国掀起"有线无线频道合并"的浪潮，使电视台的数量有一定的减少，电视资源相对整合，但是并没有撤销市县两级电视台，总体播出频率、频道并没有减少。作为竞争主体的电视台数量庞大，而中国目前的电视行业格局相对封闭、受众收视率没有明显的增量（流向互联网和移动互联网的收视资源甚至日甚一日地严重"剥夺"着电视收视率），节目制作的集中度十分低下。身处矛盾漩涡中的电视制作人，为了在激烈的竞争中分到市场一杯羹，不得不在节目制作上煞费苦心，实现规模效益的最大化。一些实力相对薄弱的市县级电视台，无力承担节目创新的资本投入和风险，只能通过复制已经经过市场认可的走红节目，在激烈的竞争浪潮中暂得一方安身立命之所。还有一些电视台内部机制配套改革落后，缺乏节目创新的土壤，它们与现代产业规律脱轨，即使勉为其难推出新的节目形式，也根本经不起市场的检验。再加上我国长期缺乏健全的知识产权保护体系，管理机构无法实施有效的监控和管理，在极大程度上默认、纵容了节目之间的抄袭复制。

随着同质化电视节目大量而迅速地衍生，观众打开电视机铺天盖地看到的都是同类型的电视节目，最初收看电视节目的新鲜感逐渐转变成心理上的强制性压迫感，久而久之，抵触情绪和审美疲劳取代了精神消费带来的满足感。深谙电视产业规律的节目制作人或许察觉到了受众的心理变化，但是在外部领跑节目的刺激下，不甘心放弃尚存开垦空间的节目形式；过度开垦下的电视市场勉强维系着饱胀状态，直到在受众的厌弃下被动崩塌，同类型的节目样式在观众的视野里逐渐消失。

尹鸿曾提出中国电视节目创新的"蜉蝣规律"，他指出："电视创新就像生命周期极短的蜉蝣一样，呈现出一种朝生暮死的现象：

任何节目的红火之时就是这类节目的衰落之时,'热什么毁什么'成为中国电视创新的宿命"。① "尽管周而复始的创新、同质、低俗、衰落的'蜉蝣定律'仍然有效,但对中国电视人来说,只求笑得最早,不求笑到最后"。②

电视民生新闻题材来源上的本土化以及价值取向上的平民化,是其与传统电视新闻节目对抗的优势所在,但是从另一个方面看,这也恰恰为复制节目的准入带来了门槛低的假象。从节目的表层来看,民生新闻节目的制作似乎不需要多么先进的技术装备,新闻采编多在媒体所在城市完成,具体操作也相对简单,甚至有电视工作人员对民生新闻节目的易复制性做出了这样的"经典"论述:只要有了《南京零距离》的概念,任意组合一群记者,马上能复制出另外一个不同名称、相同内容的克隆新闻栏目。事实上,一档名副其实的民生新闻节目并非表面看到的那么简单,放眼全国各省市电视台及其下属频道的令人眼花缭乱的同类新闻节目,复制者多,成功者少,这恰恰说明了不少电视人对民生新闻的理念存在误读,他们复制了民生新闻的外壳,却没有复制民生新闻的精髓。

民生新闻的报道范围主要覆盖在媒体所在城市,新闻资源有限而且受众群体交叉,不少民生新闻节目多是节目制作人在立竿见影的收视期待驱动下的急就章之作。此起彼伏的民生新闻节目占据电视频道,不仅对电视节目的丰富性、多样性带来损害,造成电视资源的浪费,还很容易引发频道之间的恶性竞争,导致电视民生新闻在节目内容和节目形式上的双重异化。

主持人孟非曾经开过这样一个玩笑:在南京,一个老太太一不小心摔了一跤,跌了一颗牙,抬起头的时候,发现有五台摄像机正

① 尹鸿:《只有笑得最早　没有笑到最后—中国电视创新的"蜉蝣"定律》,载于《新闻与写作》,2010 年第 7 期。

② 刘险峰:《解读电视低端新闻的克隆现象》,载于《中国广播电视学刊》,2005 年第 6 期。

对着她。民生新闻体量较大且都是自办新闻，而且普遍强调时效性和现场报道，这样一来，记者的任务就很重，他们不可能有很多时间去思考和咀嚼社会事件的意义，第一任务就是要把属于自己的时段"填满"，不耽误电视的按时播出。① 更有一些民生新闻节目为了吸引受众眼球，追求感官刺激和轰动效应，在"新、奇、特、星、腥、性"六种类型的信息中大做文章，将电视媒介变成城市逸闻趣事的集散地和批发地，将节目主持人变成涉猎广泛的爆料者，将媒体这一社会公共资源仅仅用来满足部分电视观众的"窥视"欲。这类民生新闻节目不仅没有承担大众媒介作为社会公器应有的社会责任，反而助长了社会的低俗之风，拉大了普通民众与社会精英的差距，这样不仅背离了民生新闻的民本思想，而且消解了传统新闻的基本立场，致使"民生节目不民生，新闻节目无新闻"。

前文指出，电视节目的交换价值是内涵于节目之中的信息内容，以及由此带给受众的精神满足。电视民生新闻节目内容的异化致使大量没有新闻价值和民生理念的信息充斥其中，为了维系受众的注意力，节目制作方惯用形式上的演绎来弥补节目内容上的贫乏和跑题。电视民生新闻多以"说新闻"的播报方式见长，《南京零距离》主持人孟非颠覆传统主持人的形象给节目复制者们极大的启发，民生新闻节目的另类主持人从此层出不穷：说相声、打快板、演小品、逗哏捧哏、插科打诨等曲艺表演出现在民生新闻节目的演播室里。这些娱乐性质的表演具有一定的亲和力，但与新闻的纪实风格形成巨大的反差，而且主持人文艺特长的发挥对新闻内容的理解非但没有实质性的帮助，反而因过多占用新闻时间冲淡了新闻报道的主题和实体性内容，分散了观众对新闻事实的注意力。还有不少民生新闻节目热衷举办"有奖收视"活动，意图

---

① 王雄：《电视"民生新闻"的幻象与转型》，载于《现代传播》，2006 年第2 期。

以丰厚的礼品回报"锁定"忠实受众,这种加强品牌营销、培养忠实受众的思路固然可以一试,但是过度倚重奖品挽留受众,无形中拉低了节目的档次和水准。

在节目复制的硝烟弥漫中,电视民生新闻的内忧外患充分显现,收视率的整体下降已是不争的事实。近年来,南京、杭州、成都等不少地区在宣传管理部门的行政干预下,加强了对电视民生新闻市场的规制,一些民生新闻节目按照新的要求进行了整改,也有的民生新闻节目选择停播。基础性的行业规制是必须的,不能完全交给市场"洗牌",这些措施有助于促使有责任心的电视人开始反思民生新闻的复制模式和创新空间,探讨电视民生新闻的核心竞争力。

第三节　电视民生新闻的核心竞争力

越来越多的电视人意识到,电视民生新闻的外壳和结构乃至运营模式都是可复制的,但其生命和灵魂——核心竞争力——却是不可复制的,只能是属于自己的创造。

1990年,美国著名管理学家普拉哈拉德(C. K. Prahalad)和哈默尔(G. Hamel)在权威杂志《哈佛商业评论》上发表文章《企业核心竞争力》,首次提出了"核心竞争力"(core competence)的概念。他们认为,核心竞争力就是"企业内部的积累性学习,特别是涉及如何协调多种生产技能和整合多种技术流的问题"。[①] 尽管普拉哈拉德和哈默尔并没有对这个概念给出明晰的定义,但"核心竞争力"这一概念的提出为描述竞争优势的本源提供了形象的解释,大大简化了以往纷繁复杂的论证程序。核心竞争力的提法得到了学

---

① C. K. Prahalad and G. Hamel:The Core Competence of Corporation ,Harvard Business Review,1990,68(3),pp. 79—91.

术界和企业界的广泛认可，后续众多学者继续从不同角度对它做了广泛的研究，试图进一步明确核心竞争力的内涵。研究推动了核心竞争力概念的普及，使它几乎超越了经济学和管理学专业术语的范畴，成为普通人耳熟能详的一个词语。

在普拉哈拉德和哈默尔看来，核心竞争力可以被视为组织内的学习能力，尤其是关于如何协调各种生产技能和整合多种技术的能力；核心竞争力在整合各种技术的同时还意味着对工作进行组织和提供价值。核心竞争力是沟通，是参与，是对跨越组织界限协同工作的深度承诺。可见，核心竞争力的独特之处在于，越是运用它，它就越是得到增强。但是，核心竞争力也需要培养和保护，因为知识不用就会"消亡"。培养核心竞争力并不是说必须在研发投入上超过对手，而是要事先规划，然后才会衍生出业务单位。普拉哈拉德和哈默尔还提出了确定核心竞争力的三种方法："首先，核心竞争力能够为企业进入多个市场提供方便；其次，核心竞争力应当对最终产品为客户带来的可感知价值有重大贡献；另外，核心竞争力应当是竞争对手难以模仿的"。因此，普拉哈拉德和哈默尔形象地比喻："多元化公司就好比一棵大树，树干和几个主要枝杈是核心产品，较纤细的树枝则是业务单元，叶、花与果实则属于最终产品。为大树提供养分和起支撑固定作用的根系就是公司的核心竞争力。如果你只通过看最终产品来评价竞争对手的实力，你就会看走眼，好比你只看树叶来判断树的强壮程度一样"。①

20 世纪 90 年代"核心竞争力"的概念和理论被引入中国，当时正是中国企业盲目多元化扩张后的迷茫期，"核心竞争力"的引入掀起学界研究的热潮，引起了中国企业界对自身核心竞争力的审视和反思。经过讨论，人们逐渐形成了这样的共识：企业核心竞争

---

① C. K. Prahalad and G. Hamel: The Core Competence of Corporation, Harvard Business Review, 1990, 68(3), pp. 79—91.

力是指企业在研究、开发、设计、制造、营销、服务等环节上所具有的明显优势，它是不易被竞争对手所模仿的能够满足客户价值需要的独特的能力。它具有扩散性、价值性、异质性和不易模仿性（或独特性）、不可交易性等特点。实际上，核心竞争力是企业将技能、资产和运作机制有机结合的企业自主开发能力，是企业推行内部管理性战略和外部交易性战略的结果。

提到核心竞争力就不能不提到另一个更基础的概念——"竞争力"，二者都是反映市场经济竞争环境下企业实力的概念。在英文中，竞争力是 competitiveness，而核心竞争力是 core competence，二者既有区别又有联系。核心竞争力是竞争力的一部分，是企业最长远和最具有决定性影响的竞争力。任何一个企业要在市场竞争中生存，或多或少都要具有一定的竞争力，但未必具有自己的核心竞争力。核心竞争力具有不可模仿性，它涵盖了一个企业独特的历史、企业文化、经营理念、管理方式等内部资源，是企业长时间培养出的无法复制的独特个性，是企业在竞争中保持持续优势的源泉；而竞争力的大多数因素都可以通过市场过程获得，或者通过模仿其他竞争主体而形成。除此之外，竞争力具有可比较性和很大程度的可计量性，企业竞争力研究的努力方向之一就是力图将企业竞争力因素尽可能地进行量化，从而进行企业间的比较。在这一点上，核心竞争力和竞争力完全相反，很难找到科学合理的评价指标体系对前者进行衡量。核心竞争力不是企业容易被观测到的、直接产生市场竞争力的某种具体行为，如推出的新产品、提供的客户服务、及时的危机处理手段等；核心竞争力是产生企业的这些具体行为的惯性机制和内在动力，是发现客户服务的重要性并高效地提供服务的机制和良好的形象，是准确判断危机成因与发展、灵活应对环境突变的机制以及评价体系。可以说，企业外在的表现形式是市场竞争力，但核心竞争力是区别于外在表现形式的内部生产机制和体系，是源源不断提供竞争力的各种生产要素的生产机制。

　　电视产业的特殊性决定了它不同于其他行业的特性。电视作为宣传媒介、舆论喉舌,无法褪去政治属性的印记;同时电视节目又是一种内容产品,具有区别于一般产品的非物质属性,它的价值在于满足受众了解信息、娱乐消遣、舆论监督等的精神需求。作为一种商品的存在,电视产品必须进入市场进行交换,参与市场竞争,所以又不能不具有鲜明的经济属性。我国曾经长期把广播电视作为意识形态领域加以管理,阻碍了市场竞争的进入,更不用说对核心竞争力的培育;随着媒介体制的深化改革,市场经济的浪潮推动了电视业的产业化进程,提高了电视节目制作的竞争意识。民生新闻在电视新闻界异军突起,以突出新闻报道的接近性、服务性以及与受众的互动而备受追捧,由此取得了不俗的业绩。然而,尽管都是打着"民生新闻"的旗号,不同电视节目的发展情况却是云泥之别。就全国电视民生新闻节目的总数而言,有一定传播影响力并做出品牌效应的民生新闻节目并不算多。为什么有的民生新闻节目可以挽救一个频道的颓势,成为电视台收视率保证的拳头产品,在所在城市甚至全国都有一定的社会影响力,而大多数民生新闻节目却在市场竞争的夹缝中举步维艰,节目产出低于投入,甚至不得不面对被撤销的命运?究其个中缘由,笔者认为应该归结到电视人在该型节目之核心竞争力的不同理解和实践层面的巨大差异上。

　　什么是电视民生新闻的核心竞争力?有学者认为,在经济全球化的时代,人文知识的生产是一种生产的生产,即"元生产"(metaproduction),这种生产方式不再以具体商品为主,而是以形象和景象的特殊安排及其储存和服务方式为主。① 笔者以为,电视

_____

① 王逢振:《全球化、文化认同和民族主义》,见王宁等主编的《全球化与后殖民批评》,中央编译出版社,1998年版,第91页。

民生新闻节目作为文化工业体制下的一种内容产品，它的核心竞争力应当归结到节目背后的元生产机制，而非节目本身的外在表现形式。系统化的元生产机制包括节目的制作团队、企业文化、精神理念以及面对市场的自动生成机制——极度敏感的、创新适应的方式。电视媒介通过这个生产机制把节目策划、改造、制作、包装、推广、营销等各个环节有机联结在一起，保证节目内容顺畅而有效地传达给受众。

　　尽管电视民生新闻节目遍地开花，除却轰动效应之外，能长时间赢得收视和口碑的节目却是凤毛麟角，就是源于很大一部分民生新闻节目徒有民生新闻的外壳，却没有民生新闻的灵魂。民生新闻节目的灵魂来源于制作团队对民生新闻理念的深刻认知以及生产上的准确把控。对一档电视节目来说，向受众呈现原生态的市民生活很容易，而要把节目做到市民心坎里，获得市民和政府的双重认可却很不容易。笔者认为，个中关键在于节目制作团队在民生视角下蕴含着的厚重的人文关怀和社会责任感，以及在"元生产"架构下对可变因素的整体把控。人文关怀不是一个简单的口号，社会责任感也不是一个看起来鲜亮的招牌，"元生产"构架更不是一套可以简单搭建的"装置"，这些都需要融入节目的日播之中，并在实践中不断体会和进行系统调整。

　　核心竞争力之一：将人文关怀融入平民化语境，倾注电视人的真情

　　随着社会的进步，市民的公民意识逐渐苏醒，受众潜意识里开始期待与电视媒介进行平等的对视和交流。优秀的民生新闻节目准确回应了受众的这种心态，并在电视节目"精英化"和"世俗化"之间保持了恰当的平衡。一方面，将平民视角、民生内容、民本取向、民众话语等要素融合在一起，拓展并挖掘了新闻报道资源，打造市民朋友的形象；另一方面，并不一味沉浸在对受众趣味的媚俗化满足，而是站在社会整体认知的高度对民生新闻进行解读，发挥电视媒介作为社会公器的教育引导功能。

还是以《南京零距离》为例，它超出一般民生新闻节目的弥足珍贵之处，不仅在于新闻报道的题材内容贴近市民，更在于节目整体流露出来的以民为本的社会关怀和人文精神。节目对受众的贴近体现在空间和时间的双重纬度上。在空间上，社区化定位和地域化特质使节目的焦点对准城市市民的日常生活，为社区居民的生活便利、心情舒畅而分忧解难，为社会良好风气的营造而助威呐喊，总之，让普通市民感受到节目是一个热心而可靠的朋友，随时在你的身边，对你的生活烦恼感同身受，又愿意为你的忧愁烦恼去四方奔走；在时间上，民生新闻凸显了电视新闻时效性的优势，利用最新电视技术的优势，最大限度地缩短新闻事件的发生与节目播出之间的时间差，同时还及时地对新闻热点进行点评，树立正确的舆论导向。2011 年 7 月 18 日，南京迎来入梅后最强降雨，主城区多个地区出现了近十年来罕见的特大暴雨，雨势惊人。超强降雨集中在下午的 5 个小时内，南京市区大部分地区都超过了 100 毫米的特大暴雨标准。暴雨赶上下班高峰期，南京市区交通拥堵不堪。当天的《南京零距离》节目及时发布了南京市区交通状况的信息：《暴雨凶猛　南京全城大拥堵》、《玄武湖隧道最新交通及积水状况》、《南京站被淹　高铁临时去南站》、《沪宁城际高铁遇雨大面积停运》、《南京地铁软件大道站漏水》，这几条讯息不是连续播出，而是不时插入记者发来的最新消息。由于大雨还在持续，主持人连线现场记者时经常出现接收信号不好、双方沟通不畅的状况，主持人马上表示歉意，继续下一条新闻；稍后，主持人告诉观众，节目组整理了刚才记者发回的报道，并向观众通告了道路的实时交通状况。与此同时，主持人多次提到《南京零距离》在其官方微博上与网友的互动状况，并向观众们展示了热心网友通过微博向节目发去的暴雨中南京城的照片，还通过网友及时提供的照片和信息合成了"南京市积水地图"，给南京市民提供出行参考。这样一系列的新闻报道紧扣"民生新闻"理念，将新闻的关注点放在市民下班的回家路上，既体现了新闻的时效性，又"零距离"贴近市民生活，为市民的生活便利提供了充分而完整的资讯信息，完美诠释了民生新闻节目倡导的服务意识。

为了拉近与受众之间的心理距离，与民生新闻的平民本色相适应，优秀民生新闻节目的语言也十分注重口语化和日常化。与中央电视台正统的、不允许有纰漏存在的电视新闻相比，民生新闻节目给了主持人更多的自我发挥的余地。还是以《南京零距离》为例，主持人一方面要完成每条新闻播报的串联，一方面要筛选个别重要或者有特色的新闻事件进行点评，这无疑对主持人的个人素质有了更高的要求。节目创制人景志刚曾说孟非是《南京零距离》的核心竞争力，是因为孟非在主持节目时流露出来的人文精神和悲悯情怀是无法被其他民生节目主持人所能轻易复制的。孟非对新闻事件的点评常常体现个人智慧的光芒，而且能说到受众的心坎里去。2011年3月中旬日本大地震造成的核辐射危机使我国不少地区出现民众"抢盐"风波，后来经有关部门辟谣后，又掀起一阵"退盐"闹剧。同年3月22日该节目《孟非读报》版上，孟非就"盐到底该不该退"发表了自己的看法。他先是引用媒体上争论不休的退与不退的两种舆论，然后旗帜鲜明地说出自己的看法：在法律框架下解决，不能特事特办，日本地震的背景不能成为纵容抢盐者行为的理由。孟非不是草率地抛出自己的观点，而是对此进行了有理有据的调查论证。他先引用央广新闻公布的数据：3月17日当天盐的销售量达到过去24天盐的累计销售量，接着指出盐和大米都是国计民生中的战略物资，不像炒黄金炒房地产，倘若是非常时期，囤盐囤大米将会给百姓生活带来巨大的危害，而且，历史上的投机者因囤盐囤米被处以极刑的例子还不在少数。最后，孟非提醒大家区分对待"抢盐"风潮中的两类人群：一部分是普通老百姓，在某种情绪的裹挟下冲动购盐，这里面夹杂着长期以来社会诚信缺失导致的恐慌；另一部分是恶劣的商人，完全以牟取暴利为目的进行商业囤盐。孟非提请电视机前的观众朋友反省自己在这次"抢盐"、"退盐"闹剧中扮演了什么角色，呼吁大家不要丢掉生活中最可贵的善良和人与人之间的信任。由此不难看出，《孟非读报》时间之所以成为《南京零距离》收视率最高的时段，得益于孟非真实且质朴的思想判断，他的所思所想都站在一个普通南京市民的角度，就事说理，既不端着精英的派头，也不会信口开河，说出一些不着边际的大话。南京夫子庙一带曾发生火灾，当时正好路过的一个女孩拿着相机拍下了火灾的经过，等到媒体记者赶到，大火已经熄灭。南京城的十几家主流媒体愿出高价索买照片，那个女孩子只说了一句话："这照片我只给《南京零距离》，只给孟非"。① 由此可见孟非及《南京零距离》在南京市民心中的可信赖程度。

孟非的个人形象气质成功代言了《南京零距离》的民生新闻标签，而真正使《南京零距离》取得电视民生新闻节目标杆地位的则是孟非背后的节目制作团队。孟非的走红验证了这个团队对民生新闻理念深刻的认知和精准的把控。景志刚说道："我们用一种平民化的眼光来看待我们的生活，来找寻我们生活中的种种状态，并以一个平民的心态来体味每一位报道对象的心灵细节。这种平民化的视角奠定了我们栏目空前的亲和力和贴近性，使每位观众拥有了一个乐于走进我们节目的友好姿态，也使我们的节目获得了与观众零距离沟通的前提。"②相比之下，有的民生新闻节目选取的是贴近受众的角度，报道的也是百姓身边的事，但却不能给观众亲近感，称不上一档成功的民生新闻栏目。究其原因，往往就是缺乏支撑节目民生气质的人文关怀。例如，某电视台的一档民生新闻

---

① 《娱乐之外的孟非：不会选择用电视交友找另一半》，引自新华网 ht-tp://news. xinhuanet. com/newmedia/2010—06/30/c_12279430. htm

② 景志刚：《我们改变了什么？——〈南京零距离〉及其民生新闻》，载于《视听界》，2004 年第 1 期。

在报道一起车祸时，播出的现场画面触目惊心，七零八落的汽车碎片和血泊中的遇难者都被原原本本地播放出来。这样的民生新闻不仅是对遇难者及其家属的不尊重，也没有考虑到电视机前受众的感受。帮百姓分忧解难也是民生新闻节目常打出的牌，在危难面前束手无策的百姓向电视媒体求助，节目镜头一次次对准求助对象痛苦的表情，似乎体现了电视人的关注和焦灼，却常常不见问题的最终解决，"苦脸"之后不见"笑脸"。一阵风风火火的采访拍摄过后，往往没了下文，这种现象十分常见，此时的人文关怀又在何处呢？

普通百姓没有义务将生活原原本本地暴露在电视节目的镜头下，民生新闻节目更没有资格对百姓的忧愁困苦指手画脚，饱满的人文关怀可以将电视媒体和百姓有血有肉的生活契合在一起，而人文关怀的欠缺很容易使电视节目置百姓的情感于不顾，将其个人隐私在公共空间放大，剥夺其尊严，成为社会不良风气的助推器。

19世纪末美国曾经兴起"黄色新闻"的狂潮。这种新闻品质低劣，将报刊的社会功能置之度外，一味追逐能够带来轰动性和刺激性的低俗新闻，不仅践踏了新闻的最高准则——真实性原则，还荼毒了受众的心灵，造成社会风气的萎靡堕落。黄色新闻发布者对受众毫无感情，更谈不上人文关怀一说，追捧"坏新闻就是好新闻"的新闻价值观，为了达到煽情效果，不惜暴露受害者的隐私，表面上是在为弱者排忧解难，实际上是戴着伪善的面具利用受众来作秀。不客气地说，当下众多的电视民生新闻节目中很容易看到"黄色新闻"的影子，"负面新闻可以提高收视率"是不少民生新闻节目制作人奉行的不二法则。受众没有办法了解城市各个角落的信息，将"耳聪目明"的期望寄托给大众媒介，很容易被新闻报道中充斥的负面信息所误导，认为车祸、凶杀、盗窃、百姓困厄等触目惊心的负面事件已经成为社会的常态和主流，从而产生悲观失望心理。

有学者认为，《南京零距离》以平民视角反映百姓生活的新闻策略所体现出来的一个核心理念，便是其与广大民众的血肉联系，是倾注真情、真心的社会关怀。当民生新闻报道由社会关怀串联起来的时候，看起来十分琐碎的材料、繁杂的栏目内容就获得了难得的整体性、健康性乃至高品质。① 民生新闻要求节目在追求新闻接近性、时效性，画面的现场感、原生态的市民生活时，注重从人性化的角度感知和读解新闻内容，发掘其中"属人"的意义——即以一双温情、悲悯的眼睛去观察民众的生活百态，以弘扬正义向上的社会风气为目的去操作新闻节目的采写和编播。民生新闻理念的内核是大众媒介与普通百姓"岂曰无衣，与子同袍"般的信任、扶持、悲苦喜乐都感同身受的民本情怀，而非为了填充节目内容，一味地搜寻民间的奇闻怪谈和煽情材料。以"唯收视率论"为导向的该类节目，在内容选择方面不能从本质上体现民本情怀，反而造成信息传播的另类不对称，实际上拉大了电视和民众的距离，背离了民生新闻理念。

核心竞争力之二：向新闻的社会责任真正回归

电视民生新闻的成功是电视媒体在传播层面上对受众本位回归的结果，也是大众媒介向社会责任理论和新闻专业主义回归的结果。章剑华在《"零距离"的电视新闻理念》一文中指出："电视就是给广大老百姓看的，电视新闻要让老百姓喜欢看，有兴趣看，看得投入，这是电视新闻工作的题中应有之义，是电视从业者应有的理念和追求"。②

"社会责任理论"诞生于 20 世纪 40 年代的美国，它来源于自由主义传播理论，但又超越了传统自由主义理论的范畴。社会责任

---

① 赵均主编：《中国传媒经典个案（1998—2008）》，中国传媒大学出版社，2010 年版，第 149 页。

② 章剑华：《"零距离"的电视新闻理念》，载于《现代传播》，2003 年第 2 期。

理论认为,过度放纵的自由主义传播观势必危害社会的公共利益,强调大众媒介享有的自由权利必须以必要的社会责任和义务为前提。1943年,美国芝加哥大学校长R.哈钦森组成新闻自由研究委员会,1956年该委员会研究报告《报刊的四种和理论》出版,这份报告全面规范了报刊(实际上涵盖所有媒体)的社会责任:报刊的首要职责是准确、真实地报道新闻事件的来龙去脉,并对事件的意义做出解释;报刊应当成为公众交换意见和提出批评的论坛,确保意见的自由和平衡;报刊应当负担起提出和解释社会目标和价值观、教化民众的责任;报刊应当承担起完整、客观报道当前事态的责任……①大众传媒被公认为"社会公器",应该承担必要的社会责任,履行社会守望者的职责。

媒体承担社会责任也是"新闻专业主义"理念的客观要求。20世纪初美国政党报纸解体之后兴起的新闻专业主义是新闻媒介和新闻从业人员公认的职业操守和操作理念,新闻专业主义不仅要求新闻媒介真实、客观、公正、全面地进行新闻报道,履行向受众传播信息、普及知识以及提供文化娱乐等功能,还强调新闻媒介的独立性,它不应受到任何社会利益团体的约束和支配,只服务于全体人民,"公共服务"是新闻专业主义最突出的特点。

不难看出,从社会责任和新闻专业主义的要求看,电视民生新闻不能止步于新闻报道的"民生内容、平民视角、民本情怀",还要成长为公共利益的代言人,担负起媒介构建公共话语平台的责任。我国正处于经济转轨、社会转型的特殊时期,错综复杂的利益对抗中各种社会矛盾凸显,社会舆论趋于多元化;由于社会管理建设的步伐远远落后于城市化进程,城市生活中各种问题、弊病层出不穷。大众传媒在传播新闻资讯、满足群众知情权、表达民意以及舆

①　参见威尔伯施拉姆等:《报刊的四种理论》,新华出版社,1980年版,第102—108页。

论监督等方面都取得了一定的进展，但同时依然存在着不少现实问题。媒体的传统新闻观念根深蒂固，特别是在时政要闻、经济成就和典型经验的报道上，长期运作的套路使新闻传播形成了僵化的模式——从中央到各省市电视台联播类新闻中充满了长篇报告、经验总结和成就展示，堆砌的话语、沉闷的画面和说教式的解说与新闻鲜活的个性相悖，背离了新闻服务受众的基本规律，实际上也放弃了自身的社会责任和专业圭臬。① 普通市民是社会问题和"城市病"首当其冲的承担者和受害者，逐渐复苏的主体意识使他们越来越要求自身的表达权和话语权，他们希望能在社会转型和城市建设中发出自己的呼声。由于社会各界实际上仍然沿用主流精英阶层的标准和话语来诠释和衡量一般民众和弱势阶层，最广大市民的真实状况和需要并没有在精英阶层所控制的主流媒体中得到应有的表现和描绘。② 传统主流媒体对城市"草根"阶层、弱势群体的呼声反映不够，复杂的社情民意无处沟通和疏导只能加剧社会的紧张。电视民生新闻将焦点投向在社会利益格局中处于中下层的普通大众以及迫切寻求诉求渠道的弱势群体，为他们提供表达观点、参与社会公共事务的平台，起到了疏通社会冲突、缓解舆论压力的作用；而站在普通大众的利益立场上对社会上的不公现象以及"懒政"、"恶行"进行强有力的舆论监督，则能促进问题的实际解决和社会进步。

广州电视台新闻频道主办的粤语民生新闻节目《新闻日日睇》，由于长期坚持为普通市民的利益鼓与呼，受到了广州市民的喜爱，晚上七点打开电视听主持人陈扬说新闻、聊家常、评时事已经成为许多广州人的习惯。2005年5月，《新闻日日睇》接连播出6

---

① 叶子：《反思传统 回归本质——〈南京零距离〉成功的启示》，载于《现代传播》，2003年第2期。

② 段京肃：《社会的阶层分化与媒介的控制权和使用权》，载于《厦门大学学报》，2004年第1期。

集特辑《走进同德围》,关注因广州地铁一号线的建设而搬迁到广州市白云区同德围的十几万居民的生存状况。陈扬亲自来到一线,了解民情,听取民意,节目播出后造成极大反响,困扰此处居民的同德围货运场因此搬迁到黄金围。2006年11月,《新闻日日睇》推出专辑《那些花儿》,报道了游走在城市底层和社会边缘的青少年的情况,借此呼吁社会对边缘少年的关注。《新闻日日睇》对自身社会责任的理解不仅仅囿于报道城市市民的衣食住行、家长里短等琐事,更侧重对市民生存环境的关注和监督,对"草根"、弱势群体生存状态的体察和关怀。节目的G4(good news for you)小组奔走在广州市的大街小巷,关注社会不公,解决市民困厄,颇有几分"为民请命"、"为小人物立传"的意味。相形之下,不少打着"民生新闻"旗号的电视节目对百姓生活的疾苦止步于语言上的煽情陈述和夸大展示,或以耸人听闻的负面新闻、灾难新闻和"苦情"故事博取观众眼球,赚取观众的眼泪,而非站在百姓立场上的感同身受、奋勇出击,这样的节目徒具"民生新闻"之名,根本谈不上"公共服务"的社会责任感。

核心竞争力之三:对电视市场的敏锐感知力

在当下信息社会,电视已经从一个单一的大众传播工具演变为具有很高经济价值的媒体产业。尽管电视产品不具备商品一般意义上的物质属性,具有精神产品的特殊性,但作为商品,其价值的实现同样要经过生产、流通和消费等环节,同样要遵循产业运作所要求的共同规律。电视作为现代"文化工业"的重要组成部分,其产业运作的关键和其他产业、行业一样,很大程度上取决于市场营销的成功与否,即电视节目在市场竞争中是否"适销对路",能否带来规模效益。就现阶段的电视传媒市场而言,电视产品大量过剩,受众的注意力资源取代电视资源成为市场上的稀缺资源。不夸张地说,电视机前观众手里的遥控器一边掌握着电视节目的选择,一边导向着电视节目制作人对节目的投入和制作。受众的需求有显性和隐性之分：显性需求是指受众已经被挖掘出来的需求，比如电视上某一种类型的节目受到观众追捧，就说明受众已经明确自己喜爱收看这种类型的电视节目，会自发主动地寻找这类节目来收看；隐性需求是观众自身尚未意识到，但潜意识会期待某一类节目的需求。隐性需求的发现最难，依赖于节目制作人敏锐的市场感知力和准确的洞察力。观众的收视习惯不是一成不变的，收视习惯的形成有时需要节目制作方的培养和开发，即电视人通过适当的宣传手段有意识地引导观众关注某一类电视节目、某一类新闻内容。"谁抢占先机，谁就是最大的利益获得者"可以说是电视市场的不二法门。多数情况下，某种电视节目类型的领跑者更容易获得忠实的受众群和丰厚的广告收益。

节目制作人对电视市场动向的把握和受众心理需求的捕捉可以直接决定一档电视节目的成功与否。例如，2005 年夏湖南卫视《超级女声》为中国电视产业打造了崭新的节目形态，全民海选、PK、大众评委等新颖前卫的选拔方式瞬间点燃了广大民众对电视节目潜意识里的期待，引发了席卷全国的电视节目"想唱就唱"式的娱乐风暴。这种"忽如一夜春风来，千树万树梨花开"般的成功在于长期被动接受电视节目的民众被给予了主动选择的权利，这种选择权甚至被渲染成节目如何继续下去的决定权，这一切恰恰满足了民众潜在的日趋滋长的表达愿望。《超级女声》节目的出现不是偶然，而是在充分的市场调研和创意策划下产生的节目形态。克顿顾问公司董事长兼首席执政官吴涛评价说："《超级女声》可以理解为在正确的时间、正确的地点面对正确的受众，运用正确的手段，在一个正确的平台上进行了一个创新的重点战略行动"。① 这些正确选择的叠加得益于电视制作方对电视市场敏锐的捕捉力以

---

① 王甫、吴涛、胡智峰：《2005：中国电视备忘录》，载于《现代传播》，2006年第 1 期。

及节目制作丰富的经验积淀。电视民生新闻的成功又何尝不是如此？有理想的电视节目制作团队不可或缺的素质，就是通过对电视市场的观察和受众的收视反馈等情况了解受众收视习惯的变化，根据以往经验中把握的电视规律和受众心理，挖掘电视节目的收视潜力，预测出受到观众追捧的电视形式和内容——这样的电视产品必将激发出受众遭到压抑的巨大收视欲求，创造新的市场奇迹。毋庸讳言，对于尚未开发的市场，任何新产品的投放都将是一场"赌博"，必然面临着两种命运：成功或者失败，而缜密的市场调查、产品的精心设计将大大降低失败的概率，撬开成功之门。景志刚这样描述《南京零距离》诞生前夕的心情，"当时的心情兴奋而又忐忑，兴奋的是在一个辞旧迎新的时刻，我们开始了一次全新的电视尝试：制作一档每天六十分钟的完全自采并且形式别样的新闻节目，并雄心勃勃地打出了这样的宣传口号：打造中国电视新闻新模式。忐忑的是我们不知道这次尝试的成与败……"。① 如前所述，当时城市频道是江苏电视台的弱势频道，收视率和创收都处于最末之列，《南京零距离》肩负着改变频道命运、赢得频道话语权的重任。推出民生新闻这种崭新的节目样式并不是制作团队一时的冲动之举，用景志刚自己的话说："我始终在电视的第一线。我觉得我们之所以走这条路，就是基于我们最基本的判断：我们认为现行的电视模式比较陈旧，整体的电视节目样式落后"。②

在瞬息万变的市场竞争中，任何产品都有一个生长周期。营销学中有一个"产品生命周期"的概念（"product life circle"，简称 PLC），是把一个产品的销售历史比作人的生命周期，要经历出生、

---

① 景志刚：《我们改变了什么？——〈南京零距离〉及其民生新闻》，载于《视听界》，2004 年第 1 期。

② 景志刚：《我们改变了什么？——〈南京零距离〉及其民生新闻》，载于《视听界》，2004 年第 1 期。

成长、成熟、老化、死亡等几个阶段。[①] 电视节目作为文化工业的一种内容产品，自然也具有自己的生命周期，一般来说，一档电视节目要经历导入、成长、成熟、衰退几个生命阶段。在信息匮乏的时代，信息本体可以依托其珍贵性、重要性而维持足够的吸引力；然而，我们所处的是一个信息过剩、信息泛滥、信息趋同的时代，单纯依靠信息本身的重要性和丰富性，不仅容易被复制，而且也难以长久维持生存。[②] 同一档电视节目在不同的生命时期有必要采取不同的市场策略；为了实现市场价值的最大化，尽可能地延展节目的生命周期，节目制作人有责任对节目的内容和样式进行及时的调整和革新。

2009年5月《南京零距离》正式改版升级，节目名称改为《零距离》。节目的升级改版是在国内媒体环境发生变化的背景下产生的。自2002年《南京零距离》开播以来，经过七年运作，电视收视环境和受众媒介素养都发生了极大的变化，加上城市之间的联系加深，以及新媒体的传播技术对跨区域传播提供了技术保障，改革之路势在必行。改版后的《零距离》迈出了民生新闻走向"公共性"的关键步伐：新闻整合的《焦点》与新设立的深度调查性板块《追踪》、新闻故事版块《记录》改变了原有民生新闻内容琐碎、意义浅薄的问题，在报道模式上有所突破，丰富了节目类型，无形中大大提升了栏目的社会守望功能，更加有利于社会问题的发现和解决；二是通过专门新闻评论板块《观点》的设立，增强了对新闻事件的解读功能，不仅告诉受众发生了什么，而且还会告诉受众为什么发生，即要告诉受众新闻的意义和价值；三是用行动影响行动，帮助受众解决现实问题。《零距离》通过线下活动（社区行、电影进社

---

① 菲利普·科特勒：《营销原理》，上海人民出版社，2003年版，第358页。

② 孙永超：《电视市场与电视策划》，上海交通大学出版社，2007年版，第48页。

区、便民网),切实帮助市民解决实际问题。和《南京零距离》的升级改版不同,2008 年 12 月南京另一档知名民生新闻品牌栏目《1860 新闻眼》停播,主创队伍转而创办在江苏城市频道播出的另一档新闻节目《新闻夜宴》。《1860 新闻眼》的停播是制作团队在节目步入衰退期时做出的"壮士断腕"之举,保存了节目积累下的良好口碑以及节目制作团队的完整性。不难看出,"进"与"退"、"转型升级"与"辉煌后的荣休",既反映出市场竞争的无比残酷和产品生命周期的铁律,也体现出有作为的电视人迎着市场风雨勇猛精进的豪情和气概与果断转身、另觅战场的智慧和坚韧。

核心竞争力之四:"创意为本"、"内容为王"的品牌发展战略

随着电视市场竞争日趋激烈,电视已经进入品牌竞争时代。品牌是电视的无形资产,是受众在众多同类节目中一眼识别出来的标记。在品牌力量的号召下,电视节目受到一定受众群的特别喜爱;越是同质化严重的电视节目类型,面临的观众就越挑剔,品牌效应对于节目生存就显得特别重要。在陀螺般急速旋转的电视民生新闻竞争洪流中,有的节目很快败下阵来,偃旗息鼓,悄然退出受众视野;而有的节目则屹立不倒,保持着高姿态的受众号召力,这些电视节目已经生成了强大的品牌效应,在目标受众人群中积淀下良好的口碑。

打造一档品牌电视节目,节目制作团队应该具备"创意为本"、"内容为王"的制作思路。

作为文化创意产业的一部分,电视产业显然在创意层面上对电视产品有着严苛的要求。创意是电视行业的一个关键词,没有创意就谈不上电视节目的收视,更不要说在日趋激烈的市场竞争中占据优势。如果仅仅是为了追求收视率而盲目地对电视节目进行复制,甚至是生搬硬套,或许会在短时间内吸引受众的注意力,如愿以偿地实现收视率的提高;但是,仅仅停留在复制层面上的电视节目就好比没有自己的灵魂,只能作为被复制对象的一个影子,跟在其背后亦步亦趋。市场竞争的风浪永远不会保全消极的被动者，受众更不会"舍优趋劣"，耗费注意力关注一档"赝品"节目。中国电视市场正处于不断成熟和多元化的发展过程之中，观众媒体消费习惯的变化和消费选择的增多使其对单一节目的忍耐度降低，电视节目的生命周期不断缩短。① 电视产业随时代的脉动而兴，没有任何一档电视节目可以一如既往地保持吸引力，没有及时创新的电视节目很容易使受众产生"审美疲劳"，在市场竞争中被淘汰出局。为了获得最大的经济效益，尽可能地延长一档电视节目的生命周期，电视节目制作人就必须不断地推陈出新，优化现有电视资源，提高节目的更新能力。

当民生新闻节目已经占据大大小小的电视频道，节目的竞争在很大程度上可以说已经成为创新思维和创新能力的竞争。当节目内容和节目形式趋向同一时，节目制作人应当将注意力转向节目的推陈出新上，在"服务民众"这一根本理念的指导下，继续开疆扩土，深耕成熟市场，开发大有潜力的新领域。在这一点上，南京地区的民生新闻节目群体给出了一个很好的范例。因为民生新闻内容多来源于电视媒介所在的城市，以同城市民的生活为报道素材决定了民生新闻的准入门槛相对较低，不少地区出现了同时有几档电视民生新闻栏目一起争夺受众资源的现象。南京地区也曾出现过《南京零距离》、《1860 新闻眼》、《直播南京》、《服务到家》、《法制现场》、《标点》等多档民生新闻栏目相互厮杀的壮观场面。民生新闻仰仗地缘优势吸引受众，新闻内容非常容易落入雷同，若不具备独特之处，不仅是节目资源的浪费，还会随时面临着落败出局的危机。如何找到自己特有的定位和市场需求的最佳契合点，以自身特色吸引受众的注意力，是摆在节目制作团队面前亟待解

---

① 参见王兰柱主编：《中国电视节目创新与收视——CSM 收视研究文集（第一辑）》，中国传媒大学出版社，2010 年 8 月第 1 版。

决的问题。为了寻找自身独特的创新增长点，南京这几档同城民生新闻节目纷纷推陈出新，在传统的民生新闻之上打出了一副副"创意牌"：《1860新闻眼》在开播一年后，相继做出"公民新闻"和"情感新闻"的尝试，最终节目选择在"情感新闻"上大做文章，不仅联手全国多家电视台，召开情感新闻协作会，还成立全国情感新闻协作联盟，力图把节目做成国内第一家情感新闻联播；《南京零距离》（包括后来的《零距离》）致力于公益形象的打造，栏目有一个广为人知的口号："节日您放假，我们不休息"，每当春节、五一、国庆等长假来临，栏目均组织"节日应急服务队"，为市民提供家电维修、医疗保健等方面的服务，还定期开展广场活动、文艺会演；《直播南京》打破对"民生"概念的狭隘理解，探索政经新闻的民生视角……这些在创新思维驱动下伺机而动的革新，在一定程度上缓解了受众的审美疲劳，生发出新的兴奋点，延长了节目的生命周期，最大化地实现了已有新闻资源的价值。

"内容为王"是大众传媒最被认同的从业理念之一，也是电视产业公认的定律。电视节目具有信息传播、普及知识、舆论监督、消遣娱乐等诸多功能，这些功能的实现全部依赖电视节目的内容；电视机前的观众通过收看电视节目满足精神需求，这种精神上的满足归根结底也是依靠电视产品的内容。随着时代的发展，数字化和网络技术的进步给包括电视在内的传统媒体带来极大的冲击，受众接收信息的渠道增多，从过去信息的被动接收者逐渐转变为信息的主动获取者。在新的媒介环境下，传统媒体既要顺时而动、顺势而为，以与新媒体的融合增强市场应对能力，亦不可忽略了对自身核心优势的"强基固本"。2008年7月，摩根士丹利发布的《中国传媒报告》对于未来中国媒体的发展，做出这样的预测："十几亿中国人民的消费升级正推动媒体内容的发展，当中国人民的食物和居住的基本需求得到满足后，他们开始渴求高质量的媒体内容。而新传播渠道如此迅速的扩张，将使高质量的媒体内容在今后几年内变得更为稀缺，市场对其需求也将更为迫切。总之，我们认为中国不久将迎来内容为王的时代。"摩根士丹利认为，中国有三千多电视频道（其中包括130个付费电视频道），它们大部分都渴求高质量的内容。值得注意的是，"中国的电视频道在2006年平均每天播出13个小时，但只有约15％的节目是首播的自制节目。中国政府对境外节目有严格的管制，像HBO、ESPN和凤凰卫视等在中国都只有有限的落地权。"①从这份数据翔实的权威报告中不难看出，中国电视频道数量极为庞大，但首播的自制节目占比很低，高质量的内容资源更是极为稀缺；随着传播渠道的扩张，对媒介内容的质量提出了更高的要求；中国电视潜在的、尚未开发的市场十分广阔，不论是传统媒体还是新媒体，要想在激烈的媒体战中脱颖而出，把"潜在市场"转变为"现实收视"，优质的内容是大众媒介最重要的生存之道。

同城民生新闻的竞争中，因为信息的公开化程度较高，采集到独家新闻的概率越来越小；"内容为王"提醒电视民生新闻在同质化竞争中不可忽视节目内容上的差异化。一些电视节目容易走入民生新闻理念的误区，以为民生新闻就是把镜头对准市民的日常生活，新闻内容止步于家长里短的琐碎和"鲜活"，这种误区使得民生新闻之路越走越窄，甚至进入内容创新乏力的死胡同。事实上，民生新闻内容绝不仅仅囿于城市边边角角的民生事件、每日上演的悲喜剧，优秀的民生新闻节目应该着力趟出从"小民生"走向"大民生"的道路，这样的民生新闻才能开拓城市居民的视野，提高了他们的公民意识，弘扬了社会健康的精神风貌，最终切合民生新闻服务大众的公共理念——更重要的是，"大民生"的观念一旦确立，

---

① 摩根士丹利：《中国传媒报告》http://it. sohu. com/upload/China％20Media％20Media％20Content＿Blossoming％20in％20Digital％20China％20Chinese％20edition. pdf

电视民生新闻的发展视野将大为开阔，题材的表现角度将更为多元灵活，原先沉寂的、被遮蔽的无数内容资源的"富矿"将为新闻生产提供无限的可能性。本书后面部分将对此做详细阐述，此处不再赘述。

核心竞争力之五："元生产"架构下的整合力与创新力

我们前文陆续提及了电视民生新闻人文关怀、社会责任、市场的敏锐感知力以及创意为本、内容为王的品牌发展战略等核心竞争力要素。也许有读者会问，中国电视行业人才济济，不少有理想、有能力的电视民生新闻制作人也有可能具备上述要素或部分要素，但他们的节目为什么会趋于平庸乃至失败呢？笔者以为，产品获得成功需要很多理由，产品陷入平庸或遭遇失败同样需要理由，没有无缘无故的成功或失败。有人也许会说，部分电视民生新闻节目的成功是"生逢其时"，得益于"时也命也运也"的垂青，喝了头口汤，品牌效应上"先入为主"——若是错过了最佳时机，其他人再想在电视市场里"捞一勺子"就十分困难了。我们认为，这种观点并不正确。如前所述，中国电视的改革从未停步，适合民生新闻表现的、尚未充分发展、甚至根本没有开发的领域十分广阔，市场潜力极为巨大；我们也反复强调，电视民生新闻永远不会消亡，只要它"服务民众"的创始理念始终扎根在电视人心中。电视民生新闻兴衰成败与否，从表面上看，取决于"天时"、"地利"、"人和"，甚至取决于一些偶然的、随机的、不可预测的政策因素，但从深层次思考，我们确信，民生新闻的成败取决于自身核心竞争力的强弱、存废与否。

从系统论的观点看，民生新闻的核心竞争力是一个完整的、相互联系、相互作用的动态系统，是价值观、责任感等精神要素，市场反应机制、运作法则、营销技巧等经营要素，以及流程设计、执行力、奖惩机制等管理要素的有效整合体。这样一个系统就构成了电视民生新闻的"元生产"架构：它不是一个要素单独发挥作用，也不是任一要素持久不变地存在，而是协同运作以体现最大效能；当环境（外部刺激）发生变化的时候，这个架构能及时调整自身内部各要素的配比，突出某一要素作用，在动态调整中寻求新的平衡点。从根本上说，民生新闻的"元生产"架构或系统的整体和谐运作，才是这一节目样式无可复制、不可模仿的"灵魂"——"元生产"不是一般的生产，而是"生产的生产"，它不仅生产出产品，更生产出产品得以产出的模式或机制。因此，电视生产真正的创新不是产品的创新，而是生产模式或机制的创新，只有后者才是产品不断创新的源头活水。一句话，可复制的永远是产品本身，不可复制的则是产品持续创新的系统支持和保证。

第四章　电视民生新闻的叙事学分析

著名新闻人穆青认为："新闻是一种叙事文。"①新闻作为一种叙事活动，已经被人所认可。从叙事学角度来看，新闻文本是形式化、符号化的线性新闻结构。最早的叙事学研究起源于以小说为代表的文学领域，而新闻叙事学的研究、起源和发展均有赖于多门相关学科。新闻文本，因其相对于小说等文学作品的较大差异性走进了叙事学研究者的视野。新闻作为特殊的文本，必须尊重新闻理论的基本规定性：真实、客观、简明，这和传统的小说叙事是不同的。曾有国内学者为新闻叙事学做出相关定义："新闻叙事学是以新闻叙事文本为对象，以新闻学、叙述学、语言学、修辞学和逻辑学等为学科基础的研究新闻叙事方法的一门边缘性学科。"②

第一节　叙事学视野下的电视民生新闻

在三大传统媒体中，电视新闻声画兼备的特点使得其单位时间的叙事容量大于纸媒和广播媒体，再加上其直观性强的特点，电视新闻成为各种新闻类型中叙事能力最强的类型。但传统新闻的叙事结构较为单一，多以记者的单一视角进行信息的简单传送。直至二十世纪九十年代，以《东方时空》、《新闻调查》等新闻类节目

---

① 穆青：《新闻散论》，新华出版社，1996年版，第76页。

② 何纯：《新闻叙事学》，岳麓书社，2006年版，第7页。

的内容故事化、叙事化、民生化之后，越来越多的节目开始注重"讲故事"，越来越多原先仅出现在小说中的叙事手法和视角在电视新闻中出现。电视民生新闻作为较为年轻的电视新闻模式，在叙事视角、叙事人物、叙事策略等方面都体现了自己的特点：电视民生新闻从无所不知的"全知视角"转变为"人物限知视角"；记者作为叙述主体的角色逐渐弱化而新闻主角的叙述功能不断加强；故事化的叙事策略一方面降低了收视门槛，另一方面又加深了观众对新闻内容的熟悉感和认同感。

所有的电视民生新闻节目讲求"好看"、有吸引力，这种"好看"除了画面的冲击力之外，更多是指叙述视角和叙事立场的"平民化"，以及内容上的"单一告知"向"情节叙事"的编排手法转化。作为一种叙事文本，民生新闻有着独特的叙事模式来选取和组合新闻素材，极为擅长将家长里短的小事转化为看点十足的新闻文本。在这种变化当中，叙事结构变得异常重要。要了解电视民生新闻的叙事结构，我们首先要了解叙事学的发展历程和基本规则。

叙事学的源流

叙事行为存续于人类的生存发展全过程中，涉及人类生活的方方面面。传播学者华尔特·菲希尔曾说："叙述不仅仅是虚构的故事，而且是任何语言或非语言性的描述，其中有听话者给予意义的一系列事件"。[①] "叙事学"一词，由法国国立科学研究中心研究员托多罗夫在1969年出版的《〈十日谈〉语法》一书中首次提出，意为"关于叙事作品的科学"，英美批评家将叙事学译为"narratology"。其后叙事学研究很快在国际范围流行开来，成为国际性的文学研究潮流，并形成了一些相关理论：研究叙事结构的叙事理论，

---

① 斯蒂文·小约翰：《传播理论》，中国社会科学出版社，1999年版，第306页。

研究叙述话语的叙事理论以及兼顾时间结构和叙述话语的叙事理论。① 本书此处着重介绍叙事结构和关于叙事结构的叙事理论。

在研究叙事结构的叙事理论中,普洛普(Prop)关于民间故事中的"功能"研究不得不提。在此之前,传统分析民间故事的方法是按照人物的特征来进行处理,但普洛普认为,故事人物的身份虽然固定,但特征却可是可变、可替换的,因此人物的分类并不可取。在他看来,分析应以故事的结构为着眼点,民间故事的基本要素单位不是故事中的"人",而是故事中人的"功能"。他曾经以 100 个民间故事为研究对象,从中总结出了 31 项固定的功能;不同功能排列组合,就形成了故事的结构框架,不同的结构框架就形成了不同的故事类型。普洛普的研究为叙事要素和叙事结构分析开辟了一个崭新的路径。

法国学者布雷蒙在后续的研究中,发现普罗普的"功能"研究存在一定局限性。这种局限性表现在:"功能"的链接过于死板和带有强制性,而这种强制性只适合俄国民间故事,缺乏推而广之的普适性。布雷蒙提出了将"基本序列"作为分析的元单位。和普洛普的功能单位相比,基本序列的优势在于,它允许文本结构单位在自身内部进行选择和取舍(普洛普的功能单位中,一个单位是完整不变的,没有选择和取舍过程)。一个行为只经过三个阶段:出现可能性;可能性实现;由此产生的效果。这些基本序列作为最小单位,以一定的关系来组合,交织形成复杂序列,最终形成叙事文本。

叙事学概念的提出者托多罗夫认为,组成情节的最小单位为"命题"或"叙述句",它们通过序列而完成排列,一组叙述句构成了一个故事。单位间除了"连续"关系,还存在"转化"关系。法国语言学家罗兰·巴特也曾对叙事作品的各级单位进行过分析。他认

① 申丹:《叙述学与小说文体学研究》,北京大学出版社,2005 年版,第 4 页(前言)。

为叙事层次结构有三层：功能、行动、叙述。在功能层次中，"叙述单位"是最小的叙事元素，而它们的功能可分为两大类：即分布类和结合类——分布类功能属于核心地位，负责表述各个情节单位，而结合类功能起到"催化"和补充作用，对核心情节进行联系和扩展。这种功能层的划分，对于新闻叙事的结构分析也有很强的借鉴作用。

上面我们粗略谈到了多位学者对于叙事结构方面的研究，他们的研究对象都是故事的表层叙事结构。法国人类学家列维·斯特劳斯和叙事学家格雷马斯则更多地从故事的深层结构角度进行探讨。列维·斯特劳斯从神话逻辑中总结出"二元对立"的基本结构：人通过创造符号与所要表达的意义进行二元对立，不断进行隐喻和换喻的文化创造——这是对于故事的深层结构所做的剖析和解读。在此基础上，格雷马斯的研究也认为，尽管表层的内容千变万化，故事的深层结构是相对稳定的。他把所有故事人物归结为六大类，并形成三类对立：主角与对象、指使者与承受者、助手与对头，并在此基础上提出了著名的"语义矩阵"（方阵）理论：矩阵中，对立关系是一对基本关系，矛盾关系是辅助关系。正是靠着这四个功能项（或角色）之间的关系及其种种变体，文本的意义得以衍生。①

在研究之初，西方学者多采用对已有作品的归纳来进行研究，希望能从经验归纳中得到结论。但要，文字作品永远是在增加的，而增加的文学作品永远是在变化的，学者的经验归纳往往会在变化的文字作品中被验证为不再适用。直至20世纪70年代，西方学界逐渐形成了经典叙事学理论。法国语言学家罗兰·巴特在《叙事作品结构分析导论》一书中，主张采用"演绎法"作为研究方法，因为在他看来，叙述的分析注定要用演绎的方法，它不得不首先假

---

① 马琳：《皇帝的新装：格雷马斯方阵分析》，载于《安徽文学》，2009年第2期。

设一个描写模式,然后从这一模式出发,逐渐潜降到与之既有联系又有差距的各种类型。经典叙事学注重作为研究对象的文本的内部联系,认为文本是一个封闭系统,希望能从这种联系当中发现普适的规律。这种研究方法的确立使得叙事学的研究从经验总结逐渐向建立理论、发现规则的方向发展。

但经典叙事学并非完美无缺:它将文本看作一个独立运行的系统,却忽视了文本的产生会受到历史、政治、经济、文化等因素的交叉影响和联系,而更需要注意的是,这些影响和联系同样会对文本的接受者产生影响,不同的接受者对于文本叙事也会产生不同的理解。到 20 世纪 80 年代,"后经典叙事学"理论应运而生,它是在对经典叙事学进行重新审视和解构的基础上建立起来的——它更为注重叙事理论的跨学科研究,将叙事学的应用范围扩展到了极为宽泛的境地,将社会环境、读者的接收过程等多种外部因素纳入研究视野之中。但要注意,后经典叙事学并不是要"开辟一个与经典叙事学理论毫无关系的新方向,而是在已有基础上进行的范式(paradigm)调整和转换"[①]。后经典叙事学理论重视历史、社会语境对文本的影响作用,同时也注重读者的接受研究,其研究视野恰好弥补了经典叙事学的不足,因此,视野宽广、适应性更强的叙事学研究获得了更为迅速的发展,也具有了更大的可阐释空间和阐释效能。当然,经典叙事学理论并没有过时,它在后经典叙事学研究中仍然起到重要的支撑作用,只不过其研究基础和观照视野被大大拓展。这些理论在我们对于电视民生新闻叙事结构的深度剖析中,将起到重要的理论支持和指导的作用。

电视民生新闻的叙事学剖析

电视新闻作为一种叙事表现,实际上是由一系列视觉、听觉符

---

① 谭君强:《发展与共存:经典叙事学与后经典叙事学》,载于《江西社会科学》,2007 年第 2 期。

号所构成的。在已有的研究著作中，国内有学者将电视新闻的叙事层面分解为语言、文本、故事和话语四个相互关联、层层递进的组成部分。① 语言指的是电视新闻呈现在电视屏幕上的各种元素，如画面、声音、文字等，这些视觉或听觉符号互相配合，传达信息；这些语言经过剪辑和拼凑，形成了文本；而制造一个文本的最终目的，就是在于形成故事，实现其叙事的功能；最后，话语作为一个构建观念、意义的层面，形成于以上三个层面之后，但却是前三个层面的终极追求，并预先决定前三个层面的工作——当然，与文学叙事的虚构性不同，新闻话语的建构和影响，是立足在新闻事实的基础上的，因此会受到新闻事实、客观性等原则的影响，限制性因素较多，并非随心所欲。

电视民生新闻的叙事层面基本上也沿袭了这一构成结构，并且各因素之间息息相关：语言形成文本，文本构建故事，故事体现话语。但是和一般的电视新闻不同，电视民生新闻的四个部分都会有着自己原生的"草根"烙印，这种草根烙印加上观众对于电视民生新闻要求"好看"的视觉期待和"为民说话"的功能期待，会让整个电视民生新闻的叙事操作呈现出更多的新特点。

语言是电视民生新闻的最基本要素，这里的语言并非狭义的有声文字语言，而是形成电视民生新闻的各个叙事要素。电视民生新闻中的语言可划分为画面语言、声音语言和文字语言三大部分，这几种语言的运用也呈现出了新的态势。如画面语言更加注重视觉感染和冲击力、特写镜头大量运用，尤其是在救助类的报道中，多以特写镜头表现弱势群体的眼睛、手、破旧的衣履等，以渲染出"焦灼"、"困厄"、"绝望"、"狼狈"的情绪氛围。虽然这些镜头的信息量和画面长度并不突出，但却能迅速勾起观众的同情和怜悯，

---

① 欧阳照：《电视新闻的叙事学研究》，重庆大学出版社，2010 年版，第30 页。

从而达到唤起关注的报道目的。随着摄像设备的普及和"人民媒体"意识的增强,电视台开始大量采用热心观众用 DV、手机等数码影像设备拍摄的画面,这些画面虽然质量较差,但常常能弥补电视民生新闻第一手现场画面缺失的遗憾,有观众甚至认为,身边普通人拍摄的"不正规"的画面更有亲近感,也更易于接受。有的电视民生新闻节目甚至会开设专门的子栏目来播放市民"拍客"所拍摄的新闻画面,形成了节目独特的风格(如河南电视台第 8 频道《DV观察》等)。而在声音语言方面,方言的大量使用已不是新鲜事情,原来一本正经的配音解说也摆脱了叙述"他者"事件的冷漠而倨傲的态度,开始变得充满感情色彩和人文关怀,有的直接将播报改为对话、聊天的形式。平民化语言构建出的文本,自然会成为便于平民理解、属于他们自己世界的文本。当然,作为比语言更高一级的叙事层面,文本的功能更为复杂。俄罗斯语言学家罗曼·雅各布森在前人的基础上,提出了"隐喻"和"转喻"的理论。这个看似生涩的学术理论在民生新闻中的使用却是无处不在的。例如同样一个"大众汽车"的镜头,可能会给人带来"舒适型轿车"的感觉,但是在曝光质量问题后,它就容易成为"问题汽车"、"烧机油汽车"、"断轴汽车"的标志,在以后对于汽车问题的新闻报道中,"大众汽车"的镜头很可能会被再次拿出来使用,作为某种特定事物或状态的表征——这就是一种转喻;至于隐喻,其使用则更为广泛,新闻中常见的"豆腐渣工程"一词,并非指称用豆腐渣建造的工程,而是比喻那些偷工减料、质量不过关的工程项目,这里的"豆腐渣"就隐喻了不合格的材料和不过关的施工,具有毫不妥协、不容争辩的批判性。而到了故事这个层面,不论是电视民生新闻的观众还是新闻采编人员,他们都会有着深刻的感觉:好新闻,观看起来一定会像"故事"一样。但跳脱观赏性的层面,站在全局角度来看,这种故事的首要任务是叙事,就是如何将一条新闻的来龙去脉、前因后果交代清楚。新闻报道的基本五要素(什么时间、什么人、什么地方、什么事、为什么)必须完备,在基本要素配备齐全的情况下,电视人才能再去考虑故事的叙述技巧。在现有电视民生新闻讲故事的过程中,悬念、角色扮演、戏仿等各种手法已经被经常使用,这些编排手法很多时候成功地刺激了观众的收视欲望。"话语意味着一个社会团体依据某些成规将其意义传播于社会之中,以此确立其社会地位,并被其他团体所认识的过程。"①在笔者看来,电视民生新闻的叙事话语和最初层面的语言有很大的不同,除了事件和信息传达,更多的是一种系统的意义建构,即在记录、描述的同时,传达电视人借由新闻事件想要表达出来的一种社会价值观念——这种价值观,其底线是民众温饱、安居乐业、城市群体认同和媒体人的社会责任,终极诉求则是人本主义关怀、人的全面发展、社会的整体和谐乃至"中国梦"的达成。在这里,所有的新闻叙述技巧以及"语言"、"文本"、"故事"等环节都是为了终极态度的"话语"传达而服务的。

第二节　民生新闻叙事元素的建构与颠覆

在国内众多的电视民生新闻栏目中,虽然因为地域限制性、报道内容等方面存在差异,但在叙事手法方面,却存在着高度的相似性,尤其是在叙事元素的运用上。民生新闻的叙事元素是建构在一般电视新闻叙事元素基础之上的,但和后者又有着很大的区别。

电视民生新闻的叙事元素

总体说来,根据文本特征,我们可以将电视民生新闻的叙事元素细分为以下几类:画面、同期声、解说、导语、编后、画面文字等。这些叙事元素各有所长,运用频率也不同。"画面"作为电视新闻的媒介优势,往往通过记录的真实(摄像机拍摄下来的真实画面)

---

① 　王治河:《福柯》,湖南教育出版社,1999年版,第159页。

带给观众最真切的生活画面;除去某些没有画面的文字字幕版,其他的时间画面一般都不会缺场的。电视记者拍摄画面,终极追求就是让最后的成片充满"真实感",画面自己能"开口说话"——一个标志性的画面往往胜过千言万语。在电视民生新闻当中,播报者的转述式陈述常被大幅压缩,而代之以与画面同时拾取的"同期声"的大量运用,同期声不局限于对采访对象的相关声音的收录,还有周围环境音,甚至是杂音的收录,这种收录会极真实地地还原采访时刻的现场情况。当然,一条新闻中的信息很多时候并不能通过画面和同期声完全表达出来,这时候,经过组织的文本会被录音,配合电视画面播放,这就是电视民生新闻当中的"解说"。解说虽然是后期编配,但是这种经过采编人员组织的文字稿件,简洁明快地概括了新闻事件,在单位时间内能传达更多的信息。在解说的文本体裁上,电视民生新闻和其他的电视新闻会存在不同,这种不同主要体现在视角上:普通电视新闻多为"旁观叙述"、"全知全能型叙述",而电视民生新闻的解说多是"我的叙述"、"个体性叙述"、"感受性叙述",即叙述者将自己对于新闻的独特感受融入解说之中。至于电视新闻中的"导语"和"编后",民生新闻节目主持人就不再是读读而已,常常是主持人的思想感情、认知能力、个性风格集中展示的最佳窗口。很多民生新闻栏目强调主持人的品牌化,这种品牌化的建立多体现在主持风格的建构上,而导语和编后的个性化处理就是这样一个建构的极其重要的部分。每一条电视民生新闻就算做得再亲民,也是站在一个报道人的角度来进行陈述,导语和编后的撰写能够从更为平民的视角来发表意见看法——主持人跳脱了单条新闻的束缚,在每一条新闻之前和之后进行个性化发挥,将新闻解读贴上了个性化标签。同城电视民生新闻的差异化竞争中,这一部分的竞争体现得尤为明显。

在讲求短时间、大信息量的电视民生新闻中,从提高效率和加强注意力等方面出发,画面文字的使用近年来越来越被人重视。

除了新闻标题、采访人身份等文字标识以及滚动快讯之外,电视娱乐节目中用文字来标注、阐发画面的手法被电视民生新闻借用,这种夸张的字体更加强了画面的冲击力以及情感态度的表达。

如此多的叙事元素的杂糅使用成为电视民生新闻的叙事表征,而这种表征并非一种主动创新,而是顺应观众需求而进行的探索尝试。毕竟这种叙事表征是一种对收视兴趣的刺激和关注度的招徕,真正吸引观众来观看电视民生新闻的,应该是新闻事件本身和电视民生新闻的叙事策略。

建构与颠覆——电视民生新闻的叙事策略

20 世纪 60 年代,美国的汤姆·沃尔夫、诺曼·梅勒等人曾经提出过一种文学和新闻的跨界写作概念"新新闻主义"(New Journalism),主张写作非虚构的新闻作品时应该借鉴小说的技巧,要体现出写作主体强烈的个性和风格化特征,特别是要把文学写作惯用的"主观叙事"、"现场描写"、"参与式视角"、"直接引语"等手法杂糅进新闻文体的写作中①——这也可以算是现今电视民生新闻故事化叙述的源头之一。事实上,西方新闻界也一直存在着"信息模式"和"故事模式"两种报道模式。电视民生新闻的叙事法则,毫无疑问属于后者,它对于宏观叙事并不擅长(也是刻意回避的),而是具有非常强烈的文学色彩——文学在这里并不代表虚构,而是标示着"故事"、"现场"、"细描"、"激情"、"个性"、"风格"等范畴。

总的说来,民生新闻的叙事策略有很多新鲜的元素,但在笔者看来,其最大的创举就是改变了新闻制作者的视角——从"全知视角"到"限知视角"。"全知视角"的概念来源于文学写作,这种视角意味着叙事者是无所不能的,叙事者以高高在上的第三人称姿态,洞察事情的前前后后,视野是无限开阔的,人物的命运也是作者预

① 叶豪:《电视新闻专题类节目叙事模式探析》,载于《新闻传播》,2010年第8期。

先安排好了的。一般的电视新闻作为权威消息的发布者，常常自觉地采用这样一种视角来进行新闻信息传播。当然，这种视角自有其优势，是非常有效的一种新闻叙事视角，因为它具有宽大的叙事视野，能将许多复杂的信息和观点进行归纳整理，并有力地叙述出来（把所有粗糙芜杂的直接引语浓缩为精致雅驯的间接引语）——但它的硬伤在于，全知视角下新闻的结构过于封闭，它阻碍了观众接受新闻信息之后的再加工和反馈，甚至完全压缩了观众思考、想象和反驳的空间，显然已经不再符合现代中国观众主体意识觉醒和媒介素养提高的实际，更不符合文化价值观日趋多元的社会现实。以《新闻联播》为代表的政治类电视新闻被越来越多的人批评为"索然无味"，就是因为其叙事视角的"全知全能"让观众有了一种被强制接收信息的不愉快收视体验。而"限知视角"这一概念就是相对于"全知视角"而提出的，限知视角将叙述者融入叙事当中，多以第一人称出现，叙述者用和观众同样的视角（或者可以称作观众视角的寄托、替代）并通过其视角来进行观察和叙述。这种视角虽然无法观察到事件的全部来龙去脉，较为局限，但它所聚焦的内容肯定是人们更为关心的信息，这种有限聚焦起到了信息"去繁从简"、"从虚到实"、"由远到近"的作用。对于众多的电视民生新闻栏目来说，限知视角已经成为新闻视角的"标配"。从市场反应来看，这种视角也被大多数观众所认可。

　　叙事视角看起来仅仅是一种技术范畴，但其一旦使用，本身也隐含着较强的意识形态属性，包含着对事件的认知、判断和情感倾向。民生新闻以民本主义作为旗帜，自然越来越突出作为叙事者的"我"，将新闻叙事的"我"和观众的"我"进行无限收拢，让观众切实感受到作为观众的"我"和电视叙事者的"我"的高度同质性、同构性。许多民生新闻口号中突出的"为民服务"背后所隐藏的，就是这样一种叙事策略。

　　叙事视角决定了叙事内容，但在相同内容的"叙事构建"上，电视民生新闻也有着许多创新。在叙事建构上，电视民生新闻的"叙事态度"变化最大，它从以往电视新闻不容置喙的"霸权性叙事"过渡到了"商榷性"叙事。这一点突出体现在电视民生新闻对于事实性事件陈述之后的态度表达和观点讨论上。以2011年3月1日江苏广电总台城市频道《零距离》栏目新闻《小升初政策收紧：部分择校生"打道回府"》为例：

《小升初政策收紧：部分择校生"打道回府"》内容概要

时间点	内 容
00:00—00:19	主持人导语
00:20—01:30	记者采访一名放弃名校、就近入学的家长。
01:31—02:00	家长的行为引出了南京小升初收紧政策的具体报道。
02:01—02:48	记者采访这一政策对于初中生和家长所带来的连锁反应。
02:49—07:58	邀请相关部门负责人进行现场访谈，提出观众关心问题，部门负责人现场解答。

　　这条新闻并不是直接作为信息发布者来告知政策"收紧"的事实及具体情况，而是从具体个案出发，引出政策收紧的新闻主体，并且将其后更多的篇幅着墨于政策带来的影响。在这条新闻播放完毕后，节目还邀请了教育局的领导进入演播室，进行了长达五分钟的访谈。这一条新闻的具体内容其实是属于已有的信息告知类新闻，但是作为电视民生新闻特有的处理方式，记者仍然以逐层深入的商榷方法进行叙事，让群众不但知道事件本身（做到这一点太容易），更看到政策对观众带来的巨大影响，最后成功地将政策的制定方和承受方进行互动交流，化解由于信息理解偏差和交流不畅可能导致的冲突。

　　电视民生新闻以受众为本，极为看重市场反应；受众观看民生新闻，则更希望看到精彩、好看的故事。关注电视民生新闻叙事策略,本质上就是在关注它如何讲故事的一个过程。为了迎合受众本位,民生新闻叙事策略必须采取符合观众接受心理的叙述技巧,这就是其擅长使用的故事化的叙事——这种叙事并非仅仅是讲一个完整的故事那样简单,它着重展现的也并非事件全貌,而是故事性最强的细节、悬念和冲突等动态性因素。在这种叙事模式中,"二元对立"是最为广泛采用的结构。在前文中,我们简要提到了二元对立模式的产生及意义,而这种对抗性明显的叙事策略也是电视民生新闻的重要武器。观众打来电话提供的新闻线索,多是自己生活中的烦心事,这种烦恼和他们本身对安宁生活的追求就形成了一种二元对立。二元对立的叙事策略,能抓住纷繁信息中的关键矛盾,将复杂的问题归类梳理,清晰地表现出矛盾所在,整条新闻就可以围绕着主体和对抗体的矛盾冲突展开叙事。例如,在2011年5月22日江苏广电总台公共频道《有一说一》栏目中,报道了一条《江宁城管带头盖违建》的新闻,新闻突出了违建者城管的身份,并着重描述了周围居民对其违建行为的不满和抗争。在这里,城管身份和违建行为、周围居民和违建业主的纠纷都是对立的冲突。整条新闻也是突出了这些二元对立的矛盾,并在新闻事实清楚、准确的前提下,进行了着力刻画。从本质上讲,二元对立为我们提供了"一场胜负难卜的对抗性游戏"①。这种叙事模式会给观众带来观看快感,一般说来,倾向于观众利益的一方会获得最终的胜利。这和好莱坞电影中的二元对立叙事模式是有异曲同工之妙的,但和好莱坞电影不同,这种一再的胜利并不会让观众感到厌烦,因为在民生新闻中,普通人维权成功或者达成心愿,是在暗示着他们自己的生活权利正在被保障,这种保障带来的满足感是持续的,也是极为珍贵的。采用这种叙事策略,观众的需求必须被

①　尹鸿:《世纪转折时期的中国影视文化》,北京出版社,1998年版,第305页。

最大化地满足。这种情形下，观众甚至会产生这样的幻觉：主持人是谁呢？他们不是坐在演播室里的播报者、评论员，而是观众利益的代言人；尽管所有的语言皆出自主持人个人之口，但主持人却很容易幻化为一个集体形象——人民生活的"代言人"和"保卫者"。有的电视民生新闻为了把限知视角的功能做到极致，会借鉴"新新闻主义"的手法，采用第一人称目击者叙事的"内聚焦"方法，叙事者作为"我"的代表，身临其境，现场目睹新闻事件，并且以目击者身份进行叙述。这种体验式和个人化风格的叙事，增强了电视新闻的现场感与可信度，让民生新闻更好看——这其实是一种叙事视角主观化的尝试，叙述者出现在叙事文本之中，参与甚至影响了叙事文本内的事件发展和活动。例如在山东电视台生活频道的《生活帮》节目中，记者除了采访已经发生的事实，甚至变身为"帮办"，采访报道的同时也完成了对需求帮助者的帮助。这种介入式报道使得报道从围观变成参与，叙事视角在拟态真实的环境下更加逼真。当然，这种介入式报道使用不当，免不了出现新闻策划的人为痕迹和报道主观化、标签化的问题，本书后文将继续讨论这一问题。

必须明确一点的是，电视民生新闻的叙事策略并非单向推演，而是追求互动，力求开辟出一个公共的话语空间——这种话语空间具有一定的动态性，虽然并非如交谈一般即时互动，但是却因为参与人数的众多而变得影响巨大。广东南方卫视的《今日最新闻》在每天的节目中，会根据某条新闻提出一个"今日最争议"题目，并提出三个选项。在节目的直播过程中，观众可以通过手机短信进行投票来表达自己观点，三个选项的票数会实时在电视机屏幕的右下角显示，主持人也会穿插在节目中来对投票情况进行说明、概括。

类似这样的短信、网络互动，在国内的民生新闻中比比皆是，如湖北电视台经济频道的《经视直播》、广东电视台珠江频道的《今日关注》等。这类节目往往都会欢迎观众在观看节目的同时发送短信,谈一谈对某条新闻的看法和观点,形成良性互动。这种看似与叙事无关的节目流程其实有着重大的叙事作用,它预示着:一条新闻,其实是由新闻制作者和观众一起完成了完整的叙事过程——节目制作人员履行议程设置的职责,提出关注点;电视新闻呈现事实;观众踊跃留言,表达他们的话语态度,大量的留言被放上台面后,相当于营造了一个话语的场域。事实和讨论相加,才算是完整的叙事结构。其他类型的民生新闻虽然没有进行大规模的公开讨论,但是在演播室内外的话题互动、事件现场周围人群的谈论中,也完成了这样一种观点讨论、加工的过程。这就是民生新闻的叙事策略和传统电视新闻过于闭合的叙事结构之间存在的巨大差别。这样一种异质叙事元素的利用,使一条一般意义的事件新闻、政策新闻变成了一场公共意见的交锋和大讨论;这种融合了大众意见的新闻,才能真正影响社会实践,推动社会法律和道德的进步。但目前来说,略显不足的是,这种短信、网络互动中,有时会出现形式大于内容、象征意义高于实际意义的情形,观众留言经常成为"多样化声音"的代表,主持人选取留言的最终目的只是为了说明"大家踊跃留言,观点看法很丰富",在如此海量的观点中却很少能够抓出亮点来进行延伸阐发和跟进,互动更多只是"互"而不"动"。当然,在快节奏的节目进程中,要在庞大信息源中攫取有质量的观点,需要更大的精力投入,电视人的脑力、体力成本会随之提高。但笔者认为,这种投入虽然庞大,但却是有价值的。

上文中,我们提到了很多电视民生新闻节目在叙事策略上的特性,这种特性都是相对于传统电视新闻而言的。电视民生新闻的叙事策略不是一个简单的技巧问题,而是电视民生新闻的创作动机、主观追求和客观需求所导致的方向问题。这是节目民本化出发点的体现,是观众对于节目叙事结构的要求,也奠定了整个节目"为观众说话,为观众办事"的基调。这些叙事策略的特性不同于电视民生新闻节目的其他外在包装(主持人形象、节目流程安排、单条新闻的包装策划等），可以被不断进行改造。叙事策略一旦发生变化，节目的特性就会骤然变化。不论是视角还是报道方法，都属于电视民生新闻对于自身叙事策略的建构。

我们要同时看到，除了"建构"，电视民生新闻对于原有传统电视新闻或者其他电视栏目叙事结构还进行了"解构"。而谈到解构，首先要提到的就是对于电视新闻叙事的娱乐化解构。例如，在传统电视新闻中，除了很少的同期声，我们基本不会听到音乐，更不会去想象电视新闻中可以出现音乐；电视民生新闻出现后，就打破了这个"不可能"，扩展了画面无法表达的内容。从大的叙事视角来看，电视民生新闻最大的解构在于其对宏大叙事下"权威膜拜"的解构。

对社会建设的成果报道、宣传典型的塑造报道等，是我国传统电视新闻的必选动作。表层上看，这是电视媒体作为国家宣传机构的权利履行，深层上看，则是主流精英视角的掌控和操作。传统新闻也关注民生，甚至非常关注，但这种关注往往是一种"施与"、"救赎"和"同情"的视角。如传统新闻中常会大量出现党政领导慰问生活困难市民，送米送油送"红包"送温暖的电视镜头，以及在有关部门领导的"关心"、"关怀"、"努力"下，市民的困难境遇得到改善或生活质量得到提高等新闻。这种新闻以十足的救赎态度报道党政活动和政策的施行，接受者则以一种仰视的态度来观看新闻，媒体的宣传任务遂得以完成。但是民生新闻没有死板地延续这种宣传模式。在改革进程中，当代中国电视新闻呈现出"国家/民族/执政党意识形态"主导下，"市场/消费主义意识形态"、"精英/白领意识形态"、"百姓/平民意识形态"并存的多重复合的新意识形态，[①]在这一结构中，电视民生新闻无疑更多地体现出"百姓/平民

---

① 隋岩：《多重复合的当代中国电视文化意识形态》，载于《中国人民大学学报》，2002年第5期。

意识形态",这种意识形态突出体现在叙事视角上,并在节目叙事之中对其他类型的意识形态"非刻意地"进行解构——例如,在传统时政类新闻中,民政局、慈善组织、红十字会等机构会在重大突发事件中组织紧急捐款,帮助弱势群体渡过难关,以体现社会良好的互助氛围和广大市民的爱心;在电视民生新闻中,这些正面行为当然也会经常性报道,但与此同时,比传统新闻"更多"报道的还有市民被变相强制捐款、善款收支状况不明、个别慈善机构违规使用善款甚至有"大吃大喝"现象等。这种对民政局、慈善组织良好形象的"解构"并非是媒体对报道对象有对立态度或成见,也不是认同"揭丑才是新闻"的观点,而是出于民生叙事视角的变化——民众毫不怀疑募集善款、救灾助困的正当性,但他们更关心的问题是:自己在这些项目上有没有被乱收费,会不会被乱收费,善款是否流向了它该去的地方并发挥出最大的效益? 人们值得无条件信任这些慈善组织吗? 显然,随着民生新闻叙事聚焦的改变,传统电视新闻多年建立起来的"权威膜拜"正在慢慢消解,普通市民开始敢于质疑作为管理者的权威地位,敢于表明自己的意见态度。这种叙事视角上的最大解构,是电视民生新闻叙事策略的结构重点之一,这将导致更多解构现象的出现,它们主要表现在叙事内容娱乐化、叙事观点平民化和硬新闻的软化处理上:

首先,叙事内容的娱乐化。有人认为,"新闻娱乐化的最大特征就是软新闻的流行,即减少严肃新闻的比例,把名人轶事、凡人趣事、犯罪行为、体育新闻、花边新闻等内容作为新闻的重点"[1]。电视民生新闻在诞生之初就曾被人诟病过于"娱乐化",不够"严肃",对此,改革者的辩解多为:民生新闻只是包装娱乐化,在追求新闻价值的严肃性上并没有改变。山东齐鲁电视台的《拉呱》节目

---

[1]　项立新、江虹、徐瑗:《电视新闻娱乐化评析》,载于《新闻前哨》,2005年第9期。

就是一个样板：节目的演播室背景被设计成了一个说书场，主持人身处其中，用方言向观众"唠叨"每天的新闻，节目中还会出现两个"搭子"，起到活跃气氛的作用，娱乐化的设计极大增加了节目的互动性和观赏性。但在叙事的娱乐化上，更多的民生新闻节目做得并不是很好：四顾当下电视民生新闻，充斥着没有新闻价值、意义匮乏的奇闻逸事、婚外恋、第三者、凶杀这些充满暴力和血腥的报道内容。为了满足受众简单的娱乐心理，节目组刻意去选择博人眼球、平日难登大雅之堂的新闻进行报道，"市井新闻"和"花边新闻"充斥屏幕，品味和格调变得低下。而硬新闻被娱乐化叙述，则是更为不合适的。要注意的是，娱乐化只是吸引观众的一种手段，而不是新闻主体的终极追求。在2010年下半年，一条被称为"史上最雷人的新闻"在网络上风传，该条"神奇的多功能甘蔗"新闻来自广西玉林电视台，电视新闻中的内容十分简单：一名男子找到了一个分叉的甘蔗，觉得它像弹弓又像烧烤叉。新闻中，记者花了大量篇幅拍摄该名男子将甘蔗模拟为弹弓和烧烤叉的画面，甚至主动引导被采访者做出各种雷人动作。男子的搞笑表演让观众大呼"雷人"，并在网络上引起了巨大的反响。很多网友除了表示主人公的行为很雷人之外，也认为新闻的制作者十分无聊，甚至是"挑战观众的智商"。

　　　　同期声音：
　　　　（市民拿着甘蔗作使用弹弓状）
　　　　记者：你在干什么？
　　　　市民：我在射雕啊！
　　　　记者：那雕呢？
　　　　市民：在天空上吧！
　　　　记者：唉，那黄蓉呢？
　　　　市民：也许也在天空上吧！

记者:这个不是甘蔗么? 你怎么用来射雕呢?

市民:瞧,这个多像弹弓啊!

……

这个案例其实是电视民生新闻娱乐化的一个极端体现:新闻制作者只追求娱乐性,却忽视了电视民生新闻节目的本质属性,新闻本来应该重点报道分叉甘蔗的特殊性和背后的原因(甘蔗分叉的现象普遍吗? 是基因变异还是土壤状况出了问题?),却被拍成了供观众取笑的娱乐短片。真正的民生新闻虽然并不都要求做出深刻的社会批判,但也应把新闻价值视为新闻选择的首要标准,而不是一味去博人一笑。可见,如何把握好娱乐元素的尺度对电视民生新闻节目的未来发展是至关重要的。[①] 进而言之,在获得短期的轰动效应之后,以娱乐面目出现的民生新闻必然会陷入风格雷同、观众失去新鲜感的怪圈。

电视民生新闻内容娱乐化的解构尝试,产生于媒介市场化洪流中,成长壮大在电视民生新闻沃土里。它是国外新闻媒介也曾遇到的问题,是新闻事业发展不可能绕开的一个话题。对于软新闻,我们的叙事可以给予一定的娱乐化尝试;但是对于严肃题材的硬新闻,我们还是要专业、规范地进行内容叙述;而对于一些缺乏报道价值或不适合报道的暴力、黄色新闻,则应该完全摒弃。

第二,叙事立场的平民化。电视民生新闻一直有着一种平民化的追求,平民化作为电视民生新闻叙述视角的出发点,除了选取的新闻内容贴近生活,在新闻事件的观点、立场上,也是充满了平民化色彩,并贯穿于节目始终。2004 年 1 月 12 日的《南京零距离》在播放完一条关于春运的新闻后,主持人孟非在编后语中说了这

---

① 白雪:《从〈拉呱〉看电视民生新闻节目的娱乐化倾向》,载于《活力》,2010 年第 4 期。

么一段话："客运部门不断提醒旅客错开高峰出门，但是每年春节就那么几天假，要乘客错开人流高峰，怎么可能？"类似从平民角度出发的观点、评论不胜枚举。这些观点简单而有力地表达了媒体态度，且和大部分观众的意见诉求相符。而从官本位向民本位的转变，也是一种对于新闻只能"报道国家大事，不管百姓琐事"观念的消解。

很多时候，电视民生新闻最大的解构性就表现在始终站在民众立场，对于"外在的"主管部门、行政机构等"社会权威"开展的批评以及贯穿节目始终的批判性思维。这种特征最经常地表现为对城市管理者、企事业单位管理者"懒政"、"官僚主义"的指责和愤怒，对政府主管部门、事业单位因工作不力而造成普通人生活、工作不便甚至带来痛苦的情况进行批评，提出建议，说出普通人不敢公开说的话。这种评论在电视民生新闻节目中被大量使用，不可或缺。它会加大受众的情感认同，提升新闻的舆论监督力度——合理、有深度、有新意的批判性点评也会让观众拍手叫绝，同时还造就了一批"名嘴"，他们中很多人成为节目的标志性符号。但随着这种"一骂成名"的例子越来越多，电视民生新闻的批判性思维也逐渐呈现出模式化、滥俗化的趋势。部分节目主持人甚至开始用"骂评"来作为自己的看家本事，遇事就骂，一骂就红，一骂就扯上机制、体制的情况越来越普遍。针对这种情况，不少优秀的主持人仍然保持着头脑的清醒。《零距离》主持人孟非认为，主持人应时常提醒自己，尽量避免话语霸权的产生："你可以在节目里骂人，但骂的同时是否想过被骂的人并没有平等的机会反驳，那么评论的公正性何在呢？"①虽然种种看似正义的评论体现了民众的立场，但若走向极端，也会陷入话语霸权的境地，而且一味的、惯性的批

---

① 赵文晶、陈秀玮：《论民生新闻中的批判性思维》，载于《中国软科学》，2009年第11期。

判性思维会让新闻失去理性思考的能力。主持人义愤填膺、滔滔不绝，理性不足而情绪漫溢，看似民本精神十足，实则是民粹主义的体现。这其实也是新闻工作者对于新闻内容缺乏深度思考、流于表面的工作态度的体现：叙事立场的平民化，并不是不高兴就开骂，而是从民众生活出发，理性思考，仗义执言。只有客观、公正、理性的观点才能让观众和被批评的一方真心信服，达成良好的社会影响，从而树立节目的公信力。

第三，"硬新闻"的"软处理"。新闻的分类形式有很多，从新闻和读者的关系来看，可以把新闻分成"硬新闻"与"软新闻"。硬新闻是指关系到国计民生以及人们切身利益的新闻，包括党和国家大政方针的制定和改变、政局变化、疾病流行、天气变化、重大灾难事故等；软新闻是指那些人情味较浓、写得轻松活泼，易于引起受众感观刺激和阅读兴趣，能产生"即时报酬"效应的新闻。① 电视民生新闻的"受众为本"定位并没有问题，但是在社会新闻软化报道的裹挟之下，一些传统的硬新闻也被软化。如北京电视台的《第七日》节目在对澳门回归的报道中，没有像其他电视台一样报道回归的盛况，而是独辟蹊径，将澳门回归及其前后发生的重大事件如巴拿马运河主权回归、日本宣布解除对朝鲜的制裁、巴以双方决定进行和平谈判等重大事件进行了集中报道，最后得出一个总体结论：世纪末、新旧秩序交替时期，一切都在回归秩序。② 这种软化报道其实是一种报道视角从仰望到平视的变化，从报道事实到回望历史的追溯，从重大事件的"严肃"解读到人类哲理的智慧启迪。对于国家大事，观众不再远距离、仰望地、枯燥地观看，而是近距离、平等地、充满人情味地感受和思考。

---

① 姚燕青：《由冷热媒介融合引发的硬新闻软化》，载于《青年记者》，2008年第5期。

② 郭社军：《我国电视新闻的软化趋势》，载于《传媒》，2005年第7期。

但要注意，对于一些法制类、政策类新闻，就不宜进行软化报道。不少电视民生新闻节目会大量报道法制类新闻，值得担忧的是，其报道初衷并不是宣传法制知识，而是在报道中大肆渲染一些犯罪细节。如2009年杭州青年胡斌撞死路人一案，在不少民生新闻节目的报道中，案件发展只占了很小一部分，报道更多地将篇幅集中在了胡斌的"富二代"身份、家人、同伴、甚至女友的个人情况，这些报道一来涉嫌侵犯他人隐私，二来也转移了观众的观看重点。看来，民生新闻制作者将法治报道当成了感官刺激的诱饵，没有顾及法律、法规的严肃性以及在此类案件报道中应该持有的严格尺度以及警示世人的报道初衷。

以上谈到的三个方面的解构表象，其实都是电视民生新闻在发展过程当中所做出的有益尝试，这些尝试丰富了电视新闻的表达模式，也满足了观众的观看需求，对于节目自身的发展也起到了很大的推动作用。但是这些尝试必须要把握住尺度问题——电视人应该坚持媒体正确定位，克服媚俗心态，敢于创新，同时严守新闻生产的基本原则和纪律——我们解构的只是刻板的思想和不合时宜的表达范式，并不是去颠覆原有一切有价值的东西，更不是为了解构而解构。

跳脱出局部，回到电视民生新闻整体的叙事策略层面上来看，不论是建构还是解构，是创新还是颠覆，这些尝试和努力没有任何学术背景和冲动，而是在传媒市场化的大背景下完成的。平民化、个人化、故事化的叙述策略并非自上而下的行为动作，也非学术上的深思熟虑，而是首先基于"包装"的功利需求，是市场需求和自身效益追求驱动下的"倒逼"效应。这种叙事动机具有现实性、有限性、策略性，它会引导节目进行有益尝试，也会引起电视民生新闻琐碎化、重复化、模式化的不良反应。叙事策略是整个节目内容方面发展和成长的理念缩影，先天优势明显的电视民生新闻一出世就赢得了掌声，但先天的劣势也注定了它接下来还有很多的难题需要去克服和解决。

第三节　电视民生新闻叙事模式的自身发展

自 2002 年《南京零距离》开播以来,电视民生新闻自身也经历了一个纵向发展的历程。在节目定位和报道内容没有发生根本变化的这些年里,叙事模式、叙事方法成了各大节目着力改进的突破口。如何让一条新闻"更好看",成了众多民生新闻工作者的主要任务。纵观全局,国内电视民生新闻叙事模式的转变形态各异:本地化、个性(个人)化、视觉化、主持人品牌化等,招数频出。这些变化发展了电视民生新闻的叙事模式,也保持了节目的生命力。当然,这也是竞争、淘汰的过程,很多节目模式因为不再适应观众需求而进行调整创新,以新的模式面世。

从"小民生"到"大民生"的叙事视野转变

"大民生"的民生新闻战略,在 2010 年由湖北广播电视总台经济频道提出。这里所谓的"小民生",特指电视民生新闻以较为集中的关注度,对普通市民日常生活问题的琐碎化报道以及过于微观和局限的报道理念;而"大民生",则是指电视民生新闻以更广阔的视角、更宏观的高度、更多样的形态,关注并展现与普通市民生活密切相关的重要事件。这种"大民生"是"小民生"的一种扩充和提升,将市民话语平台提升成为公共话语平台。在社会生活中,各个领域互相关联,很多时候会造成牵一发而动全身的连环效应,"个别"和"大局"、"细节"和"整体"事实上相互紧密关联,只是表现方式的"显"与"隐"不同罢了。关注"小民生"并没有错,也有价值,民生新闻理应继续俯下身子关注市民鲜活的生活,但是把传统新闻忽视的东西视为电视新闻的全部内容和表现核心,就已经不合时宜了,节目必须用全局的、发展的、动态的眼光来进行社会观察。也只有这样,才能更好地揭示市民生活的方方面面和细节末节,才能够找到改善市民生活的关键"钥匙"。

民生本无"大"、"小"之分，但电视新闻中出现如此的概念区分，主要还是由于在民生新闻发展的最初过程和模仿阶段，记者们将民生新闻的核心范围框定为"基层"生活，甚至直接拉入"底层"生活，这是一种最初的、不完全的、不科学的民生新闻概念解读——这种解读甚至导致了将民生新闻和细微琐碎的市民新闻直接画上等号的倾向。在民生新闻诞生初期，"小民生"视角对于吸引受众有着不可磨灭的功劳，但"大民生"视角的呼之欲出，也表明与之对应的"小民生"存在着先天不足。大民生新闻正是在吸收原来民生新闻"合理内核"基础上的一种提升和扩容，是原来意义上的民生新闻的一种"扬弃"，是对事关民众生存状态、生存意识、生存需要等物质和精神层面的公开表达。① 在具体的节目表现中，"大民生"的电视新闻主要在以下几个方面发生了改变：

一是社会新闻与政治经济类新闻之间的界限开始不再泾渭分明，政治、经济领域的报道体量增加。很多传统的民生新闻只关注琐事、奇事、可笑事，将民生新闻和政治新闻、经济新闻对立了起来——殊不知，即使是最"抽象"的法律政策的制定施行，最终也会对所有人的"具体"生活产生影响。大民生视角下，电视民生新闻会从民生角度对政治经济类的新闻题材进行诠释，从中发现和展示民众想知道的、需要知道的东西，解读其变化和影响。

二是日常报道呈现延展化、深度化趋势。一般来说，早期的电视民生新闻对于报道的内容，更多的是直接的事实、事件的罗列堆砌，虽然一事一议，媒体态度并不缺场，但常缺乏观点的思辨性和对新闻事件的整体观照，可以说是姿态有余、理性不足。在"大民生"视角下，电视上的民生新闻不再是简单的事实陈述或就事而论

---

① 张建红：《大民生——电视民生定位的突破与升华》，载于《传媒》，2011年第4期。

的随机品评,而是会在报道中贯穿主持人的基本观点和立场,通过思考和参与讨论的形式让一条普通新闻的价值不断延展,由个例引向普遍,从局部挖掘整体,由表象触及本质,并合理上升讨论层次,将琐碎事件作为切入点,最终引入公共话题讨论。例如,在2009年广东省出现市民因为吃了瘦肉精饲养的生猪肉而出现健康问题时,广东南方电视台在追踪报道中并没有一味聚焦中毒事件的发展情况,而是多点开花,同时追踪生猪来源、瘦肉精的来历以及生猪养殖业的潜规则等,新闻事件变得立体而全面。不再是唯事实(情节)取胜,而是靠观点引发思考,观众在观看系列新闻之后,对于瘦肉精、瘦肉精生猪甚至是养猪行业都有了一定的了解,信息的完整性也避免了不必要的谣言和恐慌。这种全面的报道也从侧面推动了相关部门对于此事的监管和查处。从电视观众角度看,在这种新型民生新闻的持续涵养之下,媒介素养会不断提高,原本只为猎奇和窥私的观众越来越多地转变为社会问题关切者——观众素质的提升反过来又会从市场层面推动电视民生新闻节目继续前进,不断提高叙事质量。

三是公共话语讨论加强。相较于以前"曝光多,解决难"的电视民生新闻,"大民生"视角下的电视民生新闻更加关注"有效的报道",即这条报道能对某个公共问题产生一定的推动作用,甚至是由媒体的压力直接解决。这种建言式的报道逐渐累积,会形成了一种建言式的舆论监督机制。在"大民生"叙事机制逐渐稳定和发挥作用之后,公共舆论平台的讨论内容也将"大民生"化——社会民智会真正有效地汇集起来,公共话语讨论的广度、灵活度和深度不断加强,民生新闻节目由此成为观点交锋、共识形成的互动场域(由于从"小民生"向"大民生"的转换特别重要,本书后文将从内容层面和逻辑层面继续分析)。

接下来,笔者将会考察电视民生新闻中叙事模式自身发展的情况,这种发展相对于中国电视新闻业前几十年的发展,可以说是速度较快、幅度较大的。但电视民生新闻永远是电视新闻业改革的沃土，很多先验性的尝试在这里获得了成功，因此，它在自身发展中出现的种种景象也是令人关注的。必须声明的一点是，电视民生新闻的创新，贵在"法无定式"，因此下文中所考察的情况并非普适于所有案例，仅供所有感兴趣的研究者和从业者借鉴参考。

差异化叙事

对于电视民生新闻，很多从业者和研究者都曾提出过差异化叙事的战略，但很多学者所提的差异化叙事，是相对于政治、经济类报道而言的。笔者这里所提到的差异化叙事，是在电视民生新闻同城、同质化竞争日趋激烈的背景下提出的，是相对于同类型栏目及栏目自身之前叙事模式的差异化叙事。电视民生新闻因为其地域性特点，辐射受众的范围较小，而在很多城市，电视民生新闻栏目已不再是一枝独秀，而是百花争春。例如，在江苏省南京市地区，多档民生新闻节目短则半小时，长则近 100 分钟，内容体量较大，且多集中在每天晚间黄金时段播出，竞争激烈程度可想而知（类似的竞争情况也出现在杭州、广州、武汉等地）。整个南京市的电视市场相对狭窄，新闻资源有限，只靠独家消息来占得先机的时代一去不复返，众多的节目每天都在报道着相同的内容。"原料"一样的情况下要想取胜，只能靠"大厨"的手艺来说话了。为了区别于其他节目，很多电视民生新闻节目开始实行差异化叙事的路线，从叙事架构、叙事编排、叙事表达方面来求新求变。故事化叙事、民本化叙事、"内聚焦"叙事、陌生化叙事……多种方法全力出击，只求能给观众带来最好的收视感受。例如，在江苏省南京市开始实行住房限购之后，多档民生新闻节目就纷纷进行了报道，但是在角度选取上，每档节目却存在不同：《零距离》栏目以"南京版'限购令'有待进一步细化"为题，主要报道了限购新规中不完善的地方；《有一说一》栏目则以"南京限购令落地：压垮房价的最后一根稻草？"为题，进行了探讨式的报道。两个节目也采取了不同的形式（评论员评论、编后语等）进行了编排。不同的节目根据相同的新闻背景和材料来进行组织，差异报道，为的就是能在竞争中占得上风。

在叙事包装上，差异化也十分普遍：电视民生新闻的主持人们要么大打美女牌，要么大打个性牌，赚足眼球。例如湖北电视台《经视直播》中敢说敢骂的江涛、杭州电视台《阿六头说新闻》中穿着唐装的阿六头、广东电视台《今日关注》中快言快语的郑达、安徽电视台《帮女郎帮你忙》中青春靓丽的帮女郎等；而 RAP 说新闻、快板说新闻、地方戏说新闻的尝试也屡见不鲜。所有新招、奇招的出现，其实都是差异化叙事的体现。这种差异化叙事在当今同质化竞争日趋激烈的情况下，不得不说是一剂良方，而创新改革的成功与否，又是由收视率来判定高下。不难看出，这种差异化的尝试充满了风险与挑战。很多栏目主创在自身创新思维受限的情况下，会借鉴异地同行的成功模式来进行直接移植，例如湖北电视台《综合一时间》栏目曾于 2009 年下半年移植安徽电视台《帮女郎帮你忙》的模式，建立了一支青春靓丽的"帮女郎"队伍，但反响一般；类似的移植案例，并无特别成功的个案。笔者认为，做好观众需求的分析调研，是节目创新必不可少的一步，毕竟栏目主创在文化层次、生活经历等方面和大部分的普通老百姓存在一定的差别，仅靠自内向外的创新尝试就如同撞运气，成功率太低。但这种分析调研成本过高，且不确定能直接产生出优秀节目模式，因此很少被业界采用。但是，在同质竞争日趋激烈、传媒资本运作日益发达的今天，由于大数据挖掘技术的日益成熟，这种科学、量化的调研已经成为可能（本书最后一章将做详细论证，此处从略）。

平衡满足观众的"定向期待"和"创新期待"

观众收视行为是一种认知－心理活动，因而必然符合认识论的一般规律。观众收视行为的满足感来自于收视"期待"的满足；某一阶段的期待持续满足后，又会产生新的期待，并寻求新的满足。

"期待视界"的说法并非源自新闻界，而是一个哲学认识论范畴。欧洲思想家、批判理性主义创始人卡尔·波普尔曾经指出，"期待视界"是首次使观察具有意义并因而认可这些观察结果的、在生活实践中形成的前科学经验；波普尔还在"期待视界"的基础上提到了"期待的失望"，"期待的失望"是观察否定了假设，这种失望会引发新的假设产生。① 在期待视界中，又分作定向期待和创新期待。新闻接受作为一种观看阅读状态，也存在这样的情况。例如对某条重大、负面的消息，观众不会期待电视媒体最快、最全面地报道，而是会期待网络媒体；对于邻里纠纷性质的新闻，观众不会期待政治新闻会加以报道，而是会期待民生新闻。以上提到的，就是观众的一种定向期待，这种期待不仅仅局限于报道内容，而是延伸至报道立场、叙事风格、观点组织等——这种定向期待来自于电视新闻节目一贯以来的固定报道模式和新闻选取。"定式和套路在新闻叙事中几乎成了固定的法则，甚至成了新闻叙事的象征和从事新闻业的专业人士的必修课程"② 这种固定的模式、套路并非只出现在严肃的时政类新闻中，电视民生新闻也存在这种较为固定的报道模式，但市民对于电视民生新闻的定向期待更多地在于叙事内容和话语态度上。民生新闻如果充斥各种会议报道新闻和领导活动新闻，观众就会对节目产生疑惑和排斥；如果在评论时板起脸来说空话、套话，也是不符合观众的定向期待的。因此，电视民生新闻在叙事话语上的指导原则是十分固定的：帮市民办事，为市民说话。这种定向期待甚至成为栏目的主导思想，主导着新闻活动。

当然，有"定向期待"，自然也会有"创新期待"。在电视民生新闻中，囿于报道内容和报道模式，观众面对千篇一律、大同小异的新闻，也会产生审美疲劳感。网络上曾有人写下打油诗"会议没有

---

① 朱立元：《接受美学导论》，安徽教育出版社，2004 年版，第 43 页。
② 曾庆香：《新闻叙事学》，中国广播电视出版社，2005 年版，第 28 页。

不隆重的;闭幕没有不胜利的;讲话没有不重要的;鼓掌没有不热烈的。"它辛辣讽刺了时政类新闻报道叙事犹如八股文般僵化。在电视民生新闻中,再好的新闻类型也经不住重复出现,加上一些新闻从业者认为民生新闻的叙事也可以模式化操作,让一些电视民生新闻也沾染上了八股风气。例如在诸多民生新闻的投诉处理环节,最常见的内容就是居民投诉小区内停水、停电或公共设施损坏,而记者的报道也在这么多年之后逐步模式化了(如表):

投诉类(小区停水停电、公共设施损坏等)电视民生新闻常见叙事模式

	记者叙事流程	
第一步	记者接到线索赶到现场,展示现场情况;	
第二步	采访居民,讲述来龙去脉及主要矛盾;	
第三步	找到主要矛盾另一方(物业公司、居委会等),进行采访并请求解决问题;	
第四步	矛盾另一方表示将解决问题;新闻结束。	矛盾另一方不愿解决或表示无法解决;寻求采访更高一级主管部门;
第五步		更高一级主管部门表示将会尽力解决;新闻结束。
第六步	反馈最终解决情况(或继续关注)。	

　　模式化报道的泛滥,会引起观众的审美疲劳,失去了兴趣的观众对于节目的品牌忠诚度将会大幅降低。在电视民生新闻中,讲故事的手法很重要,而在讲故事的过程中,听故事的人肯定不愿意听到重复的故事,这个时候就必然出现"创新期待"。电视民生新闻若要去满足这种创新期待,就需要对模式化的报道进行改革。在笔者看来,栏目首先要对自身新闻的叙事结构进行创新,然后在报道题材、范围等方面来谋求进一步的创新。这种创新的最终目

的就是让观众有眼前一亮的感觉，既符合他对节目的收视期待，又有了崭新的观看感受，从而创造出栏目独特的叙事风格。

当然有一点需要注意，风格化叙事强调某个事件呈现为新闻事件时，"在保证真实性、不损害真实性的前提下所进行的个性化表达和差异化表达。"①栏目不能一味为了求新求变而失去了新闻的基本特质和栏目特色。在民生新闻的收视活动中，观众既"定向期待"节目报道民生内容，又"创新期待"节目的模式、叙事和编排的变化创新，这两种期待是共时性的，因而必须平衡满足观众的这两种期待，这当是电视民生新闻在思考"期待视界"问题时最需要谨慎对待的。

从迎合型叙事走向引导型叙事

近年来，电视民生新闻处于发展缓滞时期，业内人士和研究者纷纷开始思考出现这种情形的根源，有学者提出了电视民生新闻价值观、导向性的反思问题。尽管对电视民生新闻价值观的反思已经旷日持久，但迄今为止，大多数电视民生新闻栏目在实际操作中依然普遍存在重可看性、轻导向性的价值取向。② 这种价值取向反映在节目当中，主要表现为从业者没有宏观叙事视角来组织报道内容，而是用过于局限的关注和个人化的视角来关注琐碎小事，整个节目呈现碎片化信息的模式。缺失了社会宏观信息背景的新闻会不可避免地变得零碎、啰嗦、无深度，在话语分配上，也显示出"百姓多、精英少"的情况，造成了话语权的失衡。这种情况是由于新闻工作者过于迎合观众的低需求层次、感官刺激而出现的，事实上，这种一味迎合的叙事风格已经在多年实践中被透支使用。随着观众媒介素养的提升，一味迎合的电视民生新闻也不再受用，观

---

① 周文彰：《狡黠的心灵——主体认识图式概论》，中国人民大学出版社，1991年版，第38页。

② 金旭东：《电视民生新闻的转型与提升》，载于《南方电视学刊》，2011年第1期。

众期待看到在民本视角、人文关怀不变的基调下,出现有内容、有思想、有责任感的电视新闻节目。此时的电视民生新闻在"唤醒民智"的基础上,需要进一步做到"引导民意",成为舆论风向标,从迎合型叙事向引导型叙事转变。

但环顾其时的电视民生新闻,报道体量不断丰富,但是在舆论引导上仍然还有所欠缺。有一些节目已经意识到了这一点。广东南方电视台 2006 年 7 月 31 日的《今日一线》节目报道了一起车祸新闻:一辆大货车轧死了一名年逾六旬的老者。其实这样的新闻在全国各地的电视民生新闻中比比皆是,且新闻往往着重于展示恐怖的现场画面,观众对类似新闻已经普遍失去兴趣;但《今日一线》的记者除了报道基本事实之外,并没有轻易结束,而是指出让人感到蹊跷的地方:发生事故的地方就在人行天桥之下,为什么老人不走人行天桥,非要横穿马路,最终酿成惨剧?新闻将镜头对准了乱穿马路而不走人行天桥的行人,并在最后对市民提出了善意的劝告。这样,一条普通的车祸新闻成为一条公共问题的讨论和舆论引导的新闻。

话语权的让渡与平衡

电视民生新闻所报道的事件,看似家长里短,但他们镶嵌在社会环境中,就能够反映出公共问题,如医疗卫生、教育、城市建设等,而这些问题往往又是管理部门和市民共同关心和参与的问题,处于社会话语体系之中。电视民生新闻的报道让最普通人的声音被放大,相当于让他们获得了大众传媒的社会话语权,这种放大了的声音才有可能在社会话语体系中被重视和考虑——这种放大其实就是一种话语权的让渡——这种让渡是相对于民生新闻出现以前,民众几乎没有媒介话语权的情况而言的。在话语权上,电视民生新闻相当于抢占了传统的电视新闻话语领域,将自上而下观察的新闻变成了自下而上的展示:民众的喜怒哀乐因为电视民生新闻的关注而变得重要,并且能够得到反馈和回应;媒介的话语权不再只被政府或者权威部门垄断，而是市民和城市管理者共同分享。市民有了困难，不再是以弱势的形象出现，而是通过电视民生新闻的支持变得勇于表态和抗争。这样一种让渡是极有意义的。

在中国电视媒介的话语体系中，民众和城市管理者都有参与权和发言权，虽有媒体选择上的偏好，但可以说共享了话语权，整体上维持平衡。但是这种平衡背后其实还存在着另外一种不平衡——不同层次的观众和不同层次的管理者对于信息接收其实是有选择性的，很多市民收看电视民生新闻，但却不收看政治经济类的电视新闻。在这种收视习惯之下，如果电视民生新闻只将话语权赋予普通民众，而不听取其他方面的话语，就会造成话语权的失衡。在业界实践中，虽然很多从业者明白"话要听两面"的道理，但在实际报道中，很多从业者只摘取有看点的信息，对于一些会影响到自己所关注信息的内容（这些内容绝非不重要），则会断然舍弃。例如中央电视台的《每周质量报告》，在 2004 年 11 月 16 日报道了假冒的"敌敌畏"金华毒火腿后，就像打开了潘多拉的盒子，引发了对整个金华火腿业的信任危机，杭州各大超市的金华火腿销量几乎为零。其实，这就是因为在报道问题火腿的时候，没有平衡地陈列出市场上大量"放心火腿"存在的信息。[①] 而在涉及民众与行政部门的纠纷时，记者会根据自己的习惯和"经验"，将普通民众的对立方视为"不对"的一方，并在报道中减少或剥夺其话语表达，造成了这些"对立面"不作为、推脱责任的观看感受。从整个栏目来看，正面报道和负面报道的体量相差巨大，负面报道占大部分的编排报道思路导致了正负面信息报道的差异——这也是话语权不平衡的表现之一。这种不平衡不利于观众对社会情况的整体认识，造成公众不良的舆论印象，甚至会生发、加剧社会矛盾。当然，这里

① 湛达军：《平衡报道兴起的社会动因》，载于《军事记者》，2008 年版，第 2 期。

寻求的话语权平衡并不是指要故意隐瞒情况、粉饰太平，或者冲突双方、官民双方"各打五十大板"，而是强调"兼听则明"，站在公众整体利益和社会根本利益的立场上，畅通言路、完整表达、平衡呈现，窥察社会矛盾的全貌，引导舆论走向理性之路。

叙事体裁的模糊化

在叙事民本化、故事化的引导下，电视民生新闻的叙事体裁走向了模糊化的道路。很多民生新闻已经不能用传统的新闻体裁来进行分类了，甚至有专家认为，民生新闻本身就是一种新闻体裁，当然这样一种说法并没有得到太多的认同；更多人认为，这种模糊化指的是新闻的叙事体裁开始出现融合——消息、通讯、特写、评论等各种新闻文体呈现出互相杂糅的状态。一条好的民生新闻，除了把消息部分做好，一定需要精妙到位的评论，而在新闻主体中，特写的手法、其他的新闻体裁也会经常出现。近年来，各种新闻体裁的创新让观众大呼精彩，这种体裁创新甚至已经突破了新闻领域，而延伸到文学、艺术等领域。面对文本领域内模糊化的叙事体裁，王一川认为其"不应当仅仅出自一种创作愿望或理论主张，而应该根本上产生于一种特殊的美学压力。"①这种论断同样适用于电视民生新闻叙事体裁的模糊化，它一方面是节目追求创新、突破的必然结果，另一方面也是节目自身在受众要求节目"好看"的压力下的艰苦努力。由此看来，这种模糊化并不是高深的颠覆文化、产生新文化架构的努力，而是紧紧扣住其目标受众（普通民众）而实现的，它发端于虽然不断增长，但却依然有限的媒介素养、观看经验和认知模式——观众并不认为电视新闻就应该是相同结构、固定流程、甚至是相似用词，这也为电视民生新闻的叙事模糊化提供了创作前提。

---

① 王一川：《我所期待的跨体文学——从"凸凹文本"谈起》，载于《大家》，1999 年第 2 期。

电视民生新闻自身叙事模式的发展，其实和社会现实语境紧密相关。电视观众希望通过电视获得关于社会更真实、更丰富、更深刻的新闻信息，他们希望电视能够更具有公信力和引导力，通过电视能够满足更多的社会表达和社会参与诉求，一句话，随着观众公民意识的成长，他们更愿意把电视看作实现公民权利、参与社会建构的利器。①观看民生新闻已经不仅仅是为了解决自己的生活问题，而是成为参与社会生活的一种方式。在这样的背景下，电视民生新闻自身的叙事模式必须进行转变，在维持原有民本视角、亲民风格的基础上，各种叙事手段都必须拓宽自己原有的视野，重视自身话语体系的构建。

在具体叙事模式和体裁上，电视民生新闻呈现出的模糊化倾向依然会继续存在，这种模糊化是电视民生新闻在叙事上博采众家之长的体现。但笔者预计这种倾向并不会产生新的新闻体裁，因为电视民生新闻的叙事一旦模式化，将会面临机械化复制，失去创新性和生长性；而面对不断变化的观众，创新又是电视民生新闻的命脉所在。也许，电视民生新闻的叙事体裁、叙事模式将会步入从清晰走向模糊、从模糊又返回清晰、从清晰又趋向新的模糊的无限往复的道路，创新永不停顿。

第四节　民生叙事困境的突破

目前，国内省市级媒体中开办的电视民生新闻栏目林林总总，而"蓝本"的可复制性导致了节目模式的惊人相似，这种同质化的态势加剧了各档民生新闻节目的竞争——当这种竞争处于较低层次的时候，同质化必然走向庸俗化、媚俗化乃至低俗化，这已经是

---

① 王雄：《论电视民生新闻在新语境中的自我转型》，载于《视听界》，2009 年第 4 期。

不争的事实。笔者认为,要破解难题、脱颖而出,除了在内容层面上做大做强之外,电视民生新闻在节目的叙事架构方面应该开拓更大的空间。在平民视角和民生内容的指导下,电视民生新闻从业者往往选择自己认为合适的新闻素材进行制作,在叙事架构上,他们也有着自己的考量:故事化、悬念化、趣味化的叙事手法让民生新闻特色鲜明;记者通过现场调查、亲身体验、追踪报道等灵活多样的方法进行新闻的叙事制作;用讲故事的方式来体味市民的酸甜苦辣,既能让新闻变得可看性十足,也用这种平民视角拉近了与观众的距离,争取到了更加稳定的收视群体。

从"单条出彩"到"完整叙事的出彩"

　　单条新闻的叙事架构在这么多年的电视民生新闻发展中已经趋于成熟。业界已经找到了一个能被大部分人认可的标准,所以单条民生新闻可以说是好片不断,既体现了亲民性又有着人文关怀,既有视觉冲击力又富有一定的思考性。但可能是由于制作流程的原因,在日常节目操作中,不同新闻之间的叙事联系常常过于松散,不论是整体节目编排者还是新闻制作者,很难有全局观念,导致节目中鲜见精心策划的系列报道,这不得不说是个遗憾。随着行业的发展,电视民生新闻节目中独立出现的单条新闻本身已经不再是唯一制胜的武器了。传者本位的观念只关注自己给观众讲述了什么,而不关注他们的反馈;而受众本位的观念更强调传者和受者之间的互动。由此制作者开始意识到,节目必须从整体上纳入一个叙事架构,新闻之间的联系把握、起承转合都应当有一定的秩序。在整个节目的叙事架构上,电视节目和观众"共同叙事"渐渐成为主流,这种共同叙事表现在电视民生新闻节目非常注重与观众的互动——目前来说,这种互动主要体现在观众通过短信或网络留言来参与节目内容的讨论,以及节目走近观众进行采访和互动。但遗憾的是,这种互动的趋势虽然正确,却并没有发挥互动的真正作用——互动不是一来一回就可以结束,而应该是节目

引头、观众跟进、节目反馈、观众评议的这样一个过程，这种过程还
有可能会重复叠加，形成共振、回响的效应。如果意识到这一点，
电视民生新闻的记者编辑们就会将自己的叙事架构不仅仅局限于
前期制作好的单条新闻当中，而应当在节目播出时继续观察新闻
带来的话语反应，并继续跟进，将这样一个叙事过程进行延续和补
足——这才能算是一个完整的叙事架构过程。缺少了真正互动的
电视民生新闻依然不会摆脱传者本位，所传递的信息民众不一定
买账；只有紧紧把握受者本位，让叙事者和接受者真正高质量互动
起来，才能透彻了解观众的需求和想法，为节目的长远发展奠定社
会认知的坚实基础。

　　大众传媒深刻影响着社会文化、时代精神、民族精神的形成和
发展。把新闻视角对准低俗内容、市井闹剧，播出大量家长里短、
暴力、犯罪等原生态内容，一味迎合迁就所谓大众口味，是对民生
新闻含义的亵渎。① 这种视角下的电视民生新闻并非接民情、排民
忧的社会舆论监督阵地，而是在媒介市场化浪潮下，为了追求市场
效益而进行的一种媚俗表达。因此，可以断定，"伪民生新闻"已经
出现，并且呈愈演愈烈之态势。这里所说的"伪民生新闻"多具有
以下特质：新闻内容中市井琐事过多，且过于关注普通人生活隐
私，真实反映社会进程的新闻反倒成为新闻的"异数"；过于迎合受
众收视兴趣，新闻的专业精神和道德底线逐渐下降；强调观看快
感，模糊了最为重要的新闻价值等。电视民生新闻虽然专注于对
平民生活的报道，但其新闻价值和社会影响绝对不应局限在底层
影响，这种定位与群众日益增长的媒介素养可以说是背道而驰的。
民生新闻是民意需求的产物，固然应当满足民意需求；但民生新闻
没有责任、也不应当去满足受众的所有需求。作为新闻栏目，电视

---

　　① 于琥：《电视民生新闻亟待突破"瓶颈"》，载于《新闻战线》，2009年第
6期。

民生新闻不能打着"开放思路"的幌子,模糊了自身定位,丧失了原本的社会责任。

虽然面临着各种各样的问题,但是电视民生新闻还是有着巨大的发展空间,尤其是"公共新闻"等观念的引进和提出,让电视民生新闻有了新的参考坐标系。电视民生新闻的叙事存在于每天每档节目最为基本的新闻流程中,叙事突破也是这种由小及大、由下向上的过程,因此它可谓是一个循序渐进的过程。"单条出彩"是永远不可或缺的,观众更期待的是"完整叙事的出彩"和"新闻故事的出彩"。

叙事内容的"广纳深挖"

其实,电视机前的观众一直在发生着变化,过去他们希望看到大量的披露性调查报道和曝光投诉类报道,并借此来宣泄自己的郁闷和情感;随着这类需求被大量满足,以及社会进步和民众素质提高,观众又希望能从电视上看到更多的有效信息,并在观看过程中完成媒介和自我意见的碰撞。因此,电视民生新闻叙事内容正在经历着一个转换的过程:逐渐压缩和摒弃过去题材较为狭窄、负面信息较多、信息量较低的市井新闻,在保留亲民特质的前提下扩展叙事视角,将更多的内容纳入视野。这种转换并非意味着节目定位的转变,而是电视民生新闻节目在新的形势下对观众需求的又一次把握。在这种内容转变中,首当其冲的就是政治、经济类新闻走进了电视民生新闻当中。前文中我们提到,政治、经济类新闻虽然是宏观走向大于微观聚焦,但社会的普遍联系注定了宏观政策必然对百姓民生造成影响——而且这种影响是其他任何东西无法比拟的。电视民生新闻将这一类的新闻题材纳入叙事视野,就是通过平民化的视角、具体化的解读和民生化的表达将原本的硬新闻"消化"成为文化程度不高的人也能看懂和愿意看的新闻消息。北京电视台的《首都经济报道》在改版后改变了策略,不仅加大对百姓经济生活等民生题材的报道量,而且其政策报道都本着

"财经眼、看民生"的定位,从百姓的角度分析政策走向,收视率稳步上升,平均收视率接近2.0。① 电视民生新闻会因为这样的一种视野突破而不再单薄,开始具有一定的思想厚度;而在传统的平民生活类报道中,电视民生新闻的叙事层面也不再只关注最表层的信息,而是注意纵深层面的挖掘,加入理性剖析,叙述新闻事件的前因后果、"前台"与"后台"的隐蔽的密切联系,并用发展的视角来看待新闻事件的现实意义和未来发展,这样的报道自然有着更多的启示意义,也更具新闻报道价值。

多层次需求下的叙事话语展现

电视民生新闻服务的市民群体是一个数学上的集合概念,并不是铁板一块,而是由众多不同职业、阶层的人群组成的;即使对于同一阶层、同一个市民而言,他们的收视需求也不是固定不变的,其媒介素养也有一个不断提升的过程。因此,上文中提到的"观众的变化",既包括市民阶层的分化、流动,也包含自身收视欲求的变化——这种欲求呈现出十分明显的分层化、多样化、结构化特征。有学者将其分为"生活状态的知事需要"、"生命状态的知情需要"、"生存状态的智理需要"等三个层面。② 笔者认为,这种观点有一定道理,但将其进一步拓展则更为合理,因而我们在此基础上将观众群体的不同需求划分为"知事需求"、"知情需求"、"意见需求"和"价值需求"四个层面,不同层级、不同阶段的观众分布在这四个需求层面当中,在对节目进行消费的过程中寻求满足。电视民生新闻中关于普通人周边生活、日常环境的报道一般都能满足"知事需求",而详细的新闻报道内容和专业的报道规则能满足"知情需求",但是在"意见需求"和"价值需求"这两个层面,电视民生

---

① 王芸:《试论电视民生新闻的现状与创新》,载于《声屏世界》,2007年第12期。

② 江峰:《民生新闻的发展与品质提升》,载于《新闻知识》,2010年第7期。

新闻的叙事还存在相当不足。好的新闻不但传递信息,更能构建公共意见的平台,意见需求层面的观众希望在这个平台上发表意见、比较观点,并最终糅合成自己对于某个问题的完整认知和详细看法;而价值需求层面的观众不仅仅观看节目,更希望能和节目形成互动,影响节目中所设置的议题和社会环境,从别人的价值诉求中获得参照,同时也希望以自己的价值观参与到社会主流价值的建构。正是因为存在这样一种多层次诉求,电视民生新闻的叙事话语完全应该呈现多层次的状态:首先,在话语权上,原来为了满足较低层次需求、一味强调"平民"的话语权被逐渐平衡,同一新闻背景下的不同人群被赋予了平等的话语权,甚至像城管、保安、辅警、执法"临时工"等原本被标签化的"民众利益对立方"也有了平等表达的权利;在话语表达上,电视民生新闻更多地应该凸显平台、"论坛"地位,专注于自身"意见展示"、"意见交流"乃至"意见争锋"的功能,大大减少类似道德审判的话语,大大增加商榷性的话语。这是一种专业主义行为下的人文关怀,也是对意见需求层面观众的尊重:这类观众需要的是可供思考的意见元素,而不是教条般的成品。但不论在哪个需求层面,观众的终极需求都是一样的,那就是被关注、被重视、被认可。因此,在话语表达上,电视民生新闻又有着亘古不变的民本立场,只是在不同层面下,它的话语权和话语表达会呈现出不同形态。

在叙事学视野的观照下,电视民生新闻的发展进化呈现出多样化的路径和可能性,既意味着进步和成功,也可能预示着弊端乃至陷阱:从单一的元主体到个性化叙事,从居高临下的霸权叙事到柔性的商榷性叙事,从播报新闻到讲故事的巨大转变,从"平民"视角、"草根"内容的偏执型追求到更宽阔的"大民生"视野……电视民生新闻节目在将新闻变成了喜闻乐见的电视节目的同时,也将自己打造成一个公共话语平台,在实现信息发布和舆论监督的同时划下了一片广阔的讨论场域。在所有这些方面,电视民生新闻都可以说取得了巨大的成功，探索出多条可行的路径；至于那些弊端或陷阱，既是电视人不得不付出的代价，也是他们在歧途上树立的一块块写有"禁入"、"减速"、"拐弯"的路标。我们相信，在电视人的艰苦努力下，电视民生新闻的叙事策略、叙事能力和价值标准正在走向一个崭新的高度，正在成为极为重要的社会公共领域不可或缺的组织者和发出自己声音的重要"一极"。在可以预期的未来，电视民生新闻的报道话语将不仅仅是一种"叙事"，而且将是"议程"和"行动"。

第五章　电视民生新闻话语的"评论化"趋势

如果以 2002 年江苏广电总台城市频道《南京零距离》的开播作为中国电视民生新闻的发展元年来计算，后者已经进入了第十四个发展年头。这十四年里，中国经历着观念更新和社会转型，作为社会生活的媒介窗口之一，电视民生新闻的主体制作单位电视台也在这十四年间负担了政治宣传的任务或使命，同时也深度卷入极为残酷的市场竞争，收视率、广告收入等经济效益元素对节目的影响越来越大。电视民生新闻在这十四年的发展历程中也经历着起伏变化，有过风光无限的巅峰期，有过因大量复制而引起同质化竞争的冲突期，也有过发展失衡、被学界诟病的低谷期。在行业内部的竞争压力、其他媒体的挤压（报纸、尤其是网络）和行业服务对象（观众）的要求下，电视民生新闻开始求变，这种求变不仅在于形式，更在于对电视民生新闻所制造的话语的重新认知和重新把握——其中最大的变化，就是出现了民生新闻话语的"评论化"趋势。所谓"评论化"，并非单纯是指节目主持人对新闻事实的评议（这种评议本是民生新闻题中应有之义），而是指电视民生新闻正在从简单播报社会新闻、"一事一议"逐渐转型，通过在时长、板块、角色和强度各方面加强各种评论话语（包括主持人话语、新闻评论员话语、节目观众话语）的比重和分量，从而强化媒体以及公众对社会生活尤其是公共事务进行意见表达和批评建议的功能；更重要的是，越来越多的电视民生新闻栏目在节目改革中出现了这种显著的变化，使上述趋势更为明朗。

第一节　话语、文本与评论

要确切理解电视民生新闻"评论化"的要旨，必须首先了解"话语"、"文本"与"评论"的基本含义及其相互关系。

对于话语的研究，可以追溯到现代语言学之父索绪尔对于语言(langue)和言语(parole)的区别性研究上。对于语言，索绪尔认为"它既是言语机能的社会产物，又是社会集团为了使个人有可能行使这一机能所采用的一整套必不可少的规约"①；而相对于语言，言语更像是一种实际的使用行为："至少是发生在两个人之间的行为"②，这个"言语"的概念，就基本类似于我们后来所讲的话语。自索绪尔之后，越来越多的语言学家开始了对话语的研究，其中福柯和费斯克的相关话语理论尤显重要。批判话语分析学者诺曼·费尔克拉夫曾指出："福柯对于社会科学和人文科学产生了巨大的影响，'话语'概念的流行，话语分析作为一种方法的流行，可以部分地归功于这种影响"③。由此可见福柯话语理论的影响力。福柯认为，话语是一种社会实践——"话语实践"，它是知识的基础，而知识是"由某种话语实践按其规则构成的并为某门学科的建立所不可缺少的成分整体"④，按照福柯的理论，话语实践组成了人类的历

---

① 索绪尔：《1910－1911 索绪尔第三度讲授普通语言学教程》，张绍杰译，湖南教育出版社，2001 年版，第 20 页。

② 索绪尔：《1910－1911 索绪尔第三度讲授普通语言学教程》，张绍杰译，湖南教育出版社，2001 年版，第 21 页。

③ 诺曼·费尔克拉夫：《话语与社会变迁》，殷晓蓉译，华夏出版社，2004 年版，第 36 页。

④ 米歇尔·福柯：《知识考古学》，谢强、马月译，上海三联书店，2003 年版，第 29 页。

史与文化,人与世界的关系可以看成一种话语关系,不存在任何脱离话语的关系。这种理念完全不同于之前语言学家们在"符号与意义"、"能指与所指"等方面的研究。在福柯看来,话语不等于所说的事物(即"所指"概念),"话语是由符号构成的,但是,话语所做的,不只是使用这些符号以确指事物……"①。福柯强调,话语的特征是一种权力关系,社会中的话语一旦产生,便会受到若干程序的控制、筛选、组织、再分配,权力是话语的生产者和建构者,权力关系的实施或实现过程,必然是相关话语的形成和使用过程;权力通过对话语的直接生产来对话语的形成、保存、分布和流传发挥作用。有人对福柯的话语理论进行了总结,他们认为福柯的话语理论中的"话语"意指"知识考古学中各个研究领域或者各种学科的结构……是一种无意识的结构"②。延展到各个学科,每个学科都应该有自己的话语,比如经济学话语、社会学话语、历史学话语等,它们都由许多具体的陈述来组成,话语构成学科的知识要素的总和③。费斯克在福柯的话语理论上做出了进一步发展,提出了媒介话语理论;相较于福柯,他更关注"话语关系"与"话语斗争"。在他眼中,当代美国社会"是一个多元话语社会,正如它也是一个多元文化社会,因而对它所做的任何文化分析,都必须像关注话语实践一样关注话语关系,必须揭示出话语斗争的过程……"④,和福柯将话语看作一种权力形式不同,费斯克将话语当作一个斗争的场域

①　米歇尔·福柯.《知识考古学》,谢强、马月译,上海三联书店,2003年版,第53页。

②　李鹏程主编:《当代西方文化研究新词典》,吉林人民出版社,2003年版,第135页。

③　冯契、徐孝通主编.《外国哲学大辞典》,上海辞书出版社,2008年版,第407页。

④　John Fiske:Midea Matters:Race and Gender in U. S. Politics. University of Minnesota Press,Revised edition,1996,p3.

(locale)。

在日常生活中，话语（discourse）和文本（text）是很容易被混淆的两个概念，很多人甚至会将话语分析和文本分析等同对待。在这里必须要厘清的就是话语的概念以及其区别于文本的地方。从文学的角度说，文本通常是具有完整、系统含义的一个句子或多个句子的组；一个文本可以是一个句子、一个段落或者一个篇章。它的意义基本等同于前文中提到的索绪尔的语言（langue）概念，它承载的仅仅是语言符号的意义本身，但是话语是基于文本产生的，我们可以将文本相对地看作是一个意义的物质载体，文本分析是话语分析必不可少的部分。在本书所讨论的电视民生新闻话语范畴内，话语意味着包括但不限于语言、文本等一系列信息元素的总和，是特定社会语境中人与人之间从事沟通的具体言语行为，即一定的说话人、受话人、文本、沟通、语境等要素，可以看作是文本形式、非文本形式等内容的集合。"评论话语"是一种名词性概念，而"话语评论化"是一个趋势性的概念——明晰了这些概念，我们才能够清楚地了解本章中频繁涉及的"评论话语"和"话语评论化"等概念的运用范围和指代。

本书所探讨的"评论"这一概念特指新闻评论。在我国，学界对新闻评论做了大量的研究，出版了多本关于新闻评论的专门著作，对其做出了并不完全相同的概念界定。《新闻传播百科全书》一书对新闻评论做出了如下定义：评论是"指报刊等新闻传播工具就当前重大问题、新闻事件发议论的论说性文体，是所有新闻传播工具的各种评论形式的总称"①，丁法章的《新闻评论教程》在此基础上进行了扩展，他除了对新闻评论的评论对象进行描述（与《新闻传播百科全书》基本一致），还列举了新闻评论的常用体裁："新

---

① 邱沛篁、吴信训、向纯武等主编：《新闻传播百科全书》，四川人民出版社，1998年版，第226页。

闻评论……是现代新闻传播工具经常采用的社论、评论、评论员文章、短评、编者按、专栏评论和述评等的总称……。"①赵振宇在《现代新闻评论》中结合了网络等新兴媒体迅速发展的情况,将新闻评论定义为一种"论说形式",并表明其在"报纸、广播、电视和网络上有不同的表现方式"。②

　　但不论概念如何变化,关于新闻评论,专家们已经形成了这样的共识:新闻评论不是独立存在的,而是建立在新闻事实之上,这也是它区别于其他文体的一个重要特征;对于新闻评论的研究绝对不能脱离于新闻评论赖以生存的事实基础,并注意到新闻事实和新闻评论两者间互相作用、相互推进、互相影响的特点。正因为存在以上特点,具体到电视新闻的评论上,不难发现在我国基本不存在一个百分之百的"评论节目",所有电视新闻评论节目都无法脱离新闻事实。从1980年我国第一个电视新闻评论栏目《观察与思考》到20世纪90年代的《焦点访谈》、《东方时空》、《新闻调查》甚至是《实话实说》等,理所应当被视为新闻评论栏目的节目中都没有抛弃或弱化对新闻事实的报道和调查,并在新闻事实的求真去伪上下了大量的功夫。在电视民生新闻中,这样"述评一家"的情况更为明显,除了独立的读报、读微博等评论小版块,新闻事实话语和评论话语开始显得不再那么"泾渭分明",评论话语开始渗透在电视民生新闻节目板块的各个角落:主持人的导语、针对新闻的即兴评论、话题阐发互动、甚至是电视新闻本身的正文当中,都能够见到评论话语。这样的变化得益于新闻传媒的改革与发展,开放的思路必然带来崭新的尝试。电视民生新闻在评论方面做出了很多尝试,其形式在不断的尝试中也有了相当大的变化和进步,本书所探讨的电视民生新闻话语"评论化"就是其中最显著特征

---

① 丁法章:《新闻评论教程》,复旦大学出版社,2002年版,第15页。
② 赵振宇:《现代新闻评论》,武汉大学出版社,2005年版,第43页。

之一。

　　话语"评论化"是本书提出的独特概念，其适用范围目前仅限于电视民生新闻研究。事实上，电视民生新闻近年来在改革中一直力图通过理念、内容、板块、模式的调整来不断加强评论话语分量，在栏目策划、制作和呈现中注重表达话语的评论色彩，通过增加评论话语的板块、时长、深度和强度，强化受众的反响和交流，形成意见集合，最终借此凸显对社会生活和公共事务的意见表达和建议——这应当是电视民生新闻话语评论化的最大意义和价值所在。

第二节　民生新闻话语评论化的生成

　　话语评论化是在电视民生新闻中所表现出来的一种趋势，这种趋势的出现是有着多方面原因的。从电视民生新闻的创制者角度来看，该种新闻样式在十余年的发展中积累了很多方面的实践经验，这个经常被看作"为民办事"的栏目类型也对自己"办事"的层面有了新的思考：随着节目影响力的提升，电视民生新闻开始思考如何从低端的事实呈现到高端的意见提供、分析、处理甚至是把控，从简单的跑腿角色变为发表公共意见，形成讨论，引发社会关注的角色。从客观角度或电视市场来看，电视民生新闻面临着一系列发展困境：几乎所有电视民生新闻栏目都来源于对某几个先驱性栏目的复制，同质化程度高，而在单个电视民生新闻的覆盖区域（通常为一个城市或周边地区）内，经常出现多个同类节目（这种情况在省会城市中出现得更多），这就不可避免地造成节目收视的激烈竞争，这种竞争集中在新闻线索、制作水平、受众份额、节目影响力等方面——若要提升竞争力，节目就要不断升级转型，走在同业前列；再加上网络媒体、自媒体的剧烈冲击，人们获取第一手新闻信息的方式不再依赖于传统媒体，社会对于电视民生新闻的功能要求产生了变化,以往靠信息的接近性、趣味性、解决具体问题的实用性等特点赢得观众的电视民生新闻必须转变自己的观念,提升核心竞争力。

在电视民生新闻话语评论化进程中,栏目有着许多外部易于察觉的表现。最主要的特征就是评论话语的加重,节目除了传统的主持人角色之外,大多引入了评论员角色,如读报板块主持人、专职评论员、客座专家学者等,加上主持人也会承担一部分评论员角色,电视民生新闻栏目中评论员角色显得越来越重要;伴随着这一变化,电视民生新闻的评论也从简单的"有事说事"向"见事、见人、见理、见意"转变,对于新闻事件除了简单的针对性评价之外,也会纵深挖掘,多角度思考,努力让观众看到特定新闻事实在看起来偶然的、随机性的出现背后的深层原因和必然逻辑。为达此目的,电视民生新闻栏目的策划者在前期新闻素材的选择上也发生了变化:他们开始更注意那些"值得被讨论"的新闻以及新闻中值得被讨论的要素,节目压缩了往常大量的琐碎社会事件性新闻,腾出了更多空间、时段给评论话语——当然,除了时间维度的扩展,这种评论话语也变得更为深入、理性、客观和宏观。

新媒体冲击与内容同质化困境下的必然选择

具体来看,电视民生新闻节目话语评论化趋势的出现,究其实质是电视媒体面对新媒体冲击和自身内容同质化挑战的必然回应举措,可以说是"因时而生"、"顺势而为"。

在电视民生新闻发展的十余年间,信息技术的进步十分惊人,以互联网、移动设备为代表的新媒体技术不断改变着人们的生活方式,其中最主要的体现就在于信息传播载体的重大变化改变了信息获取和利用的方式——新闻信息依赖于技术手段和新闻运转网络(BBS,SNS,门户、博客、微博客、QQ、微信、新闻客户端等)进行传播,这种传播和扩散速度是惊人的,新闻资讯的实时传播让电视民生新闻一度引以为傲的传达信息及时、快速的特点不复存在。

以 2011 年日本地震事件为例,地震发生的时间是北京时间 3 月 11 日 13 时 46 分,新华网在 13 时 58 分就编发快讯,虽然中央电视台在 14 时 05 分口播了此条新闻,但在七分钟的时差内,网络消息已经是铺天盖地,信息量呈几何式增长,门户网站的显著位置已刊登相关新闻,QQ 等社交媒体也开始发送网页弹窗。网络媒体与电视两者的传播速度已经形成了明显的时差。在这样的情况下,新媒体对电视民生新闻造成的信息冲击已经开始让电视人感到危机:原本以为当天的新闻就能叫"最新新闻",但网络让新闻的概念从"today news today"转变成了"now news now"。技术手段除了带来了单纯的速度变化外,更拉低了新闻传递的门槛,只要能够连接网络,任何人在任何时候都可以提供信息和收取信息,这样的信息流量是任何一种传统媒体难以望其项背的。新媒体这种全天候、反应快、操作灵活的便利性新闻理念,在现阶段的电视媒体中受到新闻制作、编辑等程序原因,传送、信号接驳、发射等技术原因以及新闻审查等制度原因造成的时间差的限制而无法采用或复制——这就逼得电视民生新闻只能在绝对的传播速度之外寻求发挥自身优势的途径,而旨在搜寻高价值新闻信息、提高传播质量、延伸新闻信息价值链的新闻话语的"评论化"无疑是最佳途径之一。

根据央视索福瑞(CSM)2006 至 2009 年对中国国内 149 个城市样本户数据跟踪,40％以上的收视贡献来自于 55 岁或以上的老年人,并呈上升趋势;而 17 到 34 岁的人群段只贡献了 17％的收视率,并呈下降趋势,中国电视收视开始呈现"老龄化"趋势。① 索福瑞 2011 年对新闻类节目受众分布所做的调查依然和之前的结论基本一致(如下图),老年人也是新闻类节目的主要受众,作为社会中坚力量的中青年主流观众的损失很大程度上源自于网络、移动

---

① 杨晓玉:《新媒体冲击下电视新闻记者的出路探索》,载于《视听》,2012 年第 18 期。

网络等新媒体的冲击。

2010—2011年新闻类节目观众特征

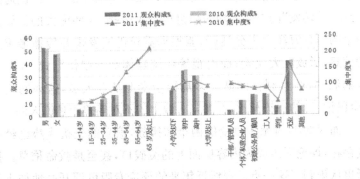

数据来源：央视索福瑞（CSM）

当下的中国媒体领域中，新媒体随着自身技术的快速发展，相对于传统媒体具有快速增长的受众数量，对传统媒体形成强大冲击。电视民生新闻作为一种新型新闻样式（或者说一种节目类型），面临着诸多与新媒体的竞争、合作和融合的问题，这种竞合关系自会给电视民生新闻带来不小的麻烦，在评论话语方面主要体现在以下四点：一是新媒体与电视媒体相比，速度上是不可同日而语的，这就导致了在突发事件响应上，电视新闻肯定落后于新媒体。在随之而来的话语权构建上，速度落后的电视民生新闻自然处于劣势，权威和公信力也会受到影响。二是新媒体提供了一个崭新的话语渠道和语境，电视、报纸、广播较为统一的话语渠道（都受到宣传政策的直接管制）和语境受到了挑战，电视民生新闻在公共话题中的评论话语是否能够被认同、接受和引起共鸣甚至都要依赖于新媒体先前的话语情况。三是当下规模较小的电视民生新闻节目对于新媒体信息依赖程度过大，从内容到观点都来源于新媒体，以至于节目成为网络新闻的"复读机"，这对于电视民生新闻自身的话语发展是很不利的。四是内容制作团队的不对等。新媒体的互动性允许所有使用新媒体的人上传、分享与新闻事件有关的内容,相当于拥有了一个巨大的内容提供团队,所有人都可以自由地进行信息披露、分析和评价,他们在上传信息的同时,也通过"分享"、"转发"的方式完成对信息的把关分拣,这些庞大的群体在纷繁的信息海洋中十分活跃,能根据需求迅速发现并传播最重要的信息,形成巨大反响;而电视等传统媒体受到制作方式、互动机制的制约,内容制作团队大多局限于专业从业人员,这和网络中"全民记者"的态势相比,在参与人数上的不对等差距是惊人的。

面对短期内无法改变的困难和挑战,信息的先机优势已经不复存在,评论话语成为内容层面上的突破口,甚至是救命稻草。报纸也认识到了这一点。报纸近年来的评论专版可谓开办地如火如荼,大多数报纸的评论多以"时评"身份出现,在信息大爆炸时代,报纸依靠信息量和社会新闻获取市场的过往手段已经不再适用,为了谋求新突破和增加权威性,报纸纷纷开办以时评为主的评论专版。中国青年报的《冰点时评》出现后,有学者预言中国媒体竞争已经进入"观点时代"。此后,都市报纷纷开办评论专版,并且在报纸中占据重要版面,树立了自己社会责任和舆论监督的媒体形象。报纸和电视民生新闻同样面临信息响应滞后问题,但报纸通过评论版抢占了意见话语先机,这对于电视民生新闻既是冲击,也是启示。

电视民生新闻在种种困难和挑战中必须做好应对措施,目前能做的是在做好信息综合整理以及准确传递的前提下,依据新闻事实,抢占话语高地,在新媒体提供的先导信息基础上积极完善话语讨论、议程设置,借助先发信息建立公共话语讨论平台,辅以传统媒体"权威"、"可信"的良性"刻板印象",强力介入和引领社会舆论庞杂无序的湍流。

除了外部技术革新带来的变化和巨大压力,电视民生新闻内部的同质化困境也是其走向话语"评论化"的一个重要因素。本书前面已经多次提到,就同质化困境而言,体会最深的就是南京的电视民生新闻的制作者们。在南京地区,每天18:00到20:30的黄金时间段,江苏广播电视总台、南京广电集团多个频道推出了多档电视民生新闻节目,几乎每个节目都是长时间、大容量的频道主打节目。这些节目在定位、包装、操作流程、最终呈现风格上均努力做到差异化,也确有自身鲜明的特色,但电视人无法从根本上改变本地新闻资源相对匮乏、被反复使用和过度开发这一客观情况,所以在新闻内容叙述上不可避免地出现大同小异甚至雷同之处——在某一突发新闻事件现场,画面、新闻"五W"要素、目击者证人证词基本上是相同或相似的,唯一不同的是持话筒的现场报道记者来自不同的电视媒体或同一媒体的不同频道。更严重的是,不少电视民生新闻节目的从业者对于新闻原材料还停留在"粗加工"阶段,往往只关心最近发生了什么、造成了什么直接影响,同质化的新闻素材被同质化地粗加工,最后展现的新闻成品在形式、表现手段等方面无可避免地趋同,从而形成了不同节目间的低效同质化竞争。

不仅仅是外部同质化竞争,电视民生新闻制作观念的停滞也让自身报道内容出现了同质化问题。在电视民生新闻发展初期,节目的镜头对准了普通人的生活琐事:消费维权、邻里关系、生活不便等,问题是一些电视人将自己对于民生新闻的理解局限于此,似乎只有这种生活新闻、市井新闻才是民生新闻,报道内容和报道领域开始固化,并且开始习惯于这种就事论事、缺乏思考和后续加工的新闻制作理念。这样一来,在对类似的事件进行了无数次报道之后,观众看到的都是相似的内容、相似的叙事方法、相似的处理方法,所有新闻都有一张似曾相识的面庞,久而久之,观众便会产生厌烦心理,这对于电视民生新闻的发展将会带来不良影响。这种内部的同质化报道和上文所提到的外部同质化竞争共同作用,形成了电视民生新闻的同质化困境(关于民生新闻同质化的问题,本书前文已经谈及,后文还将涉及)。

不论是新媒体冲击还是同质化困境，电视民生新闻现在均难以彻底改变这两者的客观存在。有一些小型的电视民生新闻栏目直接下载网络视频等资源来作为自己的一手资料进行报道，这种"拿来主义"自然体现了一些新闻媒体在内容采集上的滞后性窘境；而对于同质化问题，新闻的客观性要求新闻建立在客观事实的基础上，客观事实决定了电视民生新闻的报道对象和报道内容不是电视人可以主观控制的——电视民生新闻的从业者们能做的就是在现有基础上思考改进，对节目制作理念和方式进行革新，避免陷入停滞的泥沼。本书所讨论的新闻话语评论化就是他们所作的有益尝试之一。

如果说新媒体技术和内容同质化困境是电视民生新闻走向话语评论化的条件和刺激因素，那么，"公众新闻"理念的输入以及电视人对它的认同才是电视民生新闻话语评论化所依赖的思想资源，也就是说，部分有创新意识的电视人已经在思考用公众新闻的理念来改造现有的民生新闻，使后者"脱胎换骨"。公众新闻（public journalism，或曰"公共新闻"，本书通译为"公众新闻"）的理念源自于美国20世纪90年代一场声势浩大的新闻改革运动，其在美国又被称为"公民新闻"。最早提出公众新闻理念的是美国新闻学研究者、纽约大学教授杰伊·罗森（Jay Rosen），在他看来，"新闻记者不应该仅仅是报道新闻，新闻记者的工作还应该包含这样的一些内容：致力于提高社会公众在获得新闻信息的基础上的行动能力，关注公众之间对话和交流的质量，帮助人们积极地寻求解决问题的途径，告诉社会公众如何去应对社会问题，而不仅仅是让他们去阅读或观看这些问题"[①]。他认为新闻界应该在传递信息之外承担起更严肃的责任：关注公共生活、发起公共议题、承担公共事务的

---

① 蔡雯：《美国"公共新闻"的历史与现状（上）——对美国"公共新闻"的实地观察与分析》，载于《国际新闻界》，2005年第1期。

讨论和研究、强化公民权利意识和职责等。这个主张得到了一些学者和新闻从业人员的关注和支持,包括杰伊·罗森和时任美国奈特－里德报业集团 CEO 的詹姆斯·巴顿(James K. Batten)在内的很多人甚至促成多个基金会拿出资金以项目、奖项的方式支持公众新闻的研究和实践。2004 年,中国人民大学新闻学院教授蔡雯在《国际新闻界》上发表了《"公共新闻":发展中的理论与探索中的实践——探析美国"公共新闻"及其研究》一文,被看作是国内最早系统介绍公共新闻的专业论文。此后,国内学者不乏相关研究,但更多地将关注点放在了公众新闻在中国的实践和发展上。2004 年,南方周末刊登文章《从民生新闻到公共新闻》,以江苏卫视频道《1860 新闻眼》一系列涉及社会公共话题的新闻活动为例,判断这个节目正在"实践着"民生新闻到公众新闻的转型。以这样的标准延伸开来观察,以南京地区电视民生新闻为代表的国内多个同类新闻栏目都在摸索着实践从民生新闻到公众新闻的转型。

其实国内的从业者在没有接触公众新闻概念或接触很少的情况下,也在进行公众新闻式的探索。如前文所述,国内很多电视民生新闻节目在遭遇到报道内容琐碎化、局限化的难题后,都不约而同提出了"大民生"概念,这种"大民生"是一种报道理念,也是对电视民生新闻提出的转型要求。这个"大民生"的概念和公众新闻的理念是存在着一定的契合点甚至重合面的——它们都强调新闻媒体要关注社会公众生活,并努力成为公共话题的倡导者、推进者,新闻节目要扮演"议事厅"角色,必须提出问题并以满足公众权利的使命来进行审议,促成公众能更多地参与和影响公共事务(关于民生新闻与公众新闻的相互关系,本文第七章将做更为详尽的辨析,此处不再赘述)。

外部理念的刺激以及自我摸索中的独立思考带来的必然是节目样态的变化。借鉴公众新闻特别是其相关理念的电视民生新闻开始转变报道理念,报道内容不再囿于"吃喝拉撒睡"等市井生活的基本层面，而是从生活出发，发现和捕捉与老百姓生活内容相关的政治、经济、文化方面内容并进行深度加工、报道和诠释，同时老百姓关心的内容进行议题化的阐发、评论和讨论，报道内容在广度和深度上都有了很大提升。而在公共议题的设置与推进中，评论话语开始占据越来越重要的角色，它不仅仅体现在以主持人为代表的有声语言表达上，更体现在节目话语体系的变化上——在最基础的话语评论之外，还体现在节目的编排、制作、表达方式、话题设置和引导等方面。

从"事件议程"到"问题议程"及角色自我掌控

正在转型或面临转型的电视民生新闻节目都意识到一个问题，就是报道内容和视角的调整。节目必须在"平民视角，百姓情怀"的基础上，脱离原有关注百姓个体、具体事务的报道思路，开始更多地站在社会事务关注者的角度上进行报道和思考，其报道的个体内容也应该有共性内涵或可以成为公共议题。事实上，所有的电视从业者已经或清晰或朦胧地意识到，民生问题已经不仅仅是在普通民众层面被关心，也已经成为执政党关注的中心问题，是在整个社会层面被关心和热议的问题。

电视民生新闻话语评论化的第一步就是对新闻事实的重新认知和解读。"事实"对于新闻报道来说，就像"商品"对于经济学研究来说具有首要的、基础性意义，因而对新闻事实的任何新知，都必然带来新闻报道样式的重大改变。过去的电视民生新闻多提供"事实"，但只有选择符合公众价值判断和共鸣的事实才能引起和形成舆论，所以节目应特别留意公众的关注点，并根据关注点来选择新闻事实，促使公众的态度向舆论意欲引导的方向靠拢。在这种转变过程当中，新闻制作者开始有了策划和编辑意识，直接体现就是对新闻事实有了主观把握。这种主观把握体现在两个方面：一、对于新闻线索的选择。过去的电视民生新闻在选择新闻线索的时候，多看重其奇特性和趣味性，强调拍出来让人觉得惊奇好看,于是催生了大量猎奇性质的报道,多以奇人怪事、暴力事件、煽情人物以及含有色情、低俗趣味的内容为主,负面情绪浓重,观众看完后除了觉得奇特、刺激能满足一些窥视欲之外,并无特别感受,思想的触动和思维的延伸作用很小。随着报道思路的变化,电视民生新闻栏目对于报道内容的选择有了主观把握意识,电视人开始从社会、政治的视角关注民生新闻,强化新闻线索的遴选意识,在看似琐碎的新闻事件中看到背后所可能蕴藏的新闻价值,由小见大。二、对于新闻事实的处理。对于既定新闻素材,电视民生新闻也开始改进以往"粗加工"的模式,开始思考在完整表述新闻事实的前提下能否对新闻新闻事实进行深度挖掘,希望能借事说理,以生活小事作为切入口,力求"将硬新闻软处理,将软新闻赋予硬道理"①,让新闻所讨论的内容由事件浅表上升到社会公共问题层面,并引发思考、评价和讨论。

对新闻事实进行主观把握只是第一步,最终目的就是要形成新闻舆论的引导和主观掌控效果。电视民生新闻的新闻线索多依赖于电话热线、网络资源等渠道,稳定性差,变化性大,因此,注重对新闻线索和报道内容的选择和挖掘是非常重要的,这也是一种从"有什么就说什么"向"想什么就找什么"的思路变化。新闻事实在发挥传递信息的作用之外,更通过议程设置的方式,以逻辑连接形成了一个公众踊跃参与的舆论场域,这一场域具有教化、引导、规范、影响人民思想观念的社会功能,大量的横向和纵向舆论在这里得到重新组合处理,又向四周扩散出去。②

议程设置本来就区分为两类议程:"事件议程"(event)和"问题

---

① 李舒,胡正荣:《"民生新闻"现象探析》,载于《中国广播电视学刊》,2004年第6期。

② 参见余仕伟:《民生新闻的舆论引导力研究》,四川省社会科学院,2011年版。

议程(issue)"。① 议程设置作为媒体人实现话语权建设的主要手段，在电视民生新闻中主要通过两种方式来获得实现：设立议程后选择相适应的新闻内容；根据既有新闻内容进行议程设置。第一种议程设置更多地体现在电视民生新闻的各类策划性选题和"新闻行动"上。例如，"走转改"期间，全国电视媒体均参与进其中，策划了一系列新闻活动，江苏广电总台《早安江苏》节目凭借自身早间新闻栏目特点，策划了系列体验活动，让记者从事各个在夜间或凌晨工作的工种，如120夜班救护车值班员、送奶工、报纸派送工等，通过对他们的报道让观众开始注意到这些起早贪黑工作的人们，并唤起全社会对他们的尊重和关怀，深化了主题。这样一来，"路人故意扔垃圾羞辱环卫工人"、"120救护车救助不'及时'遭病人家属殴打"、"送奶工进院子被物业人员阻拦"等常见的新闻事件报道所具有的个体性意义，转换上升为全社会对夜班族城市工作者这一"行业"或"职业"的理解、尊重和关心。在经过连续、有意识的报道后，观众除了接受新闻事实，也在一系列报道中建立了对事件的认知、判断和把握。这种议程设置是我们刚才提到的议程设置中的第二种。例如在三鹿奶粉三聚氰胺事件出现以后，大多数电视民生新闻节目在对具体事件进行报道之后大多延伸出新闻专题，不仅将关注点放在了事件本身的动态变化上，更引申出了很多问题和相关报道，如食品安全、行业监管、社会信任等——这就是主动议程设置所带来的效果。电视民生新闻不再像以前一样仅仅传递信息，更在传递信息的时候引导和把握公共议题的前进方向。例如在2013年3月底，中央电视台曝光"美素丽儿"牌奶粉存在质量问题后，南京广电集团十八频道《标点》栏目除了对事件本身进

---

① E. M. 罗杰斯，J. W. 迪林：《议程设置的研究：现在它在何处？将走向何方？》，载于《大众传播学：影响研究范式》，中国社会科学出版社，2000年版，第79页。

行了报道,还陆续编发了《"美素丽儿"奶粉问题为啥不及时通告?》、《"美素丽儿"奶粉退货商家要求有包装》、《多国下达婴儿奶粉限购令　外媒称针对中国顾客》等多条新闻,在对新闻事件进行持续关注的同时,也通过新闻报道、主持人评论等多种话语方式设置了公共话题的讨论。这种设置从以往的"事件议程"逐渐向"问题议程"转变,从一个简单的叙述者向意见表达者逐渐转型。无论是哪种议程设置方式,这种主动的新闻选择都是电视民生新闻在当下所表现出来的变化,这种形式上的变化必然有着深刻的内在动因——在笔者看来,所有对新闻事实的议程设置都隐藏着电视民生新闻栏目对于话题、话语权掌控的欲望,这也是电视民生新闻话语评论化的追求效果。只有掌控了话语权,才能在电视民生新闻转型浪潮中把握先机,更好地履行自身的意识形态使命,同时在激烈的竞争中脱颖而出,获得社会效益和经济效益的双丰收。

　　电视民生新闻话语的评论化趋势欲获得健康发展,必须充分考虑到具有双重角色的电视民生新闻的自身定位,这个定位必须明确而清晰,不能"越位"、"错位"。在当下语境中,电视民生新闻在自己设置话题议程之后,大多数新闻制作者都是在一个相对封闭的场域内进行讨论,然后将讨论结果和更广大的电视观众分享。在这一过程中,媒体的角色、主持人的角色无疑是十分重要的,因为前者是社会讨论的发起者、组织者、邀约者和主要参与者之一,在设置议程、话题引导、场域设置、结论或社会共识的形成等方面具有举足轻重的地位——这样一来,民生新闻节目的制作者、主持人就很容易产生这样的幻觉:媒体或主持人作为见多识广、信息灵通的社会机构或成员,其角色类似于"公众代言人"、"公共知识分子",有责任、有义务将自己的观点告知观众,并说服他们接受,从而完成"引领"职责。笔者承认电视媒体有"引领"社会舆论的职责,但这种引领与其说是"率领"、"强力说服"、"生拉硬拽"、"剿灭谬论",不如说是"主动搭台"、"受众唱戏"、"受众自己说了算"。把自己硬行塑造成公众代言人、公共知识分子的形象,将重蹈民生新闻自身极力反对的"国家主义"新闻观弊端的旧路,也是其未来发展中可能遭遇的最大"陷阱"之一。我们认为,电视民生新闻应该更多地在提供公共话语平台上下功夫,而不是更多地参与讨论,强化自身"观点提供者"的角色。梅里特认为,"新闻工作者应该带给公共生活领域的是规则的知识……我们必须表现出对其具体的结果没有党派兴趣,只关注它是否是在民主的程序下取得的。"[①]在当下电视媒体依然属于政府拥有的政治宣传机构的背景下,电视民生新闻应当更多地扮演"搭台"的角色,以信息传递、环境监测和舆论引导等功能为主,公众代言人、公共知识分子的形象存在着很大的泡沫性——根据经验和实际,媒体通常只能短时间内解决个别问题,很难直接推动公共问题的一揽子解决,即便某些政策、法规在电视民生新闻的影响下"出台"、"改进"或"废止",也要看到真正推动社会运作实际进程的不是电视民生新闻本身,而是电视民生新闻所引发的市民阶层的广泛讨论所带来的舆论压力。在新闻话语"评论化"的角度看这个问题,电视民生新闻的制作者们必须倾注最大精力关注的,应该是如何通过自身对高价值新闻事实的遴选,对新闻事实的深度解读和个性化表达,以及围绕新闻事实构建高价值的新闻议程,组织和引导更广泛公众参与其中,最终促进社会共识的形成与公共政策的改善。在实际运作中,栏目的知名度、美誉度以及品牌价值将直接决定社会讨论的活力、质量、舆论压力与推动"善政"影响力。经过"评论化"的提升,电视民生新闻的话语绝不应该是封闭的思考结果,而应该是反映社情民意、符合市民价值判断的建设性话语。

---

① 参见西奥多·格拉瑟主编,邬晶晶译:《公共新闻事业的理念》,华夏出版社,2009年版。

第三节　电视民生新闻"南京烙印"的启示

选择江苏南京的电视民生新闻栏目作为研究对象,除了地缘接近性以外,还因为南京电视民生新闻的发展绝对是中国电视发展史中的经典篇章。电视民生新闻所有的内在基因、核心价值、运营模式,其优势、不足和创新尝试,都可以在南京区域的民生新闻中找到近乎"完美的"样本和可靠的证明。在中国内地,南京媒体第一次提出了"电视民生新闻"的概念(《南京零距离》),第一次在省会城市台和省台之间引爆了民生新闻大战,第一次开设了长达一小时的新闻节目(《直播南京》)……南京作为中国电视民生新闻的发源地,即便在全国大量复制南京电视民生新闻模式的今天,仍然在锐意进取、不断创新。从 2002 年《南京零距离》(现更名《零距离》)开始,南京地区就涌现出多档电视民生新闻节目,虽然有些节目在竞争中逐渐更名、甚至停播,但还是有很多节目经受住了各方考验,存活至今,而且均有不俗的品牌影响力。

南京地区代表性电视民生新闻栏目(部分)

栏目名称	所属单位	开播时间	类型
《零距离》(《南京零距离》)	江苏广电总台城市频道	2002 年 1 月 1 日	新闻杂志
《有一说一》	江苏广电总台公共频道	2005 年 1 月 16 日	新闻杂志
《直播南京》	南京广电集团新闻综合频道	2003 年 3 月 23 日	新闻杂志
《大刚说新闻》	南京广电集团新闻综合频道	2004 年 3 月 1 日	剪辑性节目
《标点》	南京广电集团十八频道	1997 年 6 月 28 日	新闻杂志

虽然竞争激烈，但这些节目在播出时段相近的情况下依然保持着较为稳定的收视率，由此可见电视民生新闻在南京的广阔群众基础。如前所述，2002 年以来，"南京现象"引起了全国电视行业的关注，全国各地迅速复制了这一节目样式，多数在当地取得了成功，收视率常常位居本地节目前列甚至高居榜首。从结构类型上看，这类节目都可以归纳到新闻杂志节目（Magazine-Format Documantary Series）。我国的《新闻学大辞典》中对"杂志型节目"是这样定义的：借鉴杂志的编辑方式，利用电视的传播优势和报道、评述手法，按照栏目的宗旨，将几个内容不同、风格各异的新闻节目"板块"（或称小栏目）串联为一个播出单元，在固定栏目、固定时间播出①。本章下面分析的《零距离》、《直播南京》和《标点》都是十分典型的杂志型新闻栏目。

《零距离》——缘起与标杆

开播于 2002 年 1 月 1 日的《南京零距离》可谓是电视民生新闻"南京现象"的开山鼻祖，虽然这档由江苏广电总台城市频道策划制作的电视民生新闻栏目播出时间与央视《新闻联播》重合度大，但节目一开播就以本土化的内容、平民化的视角、生动的表达方式，甚至是光头主持人孟非独特的"说新闻"的轻松、调侃口吻获得了巨大的关注。开播伊始的《南京零距离》主要由时政要闻、社会新闻、生活资讯、孟非读报、现场电话投诉、小璐说天气等板块组成，社会新闻、生活投诉和实用资讯构成了节目的三大内容。

在每天的编排中，不是所有板块全部出现，但孟非读报和小璐说天气基本每天都会按时而至，其中，孟非读报的时间一般会出现当期节目的收视峰值，主持人在串联新闻的同时也会对一些新闻事件进行点评和延伸。央视索福瑞在 2003 年的调查显示，每晚南

---

① 冯健（总主编）：《中国新闻实用大辞典》，新华出版社，1996 年版，第 96 页。

京地区有 100 万人在同时收看《南京零距离》,栏目观众人均投入的时间高达 30 分钟,名列全国地方台节目第一,江苏省的 10 多个地市电视台也曾转播过《南京零距离》。①《南京零距离》的发展一直较为顺利,但从 2005 年开始,也开始遇到了同质化、同城竞争等问题。2007 年,《南京零距离》在南京市网的平均收视为 8.26%,2008 年为 7.13%,2009 年一季度平均收视为 6.93%,说明了南京地区民生新闻收视率摊薄的趋势。为了转变收视率下行趋势,江苏广电总台城市频道开始对《南京零距离》开始改革。2009 年,《南京零距离》正式更名为《零距离》,这标志着《零距离》开始了转型升级之路。时任该台城市频道总监张建赓称,升级有两个目标:一是实现民生新闻在新阶段的自我提升、自我转型;二是推动城市频道品牌及零距离品牌向江苏省域迈进。② 去掉"南京"二字的《零距离》似乎希望能够摆脱地域限制,在视角和内容上有所突破,这种升级从表层上看是源于外部因素,如不断增加的竞争压力、不断拓宽的观众视野、不断成熟的远程制作传输技术等,但实际上还是源于从"小民生"向"大民生"的转变冲动。有专家认为,这样一种变化除了在报道视角、报道内容体现出了调整之外,也让节目变成了信息的整合和发散平台。栏目改版后,除了将报道范围扩大之外,更多的是在话语"评论化"上所做的改革:首先,强化了新闻评论,除了主持人的个性表达外,还邀请到新闻评论员、意见领袖、特邀嘉宾以及场外观众参与表达意见和看法,同时注重网络互动。节目开始强调"五个一":一组聚焦、一个人物、一组评论、一个调查和一个故事——18:40 — 19:05《焦点》,即一组快速全面的组合报道。围绕民生话题和焦点话题,展开聚集式报道,含现场访谈,如

---

　　① 陈正荣:《电视第三次浪潮——解析"南京现象"》,中国传媒大学出版社,2006 年版,第 155 页。

　　② 苏娟:《解析江苏城市频道〈南京零距离〉改版升级》,《中华新闻报》,2009 年 5 月 27 日。

曾经推出的"清明祭扫"、"新医改方案"等；19：05—19：10《角色》，每天讲述一个人物，展现人物丰富的内心世界与人格力量；19：10～19：20《观点》，即一串妙语连珠的新闻评论；19：23—19：30《追踪》，即一桩环环相扣的新闻调查；19：30—19：40《纪录》，即一个曲折离奇的新闻故事。另外，升级后的《零距离》也加大了与网络、知名论坛等的合作。这些做法的意图在于强化民生报道的深度，增强栏目的公信力、权威性。① 这两个变化其实都是在强调评论话语的构建，力图以评论话语制造核心竞争力，与本章的主题不谋而合。

《直播南京》——改版创新力度最大的新闻栏目

南京广电集团新闻综合频道《直播南京》，发端于 2002 年 7月 8 号开播的杂志型新闻栏目《直播 60 分》。当时，为了对抗同时段《南京零距离》带来的收视冲击，南京广电集团新闻综合频道计划在 18 点到 19 点时段策划一档新闻栏目，抢在《南京零距离》之前报道本地新闻，打好"时间差"，《直播 60 分》应运而生；在运行一段时间后，考虑到《新闻联播》对收视带来的下坠影响以及强大的同时段竞争对手，该台决定转移《新闻联播》播出平台，打通 18 点到 20点时段，将《直播 60 分》和《南京新闻》连成一体，于是，一档长达 90分钟的大型直播新闻杂志节目《直播南京》在 2003 年 3 月 23 日推出。如此长时间的新闻直播节目是十分罕见的(后来改版时节目时长做了缩减)。

《直播南京》将 90 分钟的时间划分为四个板块：《第一时间》、《东升工作室》、《特别关注》以及《时事要闻》。《第一时间》记者现场叙说新闻，随时直播突发事件；《东升工作室》动真情、讲实话、办实事；《特别关注》讲述百姓故事，聚焦社会热点；《时事要闻》播报时事快讯、追踪富民进程。《直播南京》的节目理念是"弘扬主旋

---

① 苏娟：《解析江苏城市频道〈南京零距离〉改版升级》，《中华新闻报》，2009 年 5 月 27 日。

律,坚持'三贴近'"。该节目影响力最大的是《东升工作室》,该栏目有专门的采编团队,节目开办初期的宣传语是"为政府分忧,为百姓服务",2004年改为"动真情,说实话,办实事",节目紧扣市委、市政府为民办实事的重大决策,以调查式报道为主要手段,以揭露现实生活中老百姓感到不满意的矛盾或政府施政行为中的弊端为聚焦点,立足解决问题、化解矛盾。主持人东升在评论时言辞大胆,敢于批评,但又不是逞一时口舌之快,而是以扎实的调查、暗访为基础,有理、有据、有节地开展舆论监督,观众看了普遍感觉"解气"、"过瘾"。2005年3月,《直播南京》第一次全新改版,改版后的《直播南京》一是以正面报道为主,绝不会反映琐碎、低俗的市井新闻;二是不会满足于只是曝光某一事件,而是更关注怎样去解决问题;三是紧贴跟老百姓的生活息息相关的内容,比如就业、理财、新书上市等,让观众觉得看这档节目很实用;四是继续扶危济困,关注弱势群体,同时也会兼顾一些在经济、文化、艺术上的精英人物。升级后的《直播南京》改成双主播方式,同时着力培养一些有思辨力的记者型现场主持人,并且增设了"现场调查"版块,每天在节目中选取一个老百姓有话想说的话题,观众可拨打声讯电话发表看法。

从2011年4月开始,新华社江苏分社与南京电视台合作打造"连线新华社"栏目,在南京电视台新闻综合频道正式播出。《连线新华社》是《直播南京》中的一个重要环节,栏目定位于"新华社独家视角·权威解读",由新华社评论员推荐热点新闻并以权威视角进行解读,实现了本土新闻视域和高端新闻视域的融合,给观众打开了一扇"向外看"、"往高处看"的窗口(这一子栏目在后来的改版中虽然被移除,但其探索的价值仍然不容抹杀,笔者坚持认为,这一移除行为并非明智之举,使节目失去了一个特色和亮点)。

2011年10月12日,随着南京广电集团数字化全媒体高清演播厅正式启用,《直播南京》的又一次全面提档升级正式开始。新的演播厅带来了新变化，主持人可以用坐播、站播、走播等各种方式播报新闻。节目改版后的另一变化是内容和时长的增加，延长至70分钟。新增子栏目《直播南京——微博帮忙团》首次实现网友深度介入新闻制作过程，网友可以在微博发布求助信息，节目则可以迅速帮助其解决困难。改版后的另一大亮点是主持人龙洋和一群85后的记者们一起用心策划的一个新板块——《8090后，龙洋脱口秀》，以80、90后的视角来看新闻、评新闻，风格完全不同于平常的播报，把女主持人的古灵精怪和舞台表现力充分地放大和发挥，创女生脱口秀之先河。这档脱口秀节目看起来充满谐趣，实质上是以特有的方式对时事万象、人生百态、民风民俗进行点评，在调侃之余不乏辛辣的讽刺意味（随着主持人龙洋的离开和调入央视，该栏目被取消）。

《标点》——另类名字下的不同道路

《标点》是南京广电集团十八频道最早的自办节目，创办于1997年6月28日，远早于《南京零距离》。节目初期每期时长15分钟，每周5档，1999年开始变为日播节目，时长变为30分钟，后来不断延长。初期的《标点》虽然体量不大，但它是最早追求平民化、生活化新闻的节目，这种特色应该说开辟了南京电视新闻贴近百姓生活的先河，最早具有了电视民生新闻的雏形，后来的《南京零距离》也是沿着这样一条大思路创制的。遗憾的是，《标点》并没有意识到自己的先发优势，而是继续原地踏步，缺乏提升，逐渐落在了《南京零距离》、《直播南京》、《法治现场》等节目之后。在这个时候，节目的主创人员开始将目标受众定位为"白领"，提倡新闻"有用"的时效性理念（栏目的口号就是"好看又有用"），生活资讯类信息比例较高，《标点美食》和《标点说房》都成为有一定影响力的板块。虽然栏目的总体影响力不如《零距离》、《直播南京》等节目，但还是保持了自身鲜明的特色。在我看来，该栏目最大的特色是两条：一是任凭市场如何变化，栏目"好看又有用"的宗旨不改变,"白领"市场的核心定位不改变;二是主持人不改变,两名主持人张彤和李钰十余年来坚守演播台,个人风格甚至形象都没有什么变化,书卷气十足的"邻家大哥"和温婉亲切的"邻家小妹"给观众留下了深刻的印象。应该看到的是,《标点》叙述的新闻事件的条数并不多,信息总量并不大,在单一新闻叙事上停留的时间也不长,最多的时间留给了主持人,留给了主持人对新闻事件所做的评述——栏目的评述具有十余年来一贯制的风格印记:态度鲜明而不含糊,表述方式内敛而不张扬,表述观点不急不躁,最后的结论留给观众自己下。可见,南京的电视民生新闻节目不仅有"荧屏怒汉",也有"荧屏绅士"、"荧屏淑女",共同描画出南京电视民生新闻丰富多彩、"各美其美"、"美美与共"的面貌。

从对电视民生新闻"南京烙印"的初步分析不难看出,电视民生新闻在不断的改版升级中,一直在加重评论话语的分量。为了这个目标,电视民生新闻节目在栏目设置、节目内容、呈现手段、包装方式上做出了多种改进。总结起来,民生新闻话语的"南京烙印"大体有以下几个方面显著特色:

一是强化评论员角色设置。从电视民生新闻开播伊始,该型节目的主持人就一直扮演着双重角色:一方面播报新闻,告诉大家发生了什么;另一方面也随时对新闻事件进行点评,表达观点。可以说电视民生新闻节目的主持人从一开始就自然扮演了评论员的角色。随着节目发展,节目对于评论话语的需求让评论员的"戏份"越来越重,而如何加重评论员的"戏份",也就是拓展话语空间、增强话语力量成了每一次节目改版中要思考的问题。在南京地区,评论员角色的设置方式多种多样,如江苏广电总台公共频道的《有一说一》栏目,引入了评论员板块,评论员专职评论,不参与节目主持,在节目现场根据需求随时展开新闻讨论,话语时间相对独立;《零距离》在很早就设立了孟非读报板块,虽名为"读报",但主要是对报纸新闻内容进行评论,是最有吸引力、非常独立的一个板块，虽然孟非后来离开栏目，但读报板块依然保留，读报板块的主持人也相对独立，与节目其他板块交叉不大；《直播南京》2011年设立了子栏目《连线新华社》，由新华社评论员推荐热点新闻，以独家视角进行评论解读，每次时长约5分钟。以上三个栏目都在着意设立评论员角色，打造主持人之外的另一个相对独立的"观点供给者"。这种评论员板块的建立是为了"突出"评论话语，而不是"转移"或"集中"评论话语，所以，至今大部分电视民生新闻节目的主持人依然在扮演着播报者和评论者的双重角色，评论话语可以说是有增无减。

二是新闻话语和评论话语的融合。一直以来，受到新闻专业主义"客观"、"公正"、"平衡报道"观念的影响，电视的新闻话语和评论话语长期处于相对独立的状态。问题是，如果仅靠简单的、无态度的事实描述，电视民生新闻无法成为当下的公共意见反映平台，因而近年来电视民生新闻从选题开始，就运用评论性的视角对新闻内容加以组合、建构，在新闻的呈现过程中则以解释者和说明者的清晰形象出现，从而带有了强烈的话语评论色彩。在新闻的叙述过程中，电视民生新闻也借助多种手段融入主持人、评论员甚至是观众的评论话语，与新闻事实同步给予，呈现出糅合的态势。

三是策划编辑意识增强，组合报道、系列报道增多。对于一个话题的评论，"评事"本身固然重要，但是要深入讨论，必须在事件之外，进行广度和深度的更大挖掘，组建相关联的新闻事件的"链条"。电视民生新闻从业者意识到了这一点，在内容编排上，他们开始变得更注重内容的策划编辑，除了新闻线索的重大性、时效性、贴近性之外，他们也注意选择典型性强，有公共话题潜质、有探讨评论价值的新闻线索，并且对于可讨论的新闻话题进行延伸开发，组合报道、系列报道增多。这种报道模式控制在固定的时间、以特定的方式提出讨论话题，在本身新闻话语已经"评论化"的前提下激发外围评论话语。如2013年4月21日江苏广电总台教育频道《青年江苏》栏目推出组合报道《烂尾楼：一个亟待破解的城市难题》，前后共制作了三条新闻：《难产的中国第一美术馆》《繁华商圈的烂尾疮疤》《破解烂尾　政府有责》，以南京奥体烂尾楼"艺兰斋"为切入点，由点及面，将报道对象上升到了烂尾楼现象，并就此展开"现象级"对策探讨。这样的报道摒弃了之前碎片化严重的趋势，精心策划，整合资源，在报道新闻事实的同时建构了令人触目惊心的"事实链"，成功提出了"议题"议程，有力传递了媒体观点，电视观众的舆论反响也十分强烈。

四是评论方式多样化、渗透化、交流化。随着媒体互动技术的发展，电视栏目的播出告别了不同步的单向传播时代，进入了传者与受者互动的双向传播时代，电视表达手段也日益丰富起来。所有的技术变化最终还是服务于内容呈现，在电视民生新闻中，多媒体意味着表达通道的拓宽，媒体可以通过多种方式将信息整合化、立体化，使得表达更为全面客观；技术的升级变化让节目和观众的互动突破了以往的"电话热线"等较为局限的模式，观众可以通过网络、视频等新途径表达自己的意见，并将自己的意见迅速提供给节目，从而实现更大范围内的实时互动。较为初期的方式是观众通过网络发送文字留言，主持人选读留言并发表意见看法，而当下的处理方式更为多样。在广东电视台《今日最新闻》中，观众可以根据当日讨论话题选项进行投票，左右评论意见；有的节目还开始推行视频互动，与身处异地的专家、观众进行实时沟通。除了板块化的评论空间外，评论话语也开始渗透在节目所有时段，如一些电视新闻节目会通过跑马字幕的形式实时播放观众发来的评论意见，分享他们对于新闻的看法。可以看到，这些显而易见的节目变化让新闻话语的评论气质更加凸显。

五是从"传达者"到公共话语平台的变化。电视民生新闻在初期备受欢迎，是因为节目开创了全新的视角，注重报道普通老百姓关注的日常生活问题，成为一个很好的"传达者"；随着时间推移、内容同质化竞争以及自身缺乏突破,以往像搬运工一般简单地告诉大家"东家长、西家短"、"这里爆管"、"那里失火"的简单制作方法已经不再合适,加上受众的媒介素养提高,节目开始面临多重诟病:内容琐碎肤浅,报道浅尝辄止,新闻类型重复,且多集中在犯罪、车祸、失火、曝光、投诉纠纷等事件类型。如江苏广电总台城市频道《绝对现场》栏目在 2004 年 10 月 17 日至 23 日的 7 期节目中,总共播出了 135 条新闻,其中车祸、自杀、曝光、投诉等社会新闻104 条,占比达到了 70%,而正面报道和"中性报道"总共只有 31 条(其中正面报道仅 13 条),这种比例分布自然影响了"民生新闻"在电视观众心中的定位和美誉度。在一轮又一轮的改革后,电视民生新闻将关注点和关注层次做出提升,将关注点放在了社会、经济、文化、公共道德、价值判断上,观众借助电视民生新闻表达市民主张,后者借助媒体影响力将市民主张转化为媒体观点,参与并影响全社会的公共话语讨论,逐步构建起一个上下传达信息和意见的通道平台,影响公共决策,从而彰显媒体的舆论影响力。如曾经火爆一时的江苏广电总台《1860 新闻眼》栏目主创人员就明确表示已经把节目的定位从"公众新闻"调整为"搭建公共平台",并努力将选题集中在四大类别中:城市建设;教育;就业和社会保障;公民权利。① 德国思想家哈贝马斯(J. Habermas)曾提出"程序主义"的民主概念,这种民主形式建立在"协商、自我理解的话语"以及"公正话语"的联系之上,一方面表现为议会的商谈制度形式,另一方面表现为政治公共领域交往系统的商谈制度形式——这些无主体的交往,构成了一个公共平台,所有关于整个社会重大议题和需要管理的内容的意见和意志都能够"登台亮相",并且由于这种"商

---

① 高传智:《借〈1860 新闻眼〉看"公共新闻"的本土实践》,载于《现代传播》,2006 年第 5 期。

谈"、"亮相"而具有合理性。① 哈氏此处的"公共平台"实质上就是一个开放的媒体公共话语空间,不论是"上层建筑"还是基层民众,都能够十分便利地进入这个空间进行话语表达。节目通过各种方式表达评论话语时,以态度鲜明的立场与观众求得共鸣、获取信任,这种信任是传统类型新闻所无法获得的。平民受众与电视新闻媒体在"公共平台"进行互动交流,不但使媒体能够获得更加丰富的新闻线索,更为电视民生新闻发展初期的平民话语权向成熟的公民话语权形态过渡打下坚实的基础。

公共话语空间是传播新思想、新观念的重要途径和手段,是培育民主和法治信念的重要领地。电视民生新闻构建公共话语平台,标志着电视新闻媒介的角色转变:电视新闻媒体从信息和服务的传达人、提供者转向公民意识的培育者、带头人,以及社会政治生活民主化的讨论组织者;同时这个平台因为视角平(关注基层民众)、门槛低(生活化表达不会造成理解障碍),让公共话题的交流变得更加顺畅,不会因为知识差距(所谓的"知识沟")而造成新的、扩大了的鸿沟。但就目前境况和条件而言,媒体打造的公共平台或者公共话语空间主要体现在政策沟通的层面,它的运营仍然寄生于既有的政策管制(国家相关宣传政策、法规以及节目制作者的话语尺度把控)内,并不能作为独立系统完全客观地运转,达到期望中的效果。在我看来,从另外一个层面看,电视民生新闻承担公共话语平台的建设其实只是一种机制缺失下的补位,并不具备必然性;并且,电视民生新闻在承担公共话语平台功用时,必然会对节目的贴近性、实用性、趣味性产生一定的消解作用,这样的电视民生新闻是否还能像以往那样具有如此广大的受众基础还未可知——如果失去了最广大的受众,节目就成为一个参与者寥寥、和

---

① 转引自侯迎忠:《媒介与民生》,中国传媒大学出版社,2008 年版,第108 页。

者寥寥、少数"精英"唱独角戏的空洞平台，也就失去了公共话语平台存在的意义。

六是民生新闻话语评论化是对电视新闻评论类栏目缺失的功能性"补偿"。虽然有部分学者认为电视民生新闻栏目在某种程度上属于电视新闻评论类栏目，但大多数人还是认为它属于一种消息类新闻栏目体裁，与电视新闻评论栏目有类型上的区别。所以这也构成了本章讨论的前提：它们属于两个不同类型的栏目。

中国的电视新闻评论类栏目诞生于 20 世纪 80 年代，中央电视台的《观察与思考》被看作是这个类型栏目的开端。此后，一批电视新闻评论栏目陆续开办，1994 年《焦点访谈》的开播标志着中国电视新闻评论栏目走向了巅峰，并步入了成熟期。虽然之后也出现过一系列优秀的电视新闻评论栏目，但其影响力已不如《焦点访谈》的鼎盛时期。地市电视台的新闻评论栏目因为同质化和制作水平的原因纷纷"下马"，除了 2008 年中央电视台着力打造的《新闻 1+1》之外，有一定影响力的新节目寥寥无几。笔者认为，这种情况的出现有着复杂的原因：一方面电视新闻评论栏目在栏目模式上创新不大，模式的陈旧必然会影响此类型栏目的发展；另一方面，电视民生新闻等其他新闻栏目开始将评论内容融入其中，降低了开办独立评论栏目的必要性；此外，电视新闻评论栏目因为评论话语本身的特点，容易在政策、现行法律法规等方面受到阻碍，栏目的发展受到制约。

但是对于新闻评论，中国的电视新闻从业者从来没有放弃。回看近十年中国电视新闻的发展，电视新闻评论栏目的发展缓慢正好与电视民生新闻栏目评论话语的不断加强相互对应。这是否意味着电视民生新闻栏目在某种意义上的"补位"，承担了以往电视新闻评论栏目的角色和作用呢？电视新闻评论栏目需要生存语境，但在当下却缺少这样一种语境——从媒介环境角度来看，首先，电视等新闻媒体属于国家宣传机构，严格的宣传政策和新闻审查制度让电视新闻评论栏目面临着很多约束,直接的影响就是电视新闻评论栏目为了满足审查要求和播出要求,多采用录播,这导致了话题的时效性受到影响;其次,电视受到声像并俱的媒介特征影响,在操作空间上不如广播和报纸,造成了深度匮乏,在制作和传播速度上不如网络,造成了速度落后,两种落后让电视新闻评论栏目成了一锅"夹生饭",地位尴尬;第三,在电视观众对于电视媒体的使用期待中,娱乐需求不断上升,信息和观点的需求对绝大多数观众来说并不是第一需求,这种情况也导致了电视新闻评论栏目的受众在慢慢流失。

从栏目功能的情况来看,电视新闻评论栏目观点表达和舆论监督的两大功能已经有了替代物——电视民生新闻,后者虽然在深度上不如前者,但是在信息体量上大大超出前者,并且电视民生新闻在其不断的改革中一直在提升评论话语的比重,这种替代能力越来越强的后果就是电视新闻评论类栏目的生存空间和必要性不断缩减。对于媒介管理者来说,电视台背负着创造经济效益的重任,每个栏目创造经济效益的功能是考核的极重要指标——严格限制下的地方电视新闻评论栏目不可能拥有高收视率,单位时间内经济效益产出较低,盈利能力较弱,客观上减弱了机构内部对于电视新闻评论栏目的支持力度。

第四节　平衡与失衡的双重可能性

话语"评论化"是电视民生新闻在整体转型过程中的体现之一,在当下社会转型的语境当中,这种转型符合了大趋势。但这种转型所面临的困难仍然是非常现实的,其未来也充满变数。

艰难的平衡:理念与现实的冲突

从话语"评论化"的角度来看,这些困难主要出现在以下几个方面:

一是"大民生"话语理念与"小民生"话语内容的冲突。当下国内电视民生新闻都在借鉴公众新闻等新理念力求转型突围,在民本的视角上提升层次,以民众为中心,以公共领域为关注点,"强调媒体力量在公共生活领域的导向与介入,意在通过媒体搭建的公共平台,塑造市民的公民意识以及市民的公共意识,协调公共生活,提高公众应对社会问题的行为能力,缓和矛盾,化解冲突"①,这种"大民生"话语理念的提出并无问题,但从业者们很快就遇到了一个问题:这种大理念如何贯穿到日常节目中来?电视民生新闻的主流观众的关注内容本身层次不高,造成了播出新闻还停留在生活—实践表层,庸俗、暴力、夸张内容占比较重,内容琐碎化倾向明显。如果转型,这一类型的新闻势必要减少,但类似内容的减少直接带来的影响就是节目内容的趣味性、视觉冲击力下降,随之而来的就是观众的流失,而观众流失在媒介市场化运作的今天,直接关乎到节目的存亡。不难看出,理念与现实遇到了一个平衡甚至是取舍的问题,怎么样在"大民生"话语理念和"小民生"的话语内容中做好平衡协调自然成为一个难题。

二是评论话语与新闻体制的冲突困境。电视民生新闻力图通过话语"评论化"搭建起公共话语平台,倡导上下沟通交流,并希望借由自己的评论话语引发公共讨论和推动、创新公共决策。但上文提到,中国电视民生新闻栏目属于电视台,电视台的根本性质是党和政府新闻舆论的宣传工具,自然受到宣传政策的严格管制。这种先天"出身"导致了电视民生新闻在力图成为公共话语平台时是有着种种限制的——这种限制更多的不是来自于法律法规,而是现行媒体管制政策。值得注意的是,媒体管制政策和国家的法律法规不同,其制定和施行范围具有很大的不确定性,可以因人、

---

① 晓娄:《对电视民生新闻发展趋势的思考》,载于《新闻导刊》,2008 年第 2 期。

因时、因地、因势而变，没有裁量的硬性标准，甚至根本就没有裁量的程序。在此情形下，电视民生新闻的评论话语虽然有较大的自主性，但是仍然有诸多隐形的、不可触碰的红线。如在 2003 年"非典"事件爆发前期，国内媒体都因为宣传要求而保持了沉默，后随着政策的变化而开始了"解禁"。公共话语平台的搭建是有特殊要求的，它需要有相对宽松的媒体环境，也需要观众有足够的言论自由空间，以确保观点和意见的自由进出——更重要的是，公共话语交流中最需要得到保障的是对各种观点的尊重和宽容，"唯我独尊"、"一言九鼎"是其最大的敌人。

三是话语方向与观众结构的失衡。在具体实践当中，民生新闻从业者也面临着这样的困惑：话语"评论化"转型后的公民新闻到底是民生新闻的升级版，还是与之无涉的另一种"严肃"新闻模式？这种变化会给现有的"文化层次低、消费能力低、年龄偏高"的主流观众结构产生怎样的影响？转型后的电视民生新闻是否面临着观众的流失或是其它变化？目前看来这些问题都不明晰，这种不确定性也给电视民生新闻话语"评论化"的进一步发展带来变数。

以上所有的困难综合起来可以概括为一个问题，就是电视民生新闻话语评论化转型发展方向与现有客观环境的不匹配。在这种不成熟的环境下，电视民生新闻的改革更应当注重平衡，不能过于激进，又不能停滞不前。

喻国明曾表示，中国的电视在不同阶段对于人们有不同作用：20 世纪 90 年代以前是"解闷"，90 年代以后是"解气"，现在电视正处于"解惑"的阶段——我国正处于社会转型时期，面对着层出不穷的各种复杂社会现象的时候，一些人会无法理解，甚至产生偏狭性、错误性认识。电视在这个时候就要承担起"解惑"的功能：帮助人们认清形势，明辨是非，答疑解惑。从"解闷"、"解气"到"解惑"其实也可以用来形容电视民生新闻发展的今天和明天。电视民生新闻在反映民情民意的同时，通过评论话语进行解释、说明与评价，起到一个启迪和教化的作用，这也是对构建公共话语平台的一种先期贡献。

可能的失衡：话语的个体化、事实的"空心化"及虚假双向传播

有学者通过调查显示，在观众收看电视民生新闻的动因中，"主持人的评论"是仅次于"生活资讯新闻"的第二大收视动因①。《南京零距离》能取得巨大成功，除了新闻、选题、制作方式之外，主持人孟非的点评可以说是成功的重要因素。孟非对于新闻事件的看法精准独到，语言犀利大胆，态度鲜明，成为节目的特色之一。这种极具个性化的评论模式被广泛借鉴，一时间，全国各地的电视民生新闻荧屏上好像都有了一个个性鲜明、爱憎分明、敢于谏言的主持人，此时主持人的评论言论可谓是百花齐放，各有千秋。但我们也要看到，新闻的特质要求电视民生新闻能够以全面、公正、中立的态度，平衡地报道有争议的新闻事件，让观众了解各方面的信息和意见，并做出自己独立的思考。个性的评论是电视民生新闻的亮点，但这种个性是建立在对新闻事实的客观把握和准确理解之上的。毋庸讳言，当下某些电视民生新闻节目有一味迎合观众市场、"唯观众之命是从"的民粹化倾向，高喊着"老百姓利益高于一切"的口号，没有弄清一些新闻事件的本质和细节，更缺乏思考和论证，一味地以"人文关怀"、"百姓利益至上"等理由进行"政治上正确"的评论，形成了自身的话语霸权。在这里，我们看到，个性化的新闻评论话语变成了个体化的新闻评论话语。其实，不论是个体化还是个性化，都不是最可怕的事情，人们应该担心的是主持人或评论员"媒体身份"的丧失和错位，特别是担心主持人由于局限于具体新闻事实、没有建立事实链条而急于发表上升到抽象"普

---

① 周玉黍：《媒介抚慰：一种弥合阶层落差的方式——南京市民收视民生新闻行为与动机调查》，载于《新学海》，2005 年第 6 期。

遍性"的评论。如果没有准确调查、细节查证和可靠统计，主持人的评论必然陷入以偏概全、甚至是有害的"泛论"。我们认为，主持人的评论应当起到的是一种启发、引导和分享的作用，而不是其他任何东西。在对主持人评论话语"个性化"理解错误的情况下，主持人的评论很容易单纯追求"出新"、"出奇"以及极端的自我化包装，在评论时凌驾于新闻事实之上，以"武断"、"绝对"、"破坏性"侵凌"客观"、"公正"、"建设性"的基本要求。在强调评论话语建构的同时，电视民生新闻逐步从"说事"向"论理"进行过渡，通过报道新闻事实，引出分析、思考和评论——此处的新闻事实除了传递信息之外，更成为评论由头和素材。未经评论的事实是意义不明的，没有事实的评论则是空洞乏力的。在电视民生新闻话语"评论化"的趋势中，忽视事实、忽视事实链条、忽视事实细节，以自己的需要选择事实、以个人观点解释事实的倾向是非常危险的，它会直接导致新闻评论话语的"空心化"。缺乏强有力新闻事实支撑的评论话语只能是空中楼阁，无公信力可言。这种新闻话语的空心化正是电视民生新闻话语"评论化"走向失衡的表现之一。

从另一个方面看，电视民生新闻虚假的双向传播也可能造成失衡。时下的电视民生新闻借助各种方式与观众进行互动，如热线电话、网络留言、手机短信等，通过这些方式获取新闻线索，接受投诉、意见和建议。部分电视人可能认为，这样已经达到了"互动"的效果，甚至是"开门办栏目"的成绩。殊不知，电视栏目与观众的互动有很多层次，有浅层互动与深层互动之分。以上的互动固然是必需的，也是时下民生新闻栏目经常采用的，但仅仅满足于此则是远远不够的。初具公民意识的电视观众已经不满足于仪式性地参与节目互动，他们对与节目的互动有新的需求——"通过电视能够满足更多的社会表达和社会参与"。① 虽然现在的电视民生新闻栏目都开辟了通道来让普通民众提供信息、表达观点，但因为受到时间和体量限制，表达观点的信息筛检率过高，能最终被反映出来的信息少之又少，进而言之，那些最终被拣选的信息更多的是在贴合节目的需要，而不是反映真实而普遍的观点和社会认知。事实上，要达到"听取民意、表达民情"的互动效果并不容易。如果没有精心的流程设计和体制保障，栏目就难以持续有效地充分倾听社会各阶层尤其是广大基层群众的声音，均衡地吸纳各个方向、各个界别、各种职业的人们的观点，同时搭建起上下通畅、自由进出的渠道，电视民生新闻话语的"评论化"只能走向歧途——在这样的歧途上，主持人和评论员的话语必将沦为华丽而空洞的"自说自话"，媒体与观众的互动只能是一个幻象。

平衡与失衡的辩证法

电视民生新闻话语评论化面临平衡的任务和失衡的可能，这是由话语评论化这个趋势的动态性决定的。电视民生新闻节目在不断的改革中一直朝着公共话语平台的方向努力，这除了内外因的直接作用以外，也是社会民主的一种诉求。这种层面的平衡与失衡主要集中在三个方面：事实选择与意见话语的平衡或失衡、电视民生新闻不同角色间的平衡或失衡、现有制作能力和更高要求间的平衡或失衡。要看到这种所谓的平衡与失衡也只是一个相对的概念，因为节目随时都会在市场和专业两方面遇到冲突，但电视民生新闻一定要让这种冲突尽量消减，并保持在可控范围内，也就是保持一种"有张力"的相对平衡或倾斜度可以容忍的失衡。在这种诉求之下，电视民生新闻的话语评论化仍有许多未竟任务。

话语评论化不是简单的评论话语的"增量"，而是电视民生新

---

① 王雄：《论电视民生新闻在新语境中的自我转型》，载于《视听界》，2009 年第 4 期。

闻的一种制作理念,它的应用伴随着公众新闻理念在国内电视民生新闻栏目的逐步渗透和参照性影响,自身也标志着节目改革进入深水区、转型期。话语评论化不是简单的话语评论平民化,而是要求在新闻制作过程中挖掘可能形成热点的新闻,进行加工,设置话题议程,引发社会关注,在不脱离民众视角的基础上以更宏观的视野积淀和呈现公共话题——这种视角最后带来的思考结果不一定是民众想象中的结果,但一定是社会发展的正确选择。这种理念可能不是很容易被习惯于、擅长于取悦基层观众的民生新闻从业者接受,但是却有可能让节目的评论话语有新的突破。

当然,在电视民生新闻的话语评论化进程中我们会看到很多外部问题:新闻宣传媒体自身体制限制、从业人员素质良莠不齐、社会价值观多元化进程下的语境变化等,但内部问题也不容小觑,其中尤为突出的是:主持人这一特殊重要群体能否堪当话语评论化的重任?现行的主持人培养机制能否"生产"出有思考问题的冲动、有思想潜力、有强烈使命感的主持人队伍?高强度的日播任务重压下的主持人是否有足够的时间"消化"新闻素材?"被掏空"的主持人是否善于学习、不断"充电"?节目的制作团队能否为话语评论化提供强大的智力支持和资源整合支持?毋庸讳言,本文所探讨的观点及措施的"前置条件"是当下较为稳定的社会环境、媒体环境和民生新闻仍然对优秀电视人才具有较大吸引力的背景,随着外部环境和媒体内部环境的变化,民生新闻话语评论化的道路一定会出现诸多"岔路"甚至"歧途",但这不足为惧,因为就像民生新闻本质上没有一定之规和统一模板一样,话语评论化的尝试也不可能沿着"唯一的"道路走向"指定的"目标。"条条大路通罗马",只要电视人坚持不断"试错"、持续创新,就一定能创造民生新闻评论话语思想飞扬、百家争鸣、万方应和、舆论"和而不同"的繁荣前景。

第六章 标杆高移：电视民生新闻的整体转型

以 2002 年《南京零距离》的诞生为标志，电视民生新闻已成功运作十余年，并以其一以贯之的亲民姿态取得了巨大的经济效益和社会效益。与此同时，历经多年的发展，民生新闻的"内伤"也充分暴露，过度娱乐化、内容琐碎化、趣味庸俗化以及各地同类节目的同质化等问题不断遭人诟病，严重困扰着民生新闻的可持续发展。十余年来，电视媒体的内部和外部生存环境都发生了巨大的变化，观众的媒介素养水平有了新的提高，电视新闻的进一步发展存在着巨大的开拓空间和可能性。如果只是继续沿用现有的发展模式、框架和思路，我们就不能有效利用这个宝贵的发展空间，电视民生新闻这一新闻产品或将步入市场的衰退期。"变则通，通则久"。因此，今天的电视人比以往任何时候都迫切需要认真考虑中国电视民生新闻的发展战略问题，民生新闻的自我转型势在必行。

第一节 是"小修小补"还是"整体转型"？

民生新闻栏目是在激烈的媒介市场竞争中应运而生的，目的就是依靠崭新的节目样式来吸引观众，获得可观的经济、社会效益，从而促进媒介自身的发展。在开办初期，民生新闻凭借草根视角、民生内容和人文叙事的特点，很快抓住了观众，成为电视节目新的收视增长点、电视新闻的创新模式以及媒体之间竞争的武器之一。"乐民之乐者，民亦乐其乐；忧民之忧者，民亦忧其忧"。在本书前文，我们已经以翔实的数据证明了《南京零距离》的巨大成功，这里不再赘述。仅在南京这同一座城市，就有多档电视民生新闻栏目，从周一到周末每天不间断地各以 60 分钟左右的长度在晚间相近时段密集轰炸式地直播，收视率均有不俗的表现。即使现在各档节目的收视率不能与刚开播时相比，但迄今仍没有能与之比肩的新闻节目。

纵令在节目最火爆的时候，民生新闻制作者们已经意识到潜在的危机，这些电视新闻人身上最大的优点就是有前瞻的眼光和不断创新求变的意识。在民生新闻发展的十余年里，电视人居安思危，不断加大投入，尽可能地做了许多"修补"和"改版"式的努力。由于传输条件的制约，起初电视画面无法直接切入，民生新闻只能通过主持人现场口播或者通过主持人与现场记者的电话连线方式来尽力实现事件与播报同步，后来 SNG（卫星直播车）的出现解决了技术上的束缚，真正实现了新闻事件的同步现场传输和同步报道，新闻达到了真正意义上的现场直播，极大提高了时效性。电视民生新闻的制作者借助先进的通信技术，能够越来越近距离地接触到受众，了解观众的兴趣，从而不断推出时效性强、可看性强的新闻子栏目；同时，互动技术也使普通百姓有机会成为新闻信息的点播者，观众能够便利地看到想看、好看、有用的新闻节目。不少栏目开始采用热线电话的方式，每天安排固定的时段开通热线，接受观众提供的新闻线索、消费投诉、困难求助以及各种各样的诉求，和观众形成即时交流，实现了主持人在直播过程中与观众的实时交流，使直播效应达到最大化。一些民生新闻节目为了更直观地反映"民意"，又增加了现场调查的环节，采用短信或热线电话的方式获得调查线索，每天就市民关心的各类问题在节目播出的同时进行现场调查，并动态地播出调查结果，力求在更大的层面上，就公众关心的问题倾听民声，通过多元化的表达实现市民对公共生活的积极参与，甚至促成问题的及时解决。有的电视台还安排主持人一边播新闻一边搜集观众意见，在节目播报中就观众提出的一些问题，要求做出现场回答，真正实现了新闻的互动式播报。在完善热线电话和手机短信功能的同时，电视台注重拓宽新的信息渠道，开设专门的网站，或者在网站 BBS 上开辟专门窗口，以网上留言的形式第一时间获取最新鲜的新闻线索，收集观众对节目的反馈意见，并且招聘节目信息员、观察员充当"新闻线人"，有偿报料，还发动市民自拍新闻 DV，"你拍新闻我播放"。一些地方电视台尝试直接使用本地方言土语进行新闻报道，如南京台的《听我韶韶》、杭州台的《阿六头说新闻》、山东台的《拉呱》等，地域特色明显，具有强烈的亲和力。为了刺激收视率，不少节目还搞起了"有奖收视"活动，设立丰厚的礼品来回报锁定节目的忠实观众。近几年来，民生新闻栏目开始主动走出直播间，举办各种活动创造与市民面对面交流的机会。其中比较有特色的活动当属 2009 年广东名牌电视栏目《新闻日日睇》举办的"G4"海选活动（"G4"指的是"Good news for you"），《新闻日日睇》栏目的机动记者采访组承担每天在广州大街小巷采访报道的任务。海选活动持续了三个月，通过在老百姓中大张旗鼓的宣传，栏目不仅选拔出了需要的报道人才，而且增强了节目的影响力和品牌的美誉度，堪称民生新闻栏目突破瓶颈障碍的一次成功的公关举措。

当传播速度无法再加快、新闻画面也不再刺激，电视民生新闻很快寻找到一个延伸性功能——服务性，首当其冲的是"帮忙类"节目。如安徽电视台的《帮女郎帮你忙》、湖南电视台公共频道的《帮助直通车》、黑龙江电视台公共频道的《帮忙》、河南电视台民生频道的《小莉帮忙》、山东电视台的《生活帮》、齐鲁电视台的《为您办事》、南京电视台的《陆姐帮忙团》、长沙电视台的《帮得 007》等，这些栏目名称亲切贴心，帮忙事务庞杂，既解决观众的实际困难，又彰显媒体的社会责任，在各省市区域内都取得了良好的口碑。

从关注民生到服务民生，电视民生新闻一度掀起了发展的又一个小高潮。福建新闻频道的《现场》栏目在 2003 年增加了"现场帮你忙"环节：李家大嫂不知道哪里能买到挂烫机，记者帮忙打听；王家大哥求助外来工子女上学去何处报名，记者帮忙解决……当地百姓家中都备有《现场》的热线电话和短信号码，有需要帮忙的事情就去打电话、发短信。但是，近年来帮忙类节目已有被人淡忘的趋势，因为这种为百姓提供援助的模式正逐渐成为一个常态的节目理念，再加上众多民生新闻节目的借鉴和复制，网络、手机、广播等媒体的竞争，老百姓的诉求渠道、解决问题的方法不再单一，不可避免地分散了对各个节目的关注度。

随着时间的推移，观众对电视民生新闻栏目的态度由当初的狂热转向冷静，曾经的参与感和新奇感由于模式固化、无法再获得更强有力的心理刺激而日见淡漠。不可否认的是，几乎所有的民生新闻栏目经历过发展的高潮期，但在创办两三年之后，都不可避免地陷入了一种尴尬的境地：盲目的跟风和抄袭，激烈的同质化竞争，给栏目的收视率和广告收益带来了不容忽视的负面影响。福建省内电视民生新闻的代表性栏目《现场》的 AC 尼尔森收视率调查指数，在 2003 年全年平均收视率是 5.5%，到了 2008 年的第四季度，每日的调查指数则徘徊在 4.0% 左右。[1] 红极一时的《南京零距离》也风光不再，收视率持续萎缩，2007 年，该栏目在南京市网的平均收视为 8.26%，2008 年为 7.13%，2009 年一季度平均收视为 6.93%。虽然还没有真正的对手出现，但全国各地的电视民生新闻栏目收视率普遍下滑是不争的事实。

电视民生新闻显现的问题，如同它刚刚诞生时的"鲜衣怒马"姿态，同样引发了铺天盖地般的学术讨论，国内专家、学者、业界人

---

① 游景升：《电视民生新闻的"七年之痒"》，载《中国广播电视学刊》，2010 年第 3 期。

士发表了大量学术论文和专著，为电视民生新闻把脉会诊，为其发展献计献策。在学界和业界的共同研讨下，这几年，民生新闻从理念上进行了更加多样化的尝试：首先，对电视民生新闻的传播内容的选择进行了调整，不再仅仅聚焦家长里短，而是将视野扩展到政治、经济和社会等多个关乎国计民生的领域，并且对一些受众关注的热点话题进行深度报道；其次，在具体的叙事方式上，引入了类似方言化、情感化、故事化的方式，以更贴近老百姓的平民话语展现社会生活的百态；另外，在营销传播上也进行了新的尝试，从本土化走上区域化的发展道路，且注重节目品牌的经营和传播。

尤其值得关注的是，起源于西方的"公共新闻"（本书通译为"公众新闻"）理念被引入到民生新闻的研究领域。江苏卫视《1860新闻眼》最早尝试实践了"公共新闻"的理念和形态，在庆祝其播出一周年时的"公共新闻与省级卫视新闻改革研讨会"上，即将会议主题明确界定为"从民生新闻到公共新闻"，宣称将以"公共新闻"为旨归，走出一条比民生新闻更为宽广的发展道路。这一全新的理念一时间引起了广泛的关注和争议。关于公共新闻是不是民生新闻发展和转型的方向，本书后文将做详细分析。

种种迹象表明，各地电视民生新闻节目群体积累的弊端已经普遍显现，且已量变到相当阶段，在不少地方已经触及地方政府新闻主管部门和电视观众的容忍底线。不容否认，电视民生新闻正处在一个需要变革的"拐点"，"小修小补"、"改版升级"式的战术性方案即使再精致再完美，也于大事无补，不能从根本上扭转颓势，实现电视新闻人的理想。面对"拐点"，谁能够"意识到位"、"动作到位"、"棋高一着"，谁就能抢得先机并在新一轮发展中引领潮流。"如果说民生新闻曾经的成功，是地方台在市场竞争压力下寻求自身突破的现实策略，那么民生新闻如今的转型，则是地方台在新的传媒生态下突出重围担当责任的自觉行动；如果说民生新闻的兴起是顺应了城市化的需要，满足了市民对电视新闻制作播报样式的全新期待,那么民生新闻的转型则伴随了市民到公民的意识觉醒,见证着公民社会的成长。"①中国电视民生新闻现阶段迫切需要的,恰恰是一次比较全面的、深刻的、功能性和结构化的转型与改革。

第二节　转型方向之一:以"大民生"
取代"小民生"

作为电视民生新闻,反映民生、民心、民声、民意,是该型节目的题中应有之义,但它不可能、也没必要成为记录民生生活的现实符号。拓展"大民生"视野,就是要把对民众生活"原生态"的描述转入对民众精神生活和心理生活的表现,特别是公民意识的成长——既不忽视衣食住行、家长里短的"小民生",更要做好关系百姓民情冷暖、生存权利、生存质量和精神文化需求等方面的"大民生"报道。

应该承认,民生新闻离不开民生问题,但是真正的民生新闻并不应该囿于小而杂的内容,不是市井巷陌的柴米油盐,更不是道听途说的奇谈怪事。"民生"和"国计"原本不可分割,试问,哪一项民生内容不受到国计的主宰和限制?哪一项国计不深深影响和决定着民生?有关国计民生的方针政策才是民生新闻最宝贵的资源,也是受到百姓欢迎的内容。浙江省委宣传部曾于 2008 年进行过受众调查,在"你最关心哪些新闻"的选项中,无论哪一类受众,关注度均依次为"物价和楼市"、"当地政府改善民生举措"、"国家经济调控政策"等。"大民生"是指与普通百姓工作、学习、生活休戚相关的国家宏观政策和发展走势,以及从民生的角度对国计所进

---

① 罗以澄、戴思洄:《从民生新闻节目的转型看地方频道的努力方向》,载于《中国广播电视学刊》,2010 年第 9 期。

行的解读和诠释。对地市级电视媒体而言，它更多地体现为当地政府出台的各种民生政策，记者应该站在民生的角度去找寻新闻线索，同时以一种通俗易懂的电视新闻报道方式，用群众乐意接受的语言向他们深入浅出地解析新闻事件。"大民生"强调新闻在公共生活领域的导向和介入作用，通过系统、全面阐述国家各种关乎老百姓切身利益的政策、法规，及时在政府和老百姓之间建立起相互沟通、相互信任、相互支持的桥梁和纽带，从而培养百姓的公共意识，提高他们参与社会生活和解决社会问题的能力；从利益方面来说，电视对民生政策的坚持关注和大强度报道，也必然会对政策制定者形成足够的压力，敦促他们甚至是迫使他们在制定任何关乎民生的政策时能够谨慎行事，从源头上、细节上、执行上处处维护民众的利益。从提升新闻品质、创建良好舆论氛围的功能来说，深度介入生活，坚持主流的新闻理念，创新大民生的新闻语境，理应成为电视民生新闻未来发展的方向之一。

"大民生"视野要求电视媒体站在时代的高度理解民生的真正内涵，使其民生关怀的本质更加凸显——不但关心就业、医疗、住房、教育、税收、社保等一系列问题中的矛盾个体，更要努力向纵深发展，考察它们的社会存在和普遍影响，探求促进社会和谐发展的机制，开辟引导观众理性思考的空间，构建主流价值观。目前，不少电视台的民生新闻栏目已经开始向这个方向进行了尝试。很多追踪报道、连续报道、系列报道、调查报道等，都达到了纵深化的要求，不只是简单地停留在反映民情、引起观众兴趣的层面，更注重对复杂的社会现象做深入而透彻的解读，为观众提供现实指导，帮助民众和政府两方面寻找解决问题的途径。特别是"新闻追踪"类报道，短的连续报道一周，长的报道几个月，道出了事件的来龙去脉，反映了事态的起伏变化。如浙江宁波电视台首档直播类电视民生栏目《看看看》，原来只是以播报具有民生新闻特点的动态消息为主，后来发展成为"一般动态新闻"与"主题深度报道"相结合的模式,每晚头条都用通俗易懂的方式解读市民百姓普遍关注的国计民生问题(即所谓的"大民生"),既深化了节目内涵,又使栏目具有了全新的竞争力。浙江卫视最新创办的民生新闻栏目《新闻深一度》,把"演播室访谈"、"新闻调查"、"新闻背景"、"连线直播"等多种元素移植在一起,改造成全新的栏目样式,节目内容围绕一个"大民生"主题展开,生动鲜活,让人耳目一新。浙江钱江都市频道的《新闻007》则是一档深度调查类栏目,与传统新闻调查栏目相比,加入了现场直播元素,节目内容上围绕党委政府关心、普通百姓关注的民生热点进行深入调查,促使问题解决。①

很长时间以来,民生新闻都把时政新闻排除在外,事实上时政和民生关系甚为密切,如果电视新闻工作者能够建立"国计"与"民生"的融合思维,及时捕捉那些和老百姓息息相关的时政新闻,挖掘其与民生的深层关系,必然引起老百姓的关注。经过改革开放的长期发展,中国城市化已步入起步、加速后的关键阶段,步伐日趋稳健,质量显著提高;同时,中国城市化又正经历着重要转型,处于周期转折点上,上一周期行将结束,下一周期将要开始。中国政府长期推行的扩大内需、拉动经济增长的政策措施,有助于尽快启动新一轮城市化进程——反过来说,新一轮城市化也将为中国经济发展开辟更广阔的增长空间。随着城市化进程的加剧,"城市病"日益明显,人口增多、住房拥挤、就业压力增大、用水用电紧张、交通拥堵、环境恶化、治安形势严峻等,这些都是关系到百姓切身利益、关系到国计民生的大事件,都可视作"内容为王"时代电视民生新闻选题和内容的一大来源,这样的选题思路不仅可以极大开拓民生新闻的深度,还能引导受众关心国家政策,提高受众的整体社会知觉水平。毫无疑问,电视民生新闻完全可以而且应该从中

---

① 徐宝才著:《提升电视民生新闻品质四大策略》,载《中国记者》,2010年第 10 期。

国城市化和现代化的伟大进程中汲取无穷无尽的素材和灵感，因为在这一进程中，很多的变迁和转换都将是世界级的、前无古人的，其中产生的矛盾、冲突、叠压、交替、并存、嬗变和进化将给电视民生新闻提供取之不竭的新闻线索、议程、公共话语平台。这就是冲出"小民生"的"大民生"的无限可能性，也是电视民生新闻未来发展的无限可能性。

第三节　转型方向之二：从"市民"到"公民"的新受众观

以观众为自己的"衣食父母"，牢固树立受众的中心地位，紧扣市场的脉搏"以需定产"，这是电视民生新闻得以立足的法宝，也是其强大生命力的源泉。无论民生新闻如何转型，这都是必须"守成"的优良传统。只不过如何真正理解受众的中心地位，并且在实践中服务受众需求、引导受众舆论、提升受众思想文化素质，却不是一件不言自明的事情，需要我们审慎地辨析。

在大众传播的过程中，传媒与受众两者相互依存又相互冲突，由这对矛盾出发，形成了媒体传播的"传者本位"和"受众本位"两种理念。"传者本位"产生于20世纪初，强调大众媒介传播拥有强大的力量，受众在传播活动中只是被动的"接收者"或"承受者"，在此基础上形成了完全忽视受众能动性的观点——"子弹论"或"皮下注射论"，认为受传者接受媒体的信息如同接受子弹扫射或者药剂注射一样会迅速引起反应。根据这种"传者本位"的观点，受众在"刺激—反应"的机制作用下成为任凭传播媒体摆布的客体，受众自身的差异性和主客体之间、主体之间的交流互动被彻底忽视。"传者本位"的观点在当时的传播效果研究中受到追捧，对传播效果的评估更多地是以传者为中心和出发点来进行的。1964年传播学者鲍尔的《固执的受众》率先冲破了传者至上的传统思想，开始从观念上实现"传者本位"观向"受众本位"观的转变,完成了传播理念的人本回归,此后出现的"使用与满足"理论以及施拉姆"自助餐"理论等都是对"受众本位论"的再发展,其核心都是承认受众自身的主体性和能动性,强调受众与传媒之间的互动作用。我国"受众本位论"的基本思想最早是由中国社会科学院陈崇山在1992年全国第二届受众研究学术研讨会上提出的。在他看来,大众传播的目标必须以适应和满足受众的需要为出发点,维护受众的权益,将受众作为权利主体来审视。之后的学者将讨论的重点从侧重于研究受众接触信息的外显行为深入到对受众内心世界的关注,并且明确了传媒产业的本源都是以人类的信息需求作为出发点和归宿。

以"民生内容、平民视角、民本取向"为指导思想的电视民生新闻,正是"受众本位"的践行者。民生新闻栏目把报道的侧重点放在了关注平民百姓身边的人和事上面,这和传统新闻那种"联播体"式的高高在上、宣传教导的报道完全不一样,因而备受观众喜爱。然而在实践中,一些民生新闻栏目片面强调受众为本,为了追求高收视率,逐渐远离初衷,刻意寻求那些单纯刺激眼球的新闻,诸如车祸、酗酒、失火、自杀、情杀、打架斗殴等不加分辨地"照单全收"、"有闻必报",从一个极端走向另一个极端,使栏目变成汇聚"家长里短"和"鸡毛蒜皮"的"大杂烩"。长此以往,观众由开始追着看,到后来偶尔看,以致最后不想看,媒体也失去了本来应有的权威性和引导力;从媒体管理者的角度看,民生新闻在报道内容上的"兼容并蓄"丧失了新闻选择的必要环节,报道内容的"灰度"太大,致使广大观众无法从电视画面中看到真实的社会进程,更无法看到社会的进步和增多的"亮点",由此引发舆论导向的方向问题——这无疑是媒体管理者无法容忍的事情。管理者的宽容和鼓励,是电视民生新闻得以出现和迅速成长的前提之一,如果电视人持续挑战管理者的容忍底线,势必会压缩民生新闻生存和发展的空间——这显然是得不偿失、自毁长城的蠢事。在笔者看来，所谓的受众本位，并不是指无原则地迎合受众，讨好市场，把受众的满意度作为衡量媒体活动唯一标准，更不是指淡忘媒介本身的职能和责任，自降品位，流于粗俗。受众的需求是多方面、多层次的，由于受众的不同个体和群体客观上在社会地位、文化水平、道德品质、媒介素养、欣赏趣味等方面存在着巨大差异（传播学受众理论的"个体差异论"、"社会类型论"、"社会关系论"等理论都充分证明了这一点），应该承认其中有"高下之辨"和"文野之分"，所以并不是受众的所有需求、趣味都是媒体必须无反思地接受的，更不是应该无原则地追逐的。《大公报》当年提出的"四不"原则，在"不党"、"不卖"、"不私"之外还有一条原则就是"不盲"，而所谓的不盲，就是指报纸等媒介不应该盲目迎合读者（受众）要求，"唯受众之命是从"，而应担负起"向导国民"之责（梁启超语）。所谓的"受众本位"，在我们看来，其应有的真实含义应该是指大众传媒（包括电视）在信息传播过程中，以最大限度地维护受众的根本利益为出发点，以满足受众获取多方面信息的需要为己任，以引导受众提高思想素质、政治素质、道德素质和科学文化素质为目标，为受众提供高质量的信息服务。对照受众本位的真正要求，电视民生新闻应在充分研究和了解受众需求的基础上，进一步丰富民生内涵，真正实现由"小民生"到"大民生"的转变。

从这个角度理解"三贴近"原则就更为清晰了。电视民生新闻的基本价值取向就是"三贴近"，其主题就是关注民众的生活、生存、生计、生命状况，实实在在为百姓排忧解难，这一点是毋庸置疑的。但是，贴近并不是不要距离，对编辑、记者的主观性进行约束、对新闻题材进行导向性处理、对观众的需求进行合理化引导同样不可或缺。贴近实际，既要深入基层采访又要保持独立思考的品格，绝不能人云亦云；贴近生活，要反映客观现实，把握社会主流，挖掘生动事例、汲取新鲜营养，又要对各类新闻信息进行符合新闻规律的合理取舍，规范编辑、记者的主观意愿与个人情感；贴近群众，就要想群众所想，急群众所急，还需对他们的收视需求进行必要的引导，而不是一味地迎合。总而言之，民生新闻的记者、编辑与电视观众的"零距离"，是指思想感情上的"零距离"，而不是指认识论或趣味上的"零距离"——从新闻专业主义的要求看，严谨而诚实的报道者必须与采访对象、受众保持一种"不即不离"的关系。只有这样，才能既了解新闻事件的真相又保持对新闻客观性的坚守，才能创制出高扬主旋律、符合"三贴近"的本土化电视新闻，才能有价值地继续保持民生新闻的收视奇迹，对构建和谐社会、实现"中国梦"起到重要的促进作用。

我们强调电视民生新闻从"小民生"向"大民生"的过渡，以及对受众中心意识、贴近性的重新理解，绝不意味着民生新闻应该走上"国家主义"新闻叙事的老路，重新调整电视媒体和观众的关系；恰恰相反，电视民生新闻在叙事策略上仍然应该坚持尊重受众的"本土化"、"平民化"原有优势，只不过应该在新的媒体环境下做优化调整，摒弃画地为牢、自我束缚的思维定式，把"本土化"、"平民化"上升为"个性化"、"公民化"。具体来说，个性化是指不同地域电视民生新闻的风格化生存模式，这种模式由于"接地气"而难以被模仿、复制；公民化是指突破平民化原有的草根意识和含混性，让民生新闻为全体现代城市居民（包括城市精英、白领、平民乃至底层困难群体的公民集合概念）提供优质服务。

应该承认，直到现在也没有关于电视民生新闻的权威、统一而被普遍接受的定义，也没有具有普世性、被普遍接受的民生新闻的发展道路或"最优选择"；电视民生新闻的繁荣，是身处各地的电视人心存理想、扎根本土、个性化生存的智慧和勇气造就的。著名学者胡智锋深刻地指出："对于中国电视而言，其最大的意义不仅在于将新闻中社会新闻的大语境成功转变为民生新闻的新内涵，不仅在于由传者中心到受众中心的历史性转移，不仅在于新闻采集方式由专业记者向全民记者的扩散,更重要的是,民生新闻是在克隆成风的中国电视界自我孕育出的一颗真正基于自己文化土壤的、本土化创新的种子,对于中国电视新闻的发展具有标杆性的意义。"①地方新闻资源新鲜而丰富,可以为地方台持续输送充足的信息,就地取材又使得地方台的运营成本大大降低,只要节目做得让受众满意,比较容易实现社会效益和经济效益的双赢。《易传·系辞》上有一句话说:"远取诸物,近取诸身"。地方电视台放弃了与央视在重大新闻竞争上的"远取诸物",转而去选择自己擅长的"近取诸身"。另外,从新闻价值的构成要素来看,民生新闻的本土化操作也符合其"接近性"的要求——所谓接近性包括地理和心理上的双重接近,是指受众对发生在自己身边或者和自己在心理上有某种关联的事件更感兴趣——正如《南京零距离》的主创者所言:"《南京零距离》仅仅是一档节目,但又是一个和别的节目不太一样的节目,一个在我们这个城市里受到空前欢迎而又蒙受诸多不屑的节目,一个老百姓时时惦记每天如约而至并成为他们的生活的重要组成部分的一档节目,一个他们了解这个城市,了解他们的亲朋好友、街坊邻居的窗口,一个与他们相濡以沫、不倦不弃的朋友。南京市民是我们这个节目的主人公,我们所记录、所报道的是这些平民百姓们的日常生活,是他们在生活中的所做、所遇、所获、所想,是他们的酸甜苦辣、喜怒哀乐,是他们充满质感的生存状态和心灵状态,所有这一切让我们看到了生活在我们这个城市中的那些普通而真实的人们的物质生活和精神生活的方方面面。也许,还没有一个节目用如此多的篇幅,用如此专注的目光,用如此虔诚心态来表现他们,但我们做了。"②对老百姓而言,有关"国计"的新

①　胡智锋:《创意与责任——中国电视的本土化生存》,中国传媒大学出版社,2010年版,第237页。

②　景志刚:《我们改变了什么？——〈南京零距离〉及其民生新闻》,载于《视听界》,2004年第1期。

闻固然重要,但若是无法与其自身关系密切的"民生"发生关联,其关注度会大大降低。因此,电视民生新闻的本土化、地域性、接近性是其他任何竞争对手都无法抗衡的竞争优势。但是我们也应看到两个不争的事实:一是目下各地电视民生新闻栏目克隆成风,低成本上马,除了部分节目外,大多数缺乏应有的个性和亮点;二是本土化操作不当,节目就很容易滑入"鄙陋化"泥潭,虽然也"特征鲜明",但却是庸俗琐碎不堪,没有真正的个性和品位。以个性化生存超越和涵摄本土化生存,以高品位超越和涵摄"轰动效应",虽有成功个案,但尚无持久而普遍有效的经验可以复制,所以需要电视人付出更多的努力。

民生新闻不仅要立足本地萃取新闻资源,更重要的是要以"公民化"的视角来报道新闻。和本土化一样,平民化策略在电视民生新闻的兴起和发展中扮演了积极的角色,发挥了巨大的作用。20世纪90年代以来,新闻制作的理论已经完成了从宏观化的俯视视角向微观平视化的平民视角的转换,平民化的创作理念成为当今电视新闻节目的一个突出思路和价值取向,早已渗透到了从中央到地方各种类型的节目创新之中。平民化视角带来的变化和优势很多:电视新闻制作人有了更多的换位思考,以平民的观察视角看问题,用平民的情感和思维来叙述发生在平民身上的事件,在节目风格、板块构成、播报方式甚至标题、字幕等方面都力求贴近受众;平民化促使媒体推出具有亲和力的主持人,用老百姓听得懂的语言(日常语言甚至方言)讲述新闻故事,具有独特的亲切感和贴近感。但是,我们也应该看到,电视民生新闻所标榜的平民化,既是一种理念上的主张、口号、招牌,也是一种基于当时电视观众构成的市场谋略——平民化定位可以把受众中的大部分人吸引到电视荧屏前面来,稳定节目的收视率。这样的理念值得肯定,这样的定位也无可厚非,在相当长的时间里仍然具有不可剥夺的正当性和必要性。但在笔者看来,对于具有创新意识、能够引领民生新闻整体转型、有志于在新一轮电视改革中勇立潮头的电视人来说，仅仅秉持以上的理念和定位又是远远不够的，必须针对已经发生深刻变化的中国现代社会和现代媒体环境，把电视民生新闻的目标受众从"市民"明确转换为"公民"。

"市民"和"公民"虽然只是一字之差，却代表着不同的政治意义和法律意识。"公民"一词在中国属于舶来品，它最早出现在古希腊比较初级的民主制社会。在柏拉图看来，公民作为履行国家职责的自由人，应该具备节制、勇敢、智慧、虔诚等美德。其中，护卫者是最好的公民，他们经过严格选拔，通过音乐教育、体操训练而陶冶心灵和锻炼体魄，具有为国服务的公共精神。亚里士多德在《政治学》一书中进一步阐述了公民的概念："公民的通常含义是参与统治和被统治的人。不同的政体有不同的公民，但在最优良的政体中，公民指的是为了依照德性的生活，有能力并愿意进行统治和被人统治的人。"①古代社会中的市民并不都享有相应的政治权利，但是随着人权学说和资产阶级革命的兴起，公民的概念越来越清晰，覆盖范围越来越大，已经扩大到拥有一国国籍的所有自由居民。简言之，"公民"是具有一国国籍，根据该国宪法和法律规定平等地享有权利和承担义务的自然人，是法治社会的基本构成单位。斯宾诺莎在《政治论》一书中认为"凡是根据政治权利享有国家的一切好处的人们均称为公民"②。

我国现行宪法第33条规定："凡具有中华人民共和国国籍的人都是中华人民共和国公民。中华人民共和国公民在法律面前一律平等，任何公民都享有宪法和法律所规定的权利，同时又必须履行宪法和法律所规定的义务。"根据宪法规定，每个公民享有参与

政治的权利,有选举权和被选举权,有言论、出版、集会、结社、游行、示威的权利和批评、申诉、控告、检举的权利,其人身自由、人格尊严不得受到不法侵害,通信自由和通信秘密受法律保护,享有宗教信仰自由等。现代国家以公民为本位,公民是国家和社会生活中最基本、最普遍的主体,是社会成员的基准性身份和角色。每个人作为公民是完全平等的,即使在智力、财富、社会影响力上有所区别,但是同样具有公民身份所赋予的尊严,同样要尽一个公民对于国家和社会的义务。显而易见,公民就是对所属国家享有权利和负有义务的个体。其实,在英文里,"公民"和"市民"都是 citizen,说明两者的内涵有着一致性,不同的是公民概念是相对于政治权利而言的,强调的是个体在国家权力中的个体权利与公共责任;公民意味着独立自主的人格,代表着更为平等和广泛的层面,这和市民概念所带来的涵义狭隘、面目模糊的"城市居民"印象有所区别——市民指平等自由的、具有独立人格的财产所有者,仅仅是一种身份,是相对于一个城镇的归属地关系,不具有权力和权利的意义。"从政治行为而言,公民是政府决策的参与者、民主政治的主体,而市民是政府决策的接受者、民主政治的边缘群体,二者的政治地位可见一斑。从新闻信息传播活动而言,公民是信息传播的主动参与者,是传播权与知情权中的主体,而市民却是信息传播的被动接受者,是现代社会新闻媒介体系中的弱势群体。"①

社会主义市场经济体制的确立不可避免地改变了中国当代的政治形态和社会形态。改革开放以来,中国取得了举世瞩目的发展成就,这不仅体现在中国经济总量已跃居世界第二,老百姓的生活水平有了大幅提高,还体现在社会民主化进程的加快,政府信息的进一步公开透明,社会文化事业的发展,人民思想的不断解放以

---

① 侯迎忠:《媒介与民生——电视民生新闻的理论与实践》,中国传媒大学出版社,2008 年版,第 100 页。

及社会环境的自由宽松。中国的发展是政治、经济、社会、文化的全面发展和进步,传统的国家与个人关系模式处于急剧变革之中,个人独立因素与社会力量不断增长,一个明显的发展趋势就是作为国家与个人之间中介的良性互动要素——中国公民社会正慢慢成长起来。2008 年 12 月 15 日,由北京大学公民社会研究中心主编的首部《中国公民社会发展蓝皮书二〇〇八》发布,2008 年随之成为中国公民社会元年。尽管学者们对公民社会的具体表现还颇有异议,但是大家都承认中国已经初步迈进了公民社会,而健康有序的公民社会也是改革开放和社会主义现代化的客观需要。根据民政部的统计,截至 2008 年 6 月底,全国各类民间组织为38. 6万多个,其中社会团体 21 万多个。不过,学者的估计大大超过了这个数量,清华大学公共管理学院 NGO 研究所的估计是 200 万至 270 万个之间。民间组织的日趋庞大是公民社会发展的基础,也构成了公民社会的主体力量。"公民社会的本质就是民主社会,是强调公民参与、公民责任的社会。公民社会,它尊重公民资格,保障公民权利,确定公民应得的合法份额,确定一种公正、合理的权利、义务和利益的分配方案,确保每一位公民的合法利益、要求、意愿等都能得到充分的尊重和满足。公民参与政治生活是公民社会最重要的政治内涵,同时也是现代政治文明的重要标志。"①中国公民社会的兴起和发展,是中国社会整体进步的重要表现,它不仅有助于推进中国特色的民主政治和政治文明进程,而且也有助于市场经济的健康发展,有助于提高中国共产党的执政能力,有助于转变政府职能和改善政府服务质量,有助于提高社会管理能力和构建社会主义和谐社会。当然,中国公民社会的初步形成同时也是电视民生新闻改革最深层的推动力量。

---

①　何华:《公民社会与市民社会的区别》,载于《法制与社会》,2011 年第 2 期。

　　作为中国公民社会基本成员和主体建设者的"公民"，是政治、经济和社会文化关系的承载者。公民社会的内在价值追求只有以公民日常思维、行为的文化形式渗入社会生活之中才能得以长久彰显。公民有权利在良性的社会环境中生活和发展，也有责任和义务积极参与和公共利益相关的公共事宜，如环境保护、社区建设和其他公益事业等；公民有权利享受政府公正、有效的服务，也有责任认可、支持、监督和改良政府。公民只有不断促进和完善政府的工作，使政府职能既要到位又不越位，公共机关才能更好地为公众服务。从政治文化层面来看，一个健康的公民社会，不仅是一个凸显公民价值与权利的民主社会，更应是一个凸显公民文化精神的社会。在我国这样一个"臣民"政治文化传统深厚的国家，要积极建构一个成熟、理性的公民社会，形成先进的公民文化，首要的就是健全的公民意识的培养。公民意识是与"公民"概念相伴相生的一种现代法治语境下的民众意识，是指社会成员对公民资格及其价值的体认，本质上是对国家主体地位的确认、对宪法和法律规定的权利和义务的认同，强调个人对个人权益的坚守以及对公共利益的关注。公民意识的内涵极为丰富，主要表现为公民具有对国家、民族和社会的高度责任感，视自己和他人为拥有自由权利、有尊严、有价值的人，勇于维护自己和他人的自由权利、尊严和价值，平等、公正地承担自己的社会责任，并可以通过各种合法渠道表达意见和诉求。公民意识包含三个层面的内容，法律层面的公民身份意识，即权利、义务意识；道德层面的公民责任意识以及实践层面的公民参与、协商和妥协等意识。由臣民意识到公民意识的转变是历史发展的必然趋势，这已被西方的民主发展历程所证实。因此，当代中国公民意识的培育也是时代的自然选择。在当代中国，一个不争的事实是，市场经济改革逐步引发了公民意识的增强，公民人格日益凸显，并开始由依附型向独立型转变。应该看到，我国目前的公民社会仍处于初级阶段，远未发展到成熟阶段。

尽管近代以来，不少仁人志士就呼吁改造"国民性"、培养公民意识，然而时至今日，由于历史的"三峡"关山重重，内忧外患频仍不绝，国人公民意识的成长遭遇到种种挫折，至今不尽如人意，表现为公民素质普遍欠佳，法制意识淡漠，人们相互之间缺乏足够的信任与尊重，公民意识发展水平与政治经济发展水平之间尚存在着较大的差距。2003年，一篇名为"我不是百姓，我是公民"的帖子曾在各大网站火热转载，充分显示了网络公民意识的觉醒，以及人们对公民意识的急切呼唤。党的十七大报告中首次提到了"要加强公民意识教育"，"发挥社会组织在扩大群众参与、反映群众诉求方面的积极作用，增强社会自治功能。"公民的素质、公民的责任感和公民的道德水准，将在很大意义上影响甚至左右国家和整个社会的发展。美国社会学家A.英格尔斯在《人的现代化》一书中表述了这样的思想：一个国家，只有当它的人民是现代人，它的国民从心理和行为上都转变为现代的人格，它的现代政治、经济和文化管理中的工作人员都获得了某种与现代化发展相适应的现代性，这样的国家才可真正称之为现代化的国家。否则，高速稳定的经济发展和有效的管理，都不会得以实现。即使经济已经开始起飞，也不会持续长久。① 显然，没有健全的公民意识的养成，中国公民社会的发展必然会因为缺乏"现代人"这一关键因素而停滞不前。中国公民意识的培育需要市场经济的深入发展、民主政治的逐步完善、法治国家的最终确立，同时还要依赖于公共组织、学校、网络等社群的积极作用。而建设法治国家，弘扬公民意识，恰恰就是媒体责无旁贷、义不容辞的最重要的义务之一——媒体的每一篇报道、每一个画面、每一个观点都应该基于这样的出发点，贯穿这样的意识和情怀。

就现实而言，我国电视民生新闻的受众普遍定位为普通百姓

---

① 参见英格尔斯：《人的现代化》，四川人民出版社，1985年版。

或者一般"市民"，反映城市居民的生活需求，帮助指导他们实际生活中遇到的问题和困难。目前地方电视台在处理民生新闻时更多地还是把它视为一种"市井新闻"，因此将"民生新闻"称为"市民新闻"并无大的不妥——民生新闻制作的出发点更多的是经济效益而不是公共利益，把受众当作消费者来生产节目，将自己的身份降为"服务者"，以消费主义的理念来生产产品，以收视率的高低为指标来获取生产效益。民生新闻里大量充斥的天灾人祸、见利忘义、损人利己、落井下石的社会景观，使得节目面向的"市民"更像是一群"小市民"，而非社会力图培育的"公民"。站在"市民"眼光的高度，我国电视民生新闻常常孤立地报道单个事件，对新闻事件的来龙去脉不作深入、系统的挖掘，缺乏对新闻事件、对社会生活的整体观照，因而漠视了公民参与社会、参与公共事务的热情。

"受众，这一从传播过程来划分的角色，表明信息接收者的地位，而具体运作中会存在对受众的不同身份定位，并在相当大的程度上决定媒体的编辑方针、内容特点、风格定位和操作方式，甚至进一步决定媒体的发展方向和它在社会历史发展进程中的作用。把公民概念引入受众观，把受众当公民，就意味着传播活动对公民权利的自觉认同和维护，尤其是精神文化产品的生产更要在公民文化权利上有所体现。"[1]实现目标受众从"市民"到"公民"的转变，立足公民受众观，是历史赋予媒介的特殊使命，也是民主政治发展和市场经济机制在媒介价值观上的反映。总之，民生新闻之"民"是"公民"而非"市民"，民生新闻面对的应该是一个更广大、更具有明确政治-法律内涵和标识的社会主体人群。

①　何华：《公民社会与市民社会的区别》，载于《法制与社会》，2011年第2期。

第四节　转型方向之三：从"批判"
走向"建设"的舆论监督

电视民生新闻在现时代的异军突起和持续走红，其成功秘诀除了"民生内容"、"平民视角"、"人本关怀"之外，还在于其"针砭时弊"、"不平则鸣"、"维护民权"的舆论监督品格。为了使民生新闻的舆论监督获得一个历史语境，这里有必要简要回顾我国媒体实施社会监督的进程。

在党的十三大召开之前，中央关于新闻工作的文件中没有"舆论监督"的提法，取而代之的是所谓的"新闻批评"。新闻批评的最初提法出现在 1942 年的延安整风期间，新中国成立后的几年内得到了进一步的增强。中共中央在 1950 年 4 月 19 日专门做出《关于在报纸刊物上展开批评与自我批评的决定》，规定："在一切公开的场合，在人民群众中，特别在报纸刊物上展开对于工作中的一切错误和缺点的批评与自我批评"。[①] 1954 年 7 月 17 日，中共中央在《改进报纸工作的决议》中再次强调："报纸是党用来开展批评和自我批评的最尖锐的武器。"[②] 和舆论监督不同，新闻批评采取的是"自上而下"的批评途径，批评的主体是新闻媒介而不是社会大众，在当时的媒介管理体制下，作为党的宣传工具，媒介的批评几乎等同于党的自我批评，其实质是代表上级党组织对下级党组织的工作进行督察，是改进党务工作的一种手段，而不是履行社会公器的权力和作用。

从 1978 年 10 月起，我国新闻界又开始恢复批评报道，但是舆

---

①　王强华、魏永征主编：《舆论监督与新闻纠纷》，复旦大学出版社，2000年版，第 4 页。

②　王强华、魏永征主编：《舆论监督与新闻纠纷》，复旦大学出版社，2000年版，第 5 页。

论监督的说法迟至 1987 年才得以提出。中共十三大正确分析了社会主义民主政治的历史趋势和内在要求，第一次提出了"舆论监督"的新概念。十三大报告中指出：要"提高领导机关的开放程度，重大情况让人民知道，重大问题经人民讨论"；"要通过各种现代化宣传工具，增进对政党和党务活动的报道，发挥舆论监督的作用，支持群众批评工作中的缺点错误，反对官僚主义，同各类不正之风做斗争"。从此，新闻媒介开展舆论监督有了政策上的依据。但是和报纸、广播的舆论监督相比，当时电视在这方面还处于启蒙阶段，只局限于重大活动和重要会议的报道以及转播，谈不上真正意义上的舆论监督。1992 年以后随着市场经济体制改革的蓬勃开展，电视新闻媒体获得了空前的发展机遇，一方面传播技术的现代化增强了电视的传播力量，另一方面媒介双重属性的确立以及媒介功能的拓展，也给电视新闻媒介插上了腾飞的翅膀。以中央电视台的《东方时空》、《焦点访谈》和《新闻调查》等为代表，全国出现了一大批带有舆论监督性质的电视新闻栏目，再加上越来越频繁的现场报道、直播报道，电视媒介的力量很快凸现，迅速超越报纸、广播而成长为第一权威媒体，成为舆论监督最有力的尖兵利器。进入 21 世纪以来，电视新闻经历了由栏目化向频道化的改革，传播话语权由精英群体向平民百姓的转移，民生新闻随之脱颖而出，以鲜明的特色，高举着人文关怀的旗帜，发挥了巨大的舆论监督功能。国务院总理温家宝在 2005 年 3 月 5 日的十届全国人大三次会议上做政府工作报告时指出，要进一步扩大公民、社会和新闻舆论对政府及其部门的监督。由此可见，中国政府高层在不断肯定和强化公民、社会和新闻媒体对政府的监督作用。

电视民生新闻刚刚起步时，从业人员考虑更多的是如何最大限度地发挥它的舆论监督功能，完成激浊扬清的社会使命，因而十分自然地常常以老百姓生活中的种种遭遇和困境作为报道的主要内容（如交通事故、家庭矛盾、消费纠纷、官僚主义不作为等），对这些事件加以曝光和揭露，真实呈现了普通人的生存状态和心灵体验，同时也对政府的作为进行诘问。通过媒体的批评性报道，拖欠工人工资、房地产商违建、企业随意排污等长期悬而不决的问题很快引起了相关部门的高度重视，并且得到了有效解决。湖南卫视《都市 1 时间》推出的最成功的板块是《真相大追击》，它如同一支都市"特种兵"，以"用良知检讨社会"为口号，战斗在舆论监督第一线，用新闻人的良知追踪被掩盖的事实真相，使得《都市 1 时间》成了湖南省级媒体里面唯一"专司"舆论监督的电视栏目。电视民生新闻在彰显社会责任和人文意识的同时不可避免地触犯到一些政府机构尤其是权势部门的利益，加之自身运作的不成熟、不审慎和过于"操切"，常会带来了一些负面效应，由此导致一些地方政府开始出台条条框框，动辄以破坏政府形象或影响投资环境为由阻碍媒体报道，甚至出现了殴打记者、砸坏摄像器材等事件。电视民生新闻被逼进了狭窄的胡同：既要避开报道禁区，又不能失去观众，只好倾向于报道一些车祸、火灾、跳楼秀、市民纠纷之类的"小民生"新闻，有些栏目甚至每天网罗发生在各地的暴力、色情、犯罪等报道，以填补报道空间、维持吸引力。这样一来，不少电视民生新闻栏目逐渐失去了应有的权威性、公信力和美誉度，舆论监督功能弱化，流于浅薄和功利。必须看到，面对着社会转型期不同利益群体间日益凸显的冲突和矛盾，新闻媒体如果回避或忽视普通群体的呼声，"避难趋易"，必将丧失媒体的主体性品格，而且还会把社会舆论引向情绪化与破坏性的危险边缘。伴随着公众对于舆论监督的更高要求，电视民生新闻对舆论监督必须有新的认识和思考。

首先，电视民生新闻的舆论监督必须和舆论引导结合起来。

从市场表现看，开展舆论监督、批评政府有关部门的懒政、惰政，甚至帮着市民"骂政府"，确实容易获得轰动效应，博取观众眼球；而进行"润物细无声"的舆论引导，不仅有"说教"之嫌，甚至有可能被部分观众指责为"与政府穿同一条裤子"，吃力不讨好。但是，媒体不是单纯的经济组织，作为社会公器，它天然地具有"教化"民众之责，有责任以先进思想、道德和文化引导和提升民众素质；另一方面，"监督政府"、"向导国民"（梁启超语）是媒体必须兼顾和平衡的双重责任。从根本上讲，舆论监督也是一种舆论引导的特殊方式。有学者指出，"新闻媒体影响舆论，最基本的手段是反映事实，最终的目的是引导舆论。通过引导舆论引导人的思想，从而有效地对社会实施控制。新闻媒体可以通过新闻评论等手段直接发表意见，引导舆论。但是，最基本的、最常见的手段，还是通过新闻报道来反映舆论，引导舆论。新闻媒体面向大众，以带有强烈倾向的报道与言论，影响公众情绪，塑造公众的思想和观点，把公众的意见引向与媒体的立场相一致的方向，引向与媒体的控制者的立场相一致的方向，最终形成巨大的社会力量，对既定的社会秩序起到巨大的破坏或推动作用。"[1]选择什么事实进行报道，从哪个角度进行批评，同时决定了电视民生新闻舆论监督和舆论引导的高度和深度。电视媒体一方面应该向受众传达新闻信息，帮助民众维护权利、激浊扬清，甚至批评政府部门、促其改进工作，另一方面同时担负着主导大众意识形态、担当党和人民喉舌的重任——坚持以正确的舆论引导人始终是电视人的首要职责。因此，电视民生新闻不能将自己当成单纯的监督工具，一味迎合受众的需要，"为批评而批评"，忘了自身的引导功能。安徽广播电视台2008 年 10 月 18 日开播的大型热线新闻栏目《帮女郎，帮你忙》是一档重点打造的创新栏目，时长 30 分钟，每天在安徽电视台经济生活频道直播。栏目定位设计时主创者就明确要求坚持正确的舆论导向，高举"美丽帮女郎，天天帮你忙"的旗号，全心全意为广大观众提供援助，化解难题，与政府相关部门勤于沟通，上下一起努

---

① 廖永亮：《舆论调控学：引导舆论与舆论引导的艺术》，新华出版社，2003 年版，第 26 页。

力，共同构建和谐社会。可见，民生新闻既要反映群众舆论，关心民众疾苦，批评有力、监督高效，促使群众的烦恼、不公正事件得到顺利解决，更要跳出琐碎媚俗的窠臼，建立自己的文化品格，站在更高的层次上去观察社会、思考矛盾、关注民生和引导舆论，从而全面彰显民生新闻的社会责任感和社会公信力。

就现实的总体情形而言，如果说电视民生新闻在舆论监督领域确实发挥了比较大的作用，那么其在舆论引导上基本处于缺席的状态，这在很大程度上源自于其选材的负面性倾向。多样化的负面题材的报道，使民生新闻整体呈现出来的新闻价值取向消极，因而舆论导向的积极方向受到忽视。不少人将民生新闻的内容简单地归纳为"新、奇、特、星、腥、性"这六个字，也从一个侧面折射出其负面报道的比重之大。类似于这样的消极报道一旦超出民众能够承受的限度，便会造成群体心理的焦虑和绝望，这不但是对电视民生新闻产生初衷的讽刺，也会造成整个媒体形象的毁坏。如今，一些民生新闻栏目中"负面"题材所占比例高达60%以上，其中，以凶杀、色情、暴力为内容的新闻事件又占了相当大的比重，观众长期处于这种低劣的信息环境的熏陶之中，难免会催生对社会的不安、怀疑、抵触情绪，不仅让受众对客观现实产生了认知偏差，更会给一些人尤其是心智尚未成熟的青少年以不良的心理暗示，从而增加社会的不安定因素。因此，电视民生新闻加强舆论的正面引导，已成为迫在眉睫的事。

在我国现行媒介制度下，批评报道一直都是正面宣传的补充。批评与负面新闻的存在是必要的，对漠视百姓疾苦的人和事，对公然损害百姓利益的人和事，对不愿为百姓办实事的人和事，民生新闻要在节目中大胆揭露和批评，并通过批评报道，促使问题得到公正的解决，使社会失范行为得到纠正。但舆论监督不等于简单的批评与曝光。很多电视民生新闻栏目似乎一开始就定位为批评与曝光，而忽视了媒体的舆论导向的责任。除了少数阴暗面外，社会光明面更多、更主流，一旦受众的眼睛、耳朵被问题新闻所充斥的时候，他们的视线就会被媒体所营造的"拟态环境"误导，失去认识真实生活的能力。这种放弃宏观视角、一味进行批评与负面报道的倾向是一种不负责任的做法，它必然会导致社会舆论的失衡，从而引发更大的不良社会后果，也会压缩民生新闻自身的生存空间。电视民生新闻应该确立正确的舆论导向，从总体上展现社会生活的亮色，要增加报道的"亮度"，降低报道的"灰度"，不应该刻意迎合受众的喜好，刺激受众的欲望，削弱传者的主体性和新闻的社会雷达功能。

第二，电视民生新闻舆论监督功能不能"错位"和"越位"，而应回归其"中介"和"平台"的本位。

新闻媒体具有监督社会、关注民生、服务百姓的职责，电视民生新闻在践行这些职责时尤其努力，也确实为老百姓做了无数的好事，解决了诸多的困难。在转型期的中国，政府职能的转变尚在进行，还很不完善，市民的公民素质也尚待提高，社会矛盾多发、频发，百姓生活中遇到的不公正、不合法的事情也不少，这些都是民生新闻重点关注的内容。在长期的报道实践和服务中，观众会看到这一现象：严重如公民权利受损、人身财产遭到严重伤害的事件，细小琐屑如房屋漏水、物价上涨、看病求医、买菜购衣、上学就业、服务态度等等，一经媒体报道，就会形成相当的舆论压力，引起相关部门重视，从而使事情得到妥善解决。在许多电视民生新闻节目中，我们经常可以听到这样一句解说词："在记者的协调帮助下，问题得到了顺利解决。""事情如何解决，记者将进一步关注。"这些报道在为老百姓的生活提供便利的同时，也让老百姓产生了错觉，以为找媒体比找相关部门更能解决问题，于是和单位产生矛盾要找媒体理论，打官司要找媒体造势，官司输了求助无门也要找媒体投诉，"有事就找记者，凡事都报媒体"，甚至有些市民在给民生新闻节目打电话请求帮忙解决某一问题的时候，就直截了当地说，媒体比我们老百姓说话"更有力、更管用"。电视媒体无形中充当了"包青天"的角色，老百姓觉得多年的困难只要一经媒体插手，许多问题就会迎刃而解。"有事情，找媒体"也成为许多媒体自己的宣传口号，部分民生新闻栏目和记者由此习惯以"正义的化身"和"无冕之王"自居，用某种同情的眼光来看百姓，以强势者的身份来为百姓"讨公道"、"要说法"。实事求是地讲，这类情况确实大量存在，但这并不能说明媒体的万能，实质上是转型期内某些政府部门的"缺位"和民生新闻的"补位"造成的——民生新闻的成功"补位"确实维护了百姓利益，推动了政府改进工作，同时也极容易造成电视人的自我幻觉，使他们觉得民众问题可以凭媒体的一己之力，主持人的一句话，摄像的一个镜头，评论员的一个断语，就能瞬间消弭。事实上，媒体之所以能发挥一定的作用，是基于媒体得到民众的信任，也是基于党和政府意识形态"喉舌"功能，能够有效地对公权力运行形成舆论压力；但这并不能证明媒体是政府之外的另一个"权力中心"，记者是所谓"无冕之王"——就社会定位而言，媒体只是负责报道事实的新闻单位，它的职责是报道新闻、反映问题，对监督客体造成舆论压力，而不是直接解决问题。民生新闻可以告知百姓应该找哪个部门解决问题，或者为他们提供解决问题的建议，却不可以代替社会其他部门来解决问题或者是代替百姓去讨说法、为百姓解决一切麻烦。应该承认，在当下的中国，公众对媒体包括电视民生新闻寄予了过高的期待，而媒体人对自身功能的认知也存在"过载"的幻觉，电视民生新闻在自身的转型中应该完成对自身社会属性和功能定位的回归，而不能"捞过界"。

　　电视民生新闻"捞过界"现象突出表现在对城市行政执法、司法审判行为的报道以及行政执法、司法人员的形象塑造上。由于电视民生新闻集中关注市民日常生活，而后者面临的矛盾、纠纷、困难与法律法规的施行发生千丝万缕的联系，因而城市的行政执法、司法审判自然成为民生新闻的重点报道对象。舆论是一种公共意见，新闻舆论监督具有全民"围观"的强大威力，它能及时地把官僚主义和违法乱纪行为置于众目睽睽之下，产生不可小觑的批判力量。舆论监督能够在一定程度上促进行政执法环境的改善，促成执法人员依法执法，提高执法水平，这是二者协调的一面；但是，舆论监督也会放大行政执法的负面形象，这展现了二者冲突的一面。在一些地方台的电视民生新闻中，经常可以看到记者对涉及普通群众的民事、刑事案件现身说法，或是为老百姓的各种不幸遭遇打抱不平、伸张"正义"，特别是在市民因摆摊设点、占道经营、违章搭建而与行政执法人员发生矛盾的时候，经常出现渲染冲突场面的镜头，把更多的画面留给"喊冤叫屈"、"泪流满面"的群众，造成被执法对象是"弱势群体"的强烈印象。新闻传媒为百姓说话、排忧解难的良苦用心当然无可厚非，但是在这里，媒介所充当的角色往往是比较模糊的，容易越界，比如经常因为缺少和执法部门的充分交流与沟通，导致信息不对称，造成偏向性报道，误导公众舆论，从而对行政执法和司法审判产生不利的影响，妨碍公正执法和公正审判。作为一种传媒产品，民生新闻主要执行的是"环境监测"的功能，即把社会发生的具有新闻价值的事实报道给受众，这种报道必须真实、全面、公正，它不能也不应该利用自己的话语权和公器地位，挟持舆论干扰执法公正。因此，电视民生新闻节目既要加强舆论监督职能，又不能触犯法律边界，必须知法懂法，"依法报道"、"依法监督"，比如可以尝试新闻与法律的力量"双剑合璧"，让记者和律师共同为百姓维权，这样既可以充分体现让事实和法律说话的原则，又可以增强新闻的公正性和法律的权威性，进而增强监督的信服力，维权而不侵权。例如，浙江省台州市电视台的《大民讨说法》栏目，就在全国首创了律师陪伴采访模式，让律师参与新闻报道。每次采访，记者都会带着律师找到双方当事人，让他们面对面地讨论问题、解决问题，并严格根据相关法律规定客观地采写报道。《大民讨说法》这档民生新闻节目播出仅一年多的时间，就凭借它的客观、公正赢得了台州市民的广泛信任，成为浙江省的知名栏目。[①]

从多档电视民生新闻栏目的实际操作上看，"批评"是相对容易的，它仅仅需要当事人的勇气和胆识，仅仅需要了解投诉人的遭遇和要求就可以了；要达成媒体的"建设性"，难度就大多了，在勇气和胆识之外，还需要媒体人具有观察世相的人生智慧，对法律法规、方针政策的熟悉，更需要媒体人充分了解新闻报道中冲突双方的不同诉求，同时基于现阶段既有国情、民情、市情进行理性、平衡的报道和评论。总之，缺乏反思的"观众至上"是错误的民粹主义，视舆论监督等同于批评、批判是狭隘思维的结果，而把"观众爱看"视为拉升收视率的唯一手段则是短视的商业眼光——这样的报道策略或手段对媒体来说是饮鸩止渴，也从根本上背离了"以人为本"的宗旨。民生新闻决不能津津乐道于展示社会矛盾，对矛盾的深层原因和解决之道却不感兴趣。我们认为，媒体必须重视和加强舆论监督工作，要有开展批评的勇气和品格；但是，在报道社会矛盾时，媒体一定要区分矛盾的不同性质，采取不同的报道策略和立场：对于人民群众深恶痛绝的腐败和官僚主义，媒体应该旗帜鲜明地加以揭露和批判；对于政府工作中的失误和人民内部矛盾，也应加以批评，但要注意报道分寸，要促进矛盾的解决；对那些由于改革不配套或由于公共服务资源不足产生的矛盾，媒体则要进行耐心的说服和引导工作，一方面宣泄、抚慰公众情绪，另一方面则要敦促政府和相关部门积极创造条件解决矛盾——总之，媒体在处理社会矛盾时一定要坚持"理性"和"建设性"立场，"以人为本"的立足点是促成矛盾的解决（而不是激化），维护社会多数个体的福祉和利益。

---

① 马雅楠：《电视民生新闻的责任担当》，载于《记者摇篮》，2010年第11期。

第五节　转型方向之四：从"工具理性"到"价值理性"

"以人为本"理念,是党中央在新的历史时期提出的"科学发展观"的核心内容和本质诉求,也是现阶段实现"中国梦"的必由之路,它宣告我国政治、经济和文化事业迈入了崭新的发展路径和发展模式。对于电视民生新闻来说,忠实地实践"以人为本"理念是其立于市场不败之地的法宝,也是其永恒的媒介职责。在笔者看来,"以人为本"绝不是一句空洞的口号,也不是趋时应景的一件漂亮外衣,更不是电视镜头前晃荡着更多的"平民"、"弱势群体"的面孔——恰恰相反,这一理念有着非常丰富而实在的内涵(不是一句"人文关怀"所能概括的)。一言以蔽之,无论是从媒体报道的"宏大叙事"、"大民生"的角度看,还是就具体报道策略的"微观社会学分析"、"小民生"而言,在新的高度理解和贯彻"以人为本"理念,必将开启电视民生新闻的全新思维。

为什么说"以人为本"是媒体报道的"新思维",而不是"新方法"、"新原则"或"新思路"? 我们的回答是:首先,"以人为本"是我国新时期科学发展观、中国梦的核心内涵,是长期奉行的国策,因而"以人为本"必将成为党和政府对于媒体的纲领性要求,绝不是趋时应景的临时性策略;第二,"以人为本"是一种崭新的理念和思维模式,它统领和派生出具体的报道原则、思路、手段和方法,与后者不处于同一逻辑层面;第三,"以人为本"不是一句空洞的口号,有着丰富的实体性内容,体现于媒体报道领域的方方面面;四,作为其对立面,"以人为本"所欲颠覆的,是长期阻挠媒体发展的内部结构性矛盾——换言之,它所欲颠覆的,是媒体报道包括电视民生新闻报道的"常识"。

媒体是什么? 媒体何为? 公众为什么需要媒体? 民生新闻存

在的根本依据是什么？这些问题看似简单，其实绝不是不言自明的问题。为什么？因为人们关于媒体的所有政治、文化和技术思考，最终都必然归结为上述"常识性"问题。科学的进步，最深刻之处就在于"颠覆常识"——爱因斯坦"相对论"所颠覆的，正是牛顿古典物理学体系中视为理所当然的"时间"、"空间"、"速度"、"能量"等基本概念；媒体的进步，最深刻之处也在于颠覆多年来视为当然的思维定式，实现全新的自我角色和功能体认。"以人为本"之所以能够开启民生新闻新思维，首先就落实在这一层面——否则它就只能是技术层面的权宜口号。

这种角色和功能体认，笔者认为最重要的不是别的，就是指媒体从"工具理性"向"价值理性"的转变。

从世界新闻史的角度看，最早的媒体——报纸——经历了从政党报纸向商业报纸的转变，这一转变预示了媒体自我角色和功能体认的巨大变化：从服务于"党同伐异"的党争工具转变为服务于市场和全体民众的"社会公器"。从我国新闻媒体的角色定位来看，长期以来，媒体被定义为"党和政府的喉舌"、"国家意识形态机器"、"宣传思想战线"，其主要功能是"灌输"、"教育"和"引导"——这样的定位和功能设置是由我国的国情决定了的，具有不容置疑的合理性。问题是，随着社会的信息化和民主化进程不断推进，人民群众的知识水平、文化水平和媒体素养不断提高，单纯工具论的观点已经不能适应当下媒体－受众的关系结构。这样一来，就形成了媒体和公众之间的紧张关系：在我国当下的社会转型期和矛盾多发期，媒体承担着极为繁重的宣传和引导职责，但不少"严肃媒体"和"重大题材报道"似乎不受公众的欢迎，至今仍徘徊在市场之外；媒体希望公众接受的东西，往往不是公众感兴趣的东西；媒体所忽视或不屑于报道的对象，常常是公众非常感兴趣、渴望释疑解惑的领域……如此种种，不一而足。这种态势不仅使媒体难以圆满完成自身承担的社会职责，维系社会共识和团结，而且导致资源的极大浪费。"以人为本"新思维，正是在上述矛盾关系结构的背景中浮现出来的，它所欲破解的，首先就是媒体"以物为本"、"以媒体为本"的"工具理性"的思维定式。

从历史的角度观察，"工具理性"已经成为我国媒体高度认同的"常识"，其主要内容有：第一，遵循"媒体中心主义"的传播思路，以媒体为本位，强调"由上至下"的线性传播路径，漠视媒体和受众之间的互动关系——说到底，这种观点实质上反映了媒体和受众之间的不平等关系；第二，功能定位单一，片面强调意识形态教化功能和政治告知功能，没有充分发挥媒体和受众互动和相互影响的全部潜能；第三，片面强调媒体宣传行为的"效率"（对宣传频度、力度、"高潮"和"战役"的推崇），以及时可感的轰动效应为"社会效益"的目标，以收视率、收听率、订阅率为"经济效益"的目标，忽视了媒体对受众精神世界潜移默化的"浸染"和提升；第四，以新闻的"五W要素"为逻辑要件，以报道、写作、拍摄的技术规范为圭臬，以程式化的惯性"滑行"，忽视报道手段、手法的创新。

"以人为本"，就是要从根本上颠覆新闻媒体的"工具理性"，扭转目标和手段的倒置，使之转向"价值理性"，恢复媒体"属人"的本质。具体来说，就是要改变媒体"高于"、"外在于"、"剥离于"公众的自我角色和功能体认，使媒体回归生活本体，成为社会自我学习、公众自我教育的利器；"以人为本"，就是要记者将笔触和镜头"下移"、"向内转"，将社会生活的实体性内容作为媒体报道的主体，从抽象的"宏大叙事"转向"微观社会学分析"；"以人为本"，就是要树立"受众中心"观，要求媒体能够和善于将"意识形态话语"、"政策话语"等一切"非新闻话语"创造性地转换为"新闻话语"、"民生话语"和"民众话语"，以报道内容的"近"破解传播效果的"隔"。

在这方面，中国电视民生新闻已经做出了很多努力，也取得了辉煌的业绩。在笔者看来，"民生新闻"不是电视人"拍脑袋"想出来的，也不仅是电视新闻报道的一种新风格或新风尚，更不能单纯视为电视新闻避开政治风险、走市场的"捷径"；事实上，"民生新闻"的崛起，固然有种种现实的考虑与妥协，但究其根本，是电视人敏感到电视新闻改革的迫切性、实践"以人为本"新思维的必然结果。民生新闻成功的根本原因，在于它全面颠覆了媒体角色和功能体认的"工具理性"，捡拾了遗落已久的"价值理性"——民生新闻核心"口诀""平民视角、民生内容、民本取向"只不过是这一理念的外延范畴而已。

　　长期以来，我国的新闻实务界和新闻教育界，推崇新闻报道的客观性和真实性，盛行着一种"事实崇拜"的思维模式——似乎新闻媒体只要专注于事实的报道，就能做到"客观"和"真实"——电视民生新闻似乎也不能例外，大多数民生新闻节目都标榜自己内容的"鲜活"，都骄矜于自己报道的"体量"（新闻条数多，"有效"信息多，且多为自采）。我们认为，新闻报道必须客观、真实，纯然主观臆测、丧失事实基础的新闻报道必须加以摒弃；但是，我们同样反对新闻报道中的"事实崇拜"情结，媒体在报道硬邦邦的"事实"的同时必须关注事实背后的人的价值和命运。没有对事实的创造者、事件的亲历者、目击者和事件的影响者的强烈关注，没有对影响着人的行为动机、思想感情的深刻探寻，就不可能形成事实之间的逻辑链条，也就不可能最终诠释和彰显新闻事实或事件的真正意义。"新闻以事实说话"是对的，但是事实本身是缄默不语的，只有把"事实的世界"转化为"属人的世界"（包括本书前文讲过的"事实的链条"），揭示推动事实发生的人类的欲望、动机、价值观和尊严，事实本身才能够开口说话。

　　在"属人的世界"领域，最能体现人性的崇高与卑劣、道德的高尚与低下、最容易激起人们共鸣的，当属人的情感领域。社会进步的每一个步伐，社会生活的每一丝脉动，社会利益的每一声诉求，社会道德的每一次"淡入"、"淡出"，都会在情感领域获得折射和闪光。坦率地讲，在我国的电视民生新闻报道领域中，"市民"或"公民"的情感生活一直处于比较苍白的状态,在硬邦邦的"事实"、"冲突"、"纠纷"的压迫下,情感话题似乎只是事实报道的点缀。媒体"以人为本"新思维,必然要重新估量人类情感生活的意义,并将后者置于报道的中心位置。

为什么说实践"以人为本"新思维,就必须将情感生活置于报道的中心位置?因为民众的情感生活和心理生活是社会生活和社会认同的基础,是社会风尚和价值观的起源地,而民众的情感矛盾则是社会矛盾的内心投射,直接关乎民众生活的生存质量和满意度、满足感和幸福指数——社会组成和发展的根本理由不是创造越来越多的物质财富,而是创造让人们越来越幸福的生活。从这个意义上讲,关注民众的情感世界和心理生活,就是关注生活的本质和质量,就是关注人本身——这不正是电视民生新闻追求的初衷吗?!

如前文所述,当代中国的社会生活尤其是城市生活正面临着深刻的转型和断裂。现代人生活节奏加快,心理压力巨大,无论是个人还是群体,都不可避免地被裹挟进争取进入更高社会层级和更好生活的洪流之中。值得注意的是,由于社会机制不健全而引发的社会矛盾,如腐败、社会不公、道德失范,以及传统道德观和现代多元价值取向之间多层面的尖锐冲突,在当代中国人心里留下了浓重的阴影,群体生活内部涌动着诸种心理危机的暗流。由此看来,当代中国人比历史上任何时候都更需要情感的宣泄、抚慰和引导。记者将笔触和镜头对准中国人的情感生活领域,自然成为媒体"以人为本"新思维的题中应有之义——没有情感欲求的人,是残缺不全的人;没有了情感关怀,"以人为本"的口号也将是陈旧和空洞的。

如前所述,民生新闻在构建真实的民间生活形态、民生信息告知和维护民众权利方面确实发挥了很大的作用,取得了不俗的成绩,但这种新闻样态更多是对人们生存层面的报道,无论是车祸、道路状况、自然灾难、社会纠纷、法律维权、政策解读,还是市民生活备忘、理财建议、出行参考等服务信息，更多的是展示市民生活物质层面的东西，提供一幅幅城市生活的"浮世绘"，不可能广泛关注民众情感生活和心理矛盾。在新的时代语境下，在每一个公民都渴望过上幸福生活、实现自我梦想的"中国梦"的愿景中，处于变革、转型期的电视民生新闻，理应以创新的思路和大手笔、大气魄，对曾经忽视的"民生"的另一面加以重墨浓彩的报道。

如上所述，"以人为本"作为媒体报道的新思维和新纲领，具有非常具体实在的内容。但是，要使这种新思维贯彻在电视民生新闻的海量日常报道活动之中，必须解决具体的报道策略问题，否则就会像人们曾经提出过的许多新的"方针"、"原则"、"理念"一样，沦为一句空洞的口号。"以人为本"新思维必须解决的策略问题，在笔者看来，至少具有以下内容：

第一，民生新闻的对象领域的核心——"人"，在严格的意义上说来必须是个体本位的，换言之，必须是由独立的、活生生的、有血有肉的个人组成的世界。

本章已经辨析了"市民"与"公民"的异同，这里无意仔细辨析"群体的人"和"个体的人"之间哲学意义上的差异，但是对这两者的关系做出清晰而准确的厘定却又是无法避免的。长期以来，在我国哲学界、社会学界和新闻宣传领域，存在着"集体主义"和"个人主义"之间持续的紧张关系，这种紧张关系一方面是由国家利益至上的威权主义意识形态造成的，另一方面则源于人们对自由主义思想畛域中"个人主义"的误读——在新闻宣传领域，国家、集体利益至上的思维模式本身并没有错，但把个人和国家、集体绝对对立的倾向造就了"国家主义新闻"，这种新闻报道模式只专注于"国家大事"和"宏大叙事"，对新闻的人文内涵和民生旨趣不屑一顾。在自由主义思想体系中，"个人主义"和"集体主义"或"国家主义"之间的对立并不是绝对逻辑意义上的"二中选一"，而是在思考"本位"上的差异。具有普适性价值的现代人道主义采取的是"个体本位"立场,媒体"以人为本"新思维同样必须采取"个体本位"立场。事实上,马克思在《1844年经济学－哲学手稿》中早就十分明确地表达了这样的思想:社会的全面发展是以每一个人的全面发展为基础和前提的。不难理解这样的道理:当媒体关注社会中的一个个鲜活的个体,关注每一个个人的喜怒哀乐和利益诉求时,它就是在关注全体社会成员的普遍利益,徜徉于"属人的世界";当媒体镜头上移、从芸芸众生的身影上摇开的时候,它就必然高蹈于人文关怀的抽象虚空。必须指出的是,个人本位并不意味着民生新闻报道的"个别性"、"偶然性"、"琐屑性",它只是标示着民生新闻的出发点和归宿,标示着对每一个市民或公民的行为、际遇和思想感情的绝对尊重与关怀,与民生新闻存有的"琐屑性"毫不相关——后者是由报道者缺乏对内容的选择、趣味的低俗以及对整个新闻事件缺乏整体思考的弊端造成的。

第二,电视民生新闻必须以"现代性"解读"以人为本"的内涵,诠释和引导转型时期当代中国人的利益诉求和情感活动。

人性不是媒体抽象的赞美对象,是有具体的历史内涵的;"以人为本"新思维决不意味着媒体沦为抽象人性的新工具,堕入民粹主义利益观和鄙俗性的泥潭。在不同时代和不同社会,人权的维护和人性的改造有不同的尺度和标杆。笔者曾在一篇文章中指出:"中国社会的转型,不同的学者可以从不同的角度、用不同的指标来解读,如从传统社会向现代社会的转型、从匮乏社会向小康社会或全面小康社会的转型、从计划经济向市场经济的转型等,但在笔者看来,这种转型也许用从传统臣民社会向现代公民社会的变迁表述得更为深刻。当代中国人的公民意识、参政意识、权利意识、责任意识在不断地成长,个人主义、现代契约意识、商品意识逐渐被国人所接受。"[①]当代中国处于社会政治、经济、文化、情感评价

---

① 王雄:《"情感电视"时代的来临》,载于《视听界》,2004年第10期。

尺度的转型期和断裂期，新闻媒体实践"以人为本"新思维，就必须贯彻"现代性"原则，用现代中国人的理念、价值观作为新尺度去进行新闻选择、报道、评价和情感展示（本章前文已经充分论述了公民概念的极端重要性，公民意识就是最重要的现代意识之一）。传播学先驱拉斯维尔把媒体视为"文化传递的工具"①（transmitters for culture），当代中国媒体当然要以传播现代文化（现代物质文明、精神文明和政治文明）为己任，并以此诠释和引导当代中国人的利益诉求和情感活动。

在政治报道中，媒体不应宣扬个人崇拜、英雄史观、帝王史观和"清官情结"，应该关注当代政治体制改革和制度创新的成果，关注和支持群众参政议政、自己管理自己的热情，以及民众公民意识的成长（笔者甚至认为，一个社区内群众自己组织起来、自发参与管理、要求社区自治的新闻，比一个所谓的"重要会议"更值得上头条）。在经济报道中，媒体要警惕"重商主义"、"唯物质主义"、"拜金主义"倾向，更多宣传社会的全面发展观、可持续发展观和"穷人的经济学"。在文化报道中，媒体要警惕民族劣根性和"民粹主义"、"国粹主义"思潮抬头，理解文化认同的多元性，提倡健康向上的文化消费意识。在情感报道领域，媒体既要弘扬传统美德，又要提倡现代意识；既要维护社会的主流道德取向和公序良俗，又要宽容现代人的多元情感选择；既要通过各种手段激发观众的情感共鸣，又要在眼泪洒落后留下更多的思考。在这方面，电视民生新闻创新的空间十分巨大。

电视民生新闻的长处之一就是以讲故事的方式播报新闻。现在的故事大多是围绕着冲突的事件、行为展开的，着力表现事件、

---

① H. Lasswell：The Function of Communication in Society，The Communication of Ideas，L. Bryson ed. New York：Institute of Religious and Social Studies，1984.

行为之间的逻辑关系和脉络，鲜有直接表现市民的情感状态（兴奋、焦虑、愤怒、迷惘、绝望、幸福等）和情感冲突的故事，人物行为之间的情感逻辑没有得到充分展示——如果没有这一逻辑，那么，新闻"五W"要素之中的"Why"（为什么）就无法得到可靠的说明。这也证明情感动机本来就属于"新闻"甚至"硬新闻"的固有范畴。因此，电视民生新闻完全可以比以往任何时候更多地讲述新闻人物的情感故事。从当事人的遴选看，走进荧屏或走进演播室的应该是具有典型性、浑身带着故事的人物（他们或洋溢着个性风采，有着不凡的经历，或来自社会底层，有着"草根"的顽强和坚韧），他们裹挟着情感的矛盾，带有鲜明的时代烙印；从情感故事的矛盾内容看，主要来自于性别冲突、情感和理智的冲突、代际冲突、理想与现实的冲突、自我欲求和道德召唤的冲突、生活重压和羸弱身心的冲突，兼具矛盾的普遍性与特殊性、历史性与现实性；从节目的宗旨和倾向看，则是对真情的渴望和呼唤，对弱者的同情和尊重，对人性的理解和宽容，对道德的服膺和追求，对个性风采的张扬和褒奖。节目编创人员要全面把握现代人情感的内涵和外延，敏捷和准确地捕捉情感矛盾。既要展示构成情感压力的外部因素（如家庭的变故、突然的灾祸、生活的重压等），也要表现情感自身微妙变化（如情感自身的自然演化、蜕变和对更高情感质量的追求等），显示出情感生活的"自律性"；既要表现恒久普遍的的情感冲突（即任何时代、任何地点都有的冲突），也要表现当代中国城市市民、具有社会转型浓重印记的情感矛盾，显示出情感生活的"城市型"、"当代性"。民生新闻节目还要注意提高自身的引导理念和引导艺术，不仅要有正确的立意和出发点，还要掌握好尺度，对情感的铺陈不能过于煽情，对冲突的陈述不能过于强调"尖锐性"，对冲突的解决则不能过于简单和具有戏剧性。总之，节目不能有人为编排和做作的痕迹或流于说教（专家的说教对当事人和电视观众形成更大的压力），也不能满足于矛盾的圆满解决和大团圆的结局——谁都知道，情感冲突常常难分对错，镜头关闭之后矛盾仍会继续。

如果说传统电视民生新闻的核心竞争力是"民生内容"、"平民视角"和"人本关怀"，那么，带着情感温度的民生新闻的核心竞争力又是什么呢？在笔者看来，它的核心竞争力应该是"对情感世界的真实展示、对情感矛盾的贴心化解、对情感问题的权威引导"。而要增强这种核心竞争力，民生新闻必须要注意以下问题：一是要丰富和扩充情感世界的外延。人们心目中的情感大多以亲情、友情、爱情为主要表现对象，这本身没有错，但是，随着社会的发展和人们心智领域的拓展，人们的情感早已越出了"三大件"的范畴，对大自然的爱、对人类生命的爱、对一切生灵的爱、对人类亲密伙伴的爱等，早已弥漫于人们的情感世界。对这些人类情感的回避和漠视，只能造就残缺不全的"情感世界"。二是要增强情感生活的自律性和独立性，拓展其变化万千的微妙内涵。我们虽然承认情感世界是社会生活的有机组成部分，受到政治、经济、文化诸因素的巨大影响，但是，情感世界本身有其独特的活动规律，有其独立存在的价值，不能把它单纯看作是"硬邦邦"的新闻事实的附属物和衍生品。"爱情是盲目的"，"爱是不需要理由的"这些说法多少证明了这一点。民生新闻在制作情感类故事时，既要以理性、道德的要求引导情感欲求，也要高度重视情感逻辑自身的合理性。三是作为社会公器，民生新闻要对情感问题和议程进行分类整合，掌握表现的度。闺房的情感话题、客厅的情感话题和广场上的情感话题是有区别的，涉及隐私的情感话题必须规避或加以隐匿处理，有些情感话题有学术探讨价值，但不一定合乎国情和风俗，不一定适合媒体展露，也须慎重表现。总之，必须在法律、道德和民俗的约束下"选题"、"破题"。四是传统电视民生新闻在事实报道领域可以创立自己的品牌，在讲述市民情感故事的时候同样应该有意识打造属于自己城市特色的品牌，要有品牌创新和品牌运作的意识。品牌创新依据的主要参数是社会生活的飞速发展、新的情感问题的层出不穷、属地城市的特殊地域文化和氛围、电视观众的审美疲劳以及广大观众情感认知水平的不断提升。例如，在北京、上海、广州、深圳等中心城市和移民城市，现代化进程带来的压力和外来人口的"漂泊感"，恐怕比别的任何城市都要强烈；而在内地城市，更多的人又面临着守望乡土和外出寻觅美好生活的分离性焦虑——如此种种，为电视民生新闻的情感故事提供了无数的资源"富矿"。一句话，电视人要根据上述变量适时调整频道理念、栏目形态、话题系统和节目运作程式，持续地以新的面貌回应观众的情感需求和审美需求。

第六节　公众新闻：民生新闻的"终极标靶"？

电视民生新闻的勃兴，是中国电视新闻界改革发展的重大成果之一，也是电视业界和学界最热门的话题之一。《南京零距离》的名称早已经改换为《零距离》，显示出摆脱地域限制、将零距离理念推延至全台资源和全地域报道领域的勃勃雄心，转型、升级的冲动异常强烈。据笔者所知，全国各地电视民生新闻栏目也早已酝酿自身节目转型（不是一般的改版）之策略。转型、升级乃是正途，因为它预示着创新的活力。问题是，转型的方向是什么？转型后的电视民生新闻会变成什么东西，呈现何种模样？这事关转型的成败得失，故而值得人们深思。早在前几年，业界和学界就有一种呼声，认为中国电视民生新闻的转型方向当为曾经在美国风行一时的"公众新闻"（或译为"公共新闻"、"公民新闻"）。笔者以为，公众新闻的部分理念可以植入民生新闻的改版升级，但后者的总体转型方向不可能是在理念、内涵和功能上与民生新闻有显著差别的公众新闻。

首先，压力与语境的显著差异：两种不同的"第三次革命"

任何新闻主张的出现，都不是凭空产生的，而是对某种特定情境的反应方式，换言之，都是对某种特定压力的一种回应。因此，了解任何一种新闻主张所面临的压力或语境，就能够准确把握这种新闻主张是否因时而生、因势而成，从而具有历史的必然性和合理性。公众新闻的产生非常鲜明地体现了这一特性：

压力之一：商业主义的泛滥。自 20 世纪 80 年代以来，资本主义国家的媒体发展出现了由媒介兼并而催生的媒介垄断和媒介巨头，以及由此带来的商业主义的泛滥。商业主义以迎合公众趣味为导向，以刺激收视率、收听率、发行量的上升为目标，以消费主义价值观影响公众思想，加剧了公民的政治冷漠和社会冷漠症。哈贝马斯认为，随着媒介资本化程度和宣传效率的不断提高，以垄断资本为代表的私人利益和私人领域日益取代自由资本主义时期报刊的公共特性，操纵了公众话语权，从而持续削弱公共媒体的批判功能，最终导致作为现代公民社会特征之一的公共领域的毁灭。他在 1961 年出版的《公共领域的结构转型》中指出：随着商业化和交往网络的密集，随着资本的不断投入和宣传机构组织程度的提高，进入公共交往的机会则面临着日趋加强的选择压力，这样，"一种新的影响范畴产生了，即传媒力量。具有操控力量的传媒褫夺了公众性原则的中立特征，大众传媒影响了公共领域的结构，同时统领了公共领域。"①显然，随着资本主义媒体工业日益依赖资本力量并趋于垄断化发展，以利润为中心的商业法则消解了媒体的公共性，尤其是政治报道的公共性。一个最凸显的例证就是，美国公众对媒体关于 1988 年总统大选的新闻报道非常不满，因为后者基于自身的专业理念，越来越关心竞选活动本身和竞选人的言行以及私生活，对事关公众切身利益的公共事务则缺乏深入、持续和通俗易懂的报道。文化观察家迪狄恩（Joan Didion）甚至把这种新闻

---

① 哈贝马斯：《公共领域的结构转型》序言，上海学林出版社，1999 年版，第 15 页。

报道图景中的竞选政治称之为"局中人的棒球赛"①。类似的糟糕的公共叙事不仅败坏了新闻业的形象，导致阅读率和收视率的下降，也持续削弱着人们政治参与的热情。

压力之二：媒体的生存危机和合法性危机

公众新闻的主要实践者是报纸而非广播电视，更非新兴电子和数字媒体。有学者认为，公认的公众新闻较早的实践者是美国佐治亚州的《悬木－探寻者报》(Ledger－Enquirer)和俄亥俄州《阿克伦灯塔报》(Akron Beacon Journal)等，它们分别策划和刊载了关于改进城市生活和改善种族关系的连续报道，这些报道基于报纸和市民的互动②。这些报道的成功波及其他报纸，并带动了广播电视的创新。事实上，在20世纪80年代末，美国以报业为主体的传统媒体面临着新兴的电子媒体和数字媒体的冲击，发行量下降，呈现出自商业报纸出现以来从没有过的巨大危机，报纸的影响力也江河日下，特别是年轻读者的流失严重；另一方面，主流报纸在20世纪80年代里根执政时期为其摇旗呐喊，实际上沦为政客执政的舆论应声虫，客观上麻痹了公众对严肃政治经济问题的真正关注。在1988年总统大选中，主流报纸不惜冒种族影射、对抗新人权运动"发展权"、"资源共享权"主张的风险，力挺乔治·布什的竞选。应该说，报纸的上述拙劣表现偏离了其应有的公共性立场，也使得公众因厌恶和麻痹而远离了与他们实际利益息息相关的真实的现实政治进程。更严重的是，随着资本主义国家被日益壮大的跨国公司的利益所绑架，成为后者开拓市场的政治工具，兼并后的报纸、报团等越来越依附丁跨国财团，成为其利益的代言人。显然，媒体同时面临着"为什么还需要媒体？"、"媒体到底为谁服务？"

① 谢静：《建构权威协商规范》，上海复旦大学出版社，2005年版，第138页。

② 谢静：《建构权威协商规范》，上海复旦大学出版社，2005年版，第139页。

的合法性危机。

"公众新闻"恰恰就是此一时期在美国新闻界兴起的一场变革运动，是新闻界针对其在商业化过程中招致的社会批评和种种信任危机而提出的解决方案，是对作为媒体之本质的公共性被商业利益消减之后最直接的反思与挽救。被称为"公众新闻之父"的纽约大学教授杰伊·罗森描述的理想的公众新闻具有如下特点：视人民为公共事务的潜在参与者，而非受害者或旁观者；帮助政治性社群针对问题而行动，而非局限于知晓问题；改善公共讨论的环境，而非听任其遭到破坏；帮助改善公共生活，使人们对它感兴趣并投身其中。① 概言之，美国公众新闻学运动提倡新闻以成就民主的社会秩序为目标，克服公众政治冷漠症，推动公众参与社会公共事务和改善社会公共生活，通过关注社会问题，并经由公众讨论发现这些社会问题的解决之道，使媒体重新得到公众的信任，并以媒体最直接的方式促进美国民主的健康发展。毋庸讳言，公众新闻的提出，也是美国报业企图重新恢复公共声誉以期在与新兴电子和数字媒体竞争中处于有利地位的一种努力和自我拯救。如果说从政党报纸到商业报纸是第一次革命，从自由放任的媒体到"自由而负责任的媒体"是第二次革命，那么，把相对抽象的媒体"责任"建立在唤起公众政治参与的"公众新闻"范畴则是所谓的"第三次革命"。

如前所述，中国的民生新闻最初也源于报纸，脱胎于边缘型的社会新闻和市井新闻，经电视引入改造后方获得"正名"并名声大噪。但与美国公众新闻完全不同的是，民生新闻所面临的现实压力和语境不是商业主义的泛滥和新闻合法性危机，首先是传统新闻叙事观念与新时期观众新闻需求的巨大脱节。在新世纪初期的

① Jay Rosen：The Action of the Idea：Public Journalism in Built Form, in Glasser, TL(ed), The Idea of Public Journalism, New York, Guilford Press, 1999, p22.

电视新闻领域，"国家主义叙事话语"是中国电视新闻的主流话语形式，从中央到地方，"大政方针"、"宏观政治经济形势"、"重要会议"、"领导人活动"等以社会精英为主角的宏大叙事主题牢牢占据着中国电视荧屏，民生主题是以上述电视叙事的"派生物"或"证明物"的面目出现的，没有自身的实体性意义。这种状况脱离了广大电视观众的实际需求，自然引起后者的强烈不满，有作为的电视人开始思考电视新闻的突围之路。就此而言，民生新闻运动必然意味着对上述新闻叙事理念的变革。《南京零距离》创制人景志刚认为，2001 年冬天来临的时候，当时的电视人"身陷困局"，他们苦苦摸索出"民生新闻的巨大生命力在于它体现了我们这个平民时代新闻必须具有的精神品质。我把民生新闻的精神品质归结为平民视角、民生内容和民本取向……"。[1] 民生新闻取得成功的本质乃在于地方电视台寻找到了寻求自身突破的现实策略，顺应了中央高层对于新闻工作提出的新的政策性要求（"以人为本"执政理念以及由此派生的新闻工作"三贴近"要求），这种顺应不仅使民生新闻获得了"正名"和合法性基础，而且争取到了自身生存的最大政治空间。

民生新闻是媒体环境和市场压力的直接后果。新世纪开始之际，央视一枝独秀，占据着中国电视市场的巨大份额，客观上对各地方电视台形成巨大压力；另一方面，各地方电视台尤其是城市电视台在较低的层次上争夺着有限的地方电视市场，"频道中心化"、"制片人制、主持人制"、"栏目化、杂志化"等创新招数之后，电视新闻的改革空间似乎释放殆尽。此外，彼时的电视节目缺乏自身的包装和营销手段，市场诉求方式单一，难以激发观众持久的收视欲望。民生新闻则创造了一种全新的电视呈现方式和营销方式（晚间黄金时间播出的大容量本土新闻信息，最能体现电视媒体独特优势的直播形态，政策话语

---

① 景志刚：《我们改变了什么？——〈南京零距离〉及其民生新闻》，载于《视听界》，2001 年第 4 期。

的新闻化表述,具有亲和力的主持人"说新闻",多种形式的"有奖收视"营销活动等),使观众眼前一亮,从而成功化解了媒体呈现和观众需求之间的紧张关系,使当时的电视竞争从"红海"走向"蓝海"。

　　民生新闻在自身内容上从宏大叙事转入微观社会学观察,颠覆了观众对电视的原有认知和期待;媒介现实和生活现实的重合,既满足了观众期待已久的新闻收视欲求,同时也使这种欲求定型化和模式化(笔者注意到,民生新闻诞生之后不仅在横向上被各地方电视台克隆,从纵向看,各电视台的各类新闻节目也有"泛民生化"的倾向),以致电视观众产生这样的想法:好的新闻就应该是民生新闻这个样子。李幸认为,自 1993 年以来,中国电视有过三次革命,第一次以央视《东方时空》为始作俑者(讲述"百姓故事"和记者主持人制、制片人制),第二次以湖南电视台《幸运 3721》、《快乐大本营》为标志(娱乐电视的地方经验),第三次则是肇始于《南京零距离》的民生新闻,"第三次革命里出现的平民主播,使得电视的大众性平民性终于浮出水面,电视回到它应该有的样子上来了。"①

　　很显然,美国媒体的公众新闻和中国电视民生新闻具有完全不同的产生环境,它们所面临的环境压力完全不同,应对方式也大异其趣。如果说公众新闻面对的中心压力是过度商业化以及新闻公共性的丧失,民生新闻的环境则是"太不商业了"、"太宣传化了"以及新闻本性的丧失。忽视这一点,就不可能超越表象的联系,达到对其差异性本质的正确认知。简言之,中国转型期的民生新闻不可能直接承接美国 20 世纪后期作为一场新闻反抗运动的公众新闻的余绪,因为它们在质上有较大的差异。

　　第二,深层底蕴的不同:社群主义、协商政治与公民意识的萌芽

　　公众新闻和民生新闻除了它们自身所面临的不同媒体压力之

---

　　①　李幸:《十年来中国电视的第三次革命》,载于《视听界》,2001 年第 4期。

外,还植根于更深层次的、超越单纯新闻理念的社会支撑性因素。只有把握住社会思潮的巨大变化,才能精细触摸出两者不同的质地。

从新闻本身的"学统"或"道统"来看,公众新闻所标举的"公共性"无疑是早已在新闻界内部存在的"社会责任"的延续。

关于社会责任的理论可以追溯到密尔的道德功利主义、卢梭强调"众议"应该服膺"公议"(general will)的主张,直至杰弗逊对印刷商"捏造虚假事实"的警告和普利策对报纸坚执最高理想、担负道德责任的呼吁,但是媒体社会责任的要义在1944年由12位著名学者组成的"新闻自由委员会"(前文所述的"哈钦斯委员会")的调研中才获得了严肃而系统的表述。在1947年该委员会提交的第一份报告《自由与负责任的报刊》中,报刊的社会责任被特别标示为:抵制商业和资本的控制,营造自由而公开的市场,促进社会变革。1956年,美国伊利诺伊大学出版社推出由三位著名传播学者(F. S. 西伯特、T. 彼得森和W. 施拉姆)撰写的《报刊的四种理论》(Four Theories of the Press),彼得森执笔写作了其中的第三章"传媒的社会责任理论",详尽阐述和解释了哈钦斯委员会的研究报告,指出了美国媒体的尴尬现状:"一方面美国人在处理公共事务时对传媒的依赖越来越深,另一方面媒体的所有权越来越集中到少数人手中,因此新闻和评论的消费者在很大程度上受到媒体经营者的任意摆布而无能为力",据此,彼得森断言,"日益强调新闻界的责任",并且把传媒的消极责任转化为积极责任,作为一种新兴的理论来说,"在很大程度上适应了新兴的世界观及其所带来的各种思想。"①

但是传媒的社会责任理论招致的批评也是十分激烈的,关键是社会责任的概念仍然是比较抽象和含混不清的,而且与传媒人

---

① 参见威尔伯·施拉姆等:《报刊的四种理论》,新华出版社,1980年版,第75—90页。

的实际权利和义务、根深蒂固的自由主义"客观性"原则特别是变化的美国生活现实仍有相当的差距。而在此时势头越来越强劲的"社群主义"思潮与责任理论相结合，正好把相对抽象的责任概念"坐实"了，那就是高扬传媒的"公共性"，促进社会特别是"社群"实质性互动的能力。

社群主义（Communitarianism）是在批评以约翰·罗尔斯为代表的"新自由主义"的过程中发展起来的，它和后者构成了美国 20 世纪 90 年代的主流社会政治思潮。与传统的自由至上主义和新自由主义都不一样，社群主义不再强调以个人权利为终极标准的价值观和理论出发点，而是以社群（如家庭、邻里、社区阶层、团体、民族乃至国家）利益为核心，后者不仅是个人权利的保障，而且是人类最高的公共利益。显然，相对于新、旧自由主义，社群主义是一种"集体主义"价值观，社群主义的理论代表有 M. 桑德尔、A. 麦金太尔、M. 沃尔泽、C. 泰勒等人，他们的观点虽然并不完全一致，批评自由主义的着力点和角度也不相同，他们定义的社群含义也不尽相同，但他们有一个共同的主张，那就是不再把基于个人主义的"权利"视为先验之物，而是强调把相对抽象和静态的"权利政治"转化为动力学的当务之急的"公益政治"。社群主义者从实质上把政治权利界定为个人参与政治决策的权利，因而把个人广泛的政治参与当作是民主政治的基础。沃尔泽和米勒都强调指出："没有积极的政治参与，公民资格就不能真正实现，从而个人也就无法享受到充分的权利。"①从一定意义上说，社群主义是公众新闻的哲学基础，它对后者的支撑性作用主要体现在：媒体担负的社会责任不仅是满足公民的知情权，而且要满足促进社群互动的广泛性要求；媒体担负的社会责任不仅要满足原子化的公民个人的权

① 参见俞可平：《社群主义》，中国社会科学出版社，1998 年版，第 109 页。

利,更要促进社群的集体公益；媒体不能满足于静态报道,提供社会生活的真实画面,更要走进社群,走进邻里,面对面地与"社员"进行交流,征询议题,探索社会问题的解决之道,从实质上改进社群生活,促进社群公益。

中国新闻人当然也讲究社会责任,《大公报》所主张的媒体"四不"要求,更是把媒体为实践这种责任而呈现出的独立、自由品质强调到极致。但是不可否认,由于中国近现代以来特殊的历史环境,媒体常常被裹挟进残酷的政治斗争和社会运动中,或者沦为政治斗争的牺牲品,或者蜕变为党同伐异的工具,没有可能也没有时间塑造自己连续一贯的道统,并使之一以贯之根植于代代新闻人的内心之中——更由于新闻媒体长期以来实质上"外在于"政治选举和权力运作过程,就更难获得政治力量和有影响力的社会力量的支持,难以在平等的社会政治博弈中扮演重要角色,形成积极参与社会互动和政治平衡的"牢固习惯"。在此大背景下,民生新闻与公众新闻虽有许多相似之处,特别是在确立公众的主体地位、强化公众的互动和参与意识、建构社会公共领域等诉求方面,这种相似尤其突出,但是,不容置疑的是,民生新闻缺乏可持续的、牢固的新闻"习惯"的有力支撑,也没有各阶层(即各"社群")政治参与的经验积累和利弊的缜密思考,其产生和勃兴具有因时势而生而盛的巨大偶然性和随机性,其未来命运亦复如此。基于此,在笔者看来,中国电视的民生新闻在可以预见的未来不可能成为所谓的公众新闻,具体理由如下:

一是制度性差异造就了这两场新闻运动运行的不同层面和方向。中美具有完全不同的社会制度和媒体制度,媒体的社会角色和功能也有很大的不同,所谓"自由媒体企业"和"喉舌论"的差异是无法抹杀的,这就从根本上决定了两者改革发展的路径和制度性空间完全不同。如果说决定公众新闻发展方向的因素主要有美国的社会现实、新闻文化传统和公众新闻需要的话,那么,民生新闻在上述对等因素之外，还要更多地受到"新闻政策"、"宣传纪律"和"舆论导向"等意识形态因素的强力制约。

二是公众新闻和民生新闻具有完全不同的政治学背景的考量。受西方政治传统的影响，媒体的功能从来就是被牢牢嵌入在政治运作的机器之中，被视为实现民主的重要工具。在代议制民主中，媒体被视为选民表达政治诉求、政治家寻求选民支持的政治秀场；在传媒技术高度发达、传媒影响力深达社会各个角落的现代，传媒自身、"科学的"舆论调查、民意代表和利益集团在公共领域的亮相等，实质上构成了代议制民主的基础，并使后者升级为"远程民主"（tele-democracy）。自 20 世纪 80 年代以来，一种新的民主政治的理论和实践——协商政治（delibrative politics)）——应运而生。协商政治，就是公民通过自由而平等的对话，提出政治议程，讨论这些议程，"直接"、"实质性"地参与公共决策和政治生活。罗尔斯、哈贝马斯、吉登斯等人虽然也指出了协商政治面临的诸多现实困难，但都无法否认协商政治是民主政治的发展方向和当代民主的核心所在。美国政治学家詹姆斯·博曼（J. Bohman）指出："在一个运作良好的公共领域中，今日之问题是从各个角度被探讨的……在重大的创新和变革时期，潜在于制度之下的基本理解和假设就被纳入到了问题视野之中……当把民主共识、平等和参与当作历史经验的结果而实用性地加以理解的时候，它们就不但是今日批判理论的最合适的规范，而且还是在实际的公共协商中可被实现的政治目标。"①博曼的意思非常清楚，当代西方的议会民主、多数民主和远程民主遭遇到多元主义不平等和社会复杂性的种种挑战，唯有协商政治才能够提供最大限度促成民主的现实动力——在这一进程中，媒体作为社会公共领域的主要建构者，理所

---

① 詹姆斯·博曼：《公共协商：多元主义、复杂性与民主》，中央编译出版社，2006 年版，第 205-206 页。

应当在公民与公民、公民与媒体、媒体与媒体、公民与政治家、政治家与政治家之间的多层次对话和协商中扮演极为重要的角色,最终促成政治议程的建构,满足民主的要求。事实上,社群主义和协商政治的主张是生长在一起的,彼此依赖和彼此强化对方,它们共同赋予公众新闻组织和促进社会对话、沟通社会各种政治诉求、达成妥协而使各方利益获得实现,最终推动社群政治、国家政治向民主方向发展。显而易见,在公众新闻的视野中,媒体已经完成了从信息的报道者到社会运动的发动者、参与者和组织者的转变。与带有强烈政治诉求的公众新闻不同,民生新闻在当今中国仍主要立足于"信息报道者"这一角色,民生新闻与先前的单一国家主义新闻的主要不同,并不是在关于新闻报道的功能理解上,而是在报道对象、报道角度、报道旨趣的差异性理解上,说得更清楚些,相对于其所欲变革的对象而言,民生新闻的使命仅仅在于回到新闻报道的本体,将长期以来失落的时事新闻本应具有的民生话语、民生角度、民生关怀捡拾回来,而非拓展新闻自身服务社会的功能。民生新闻虽然加强了舆论监督的分量,也有观众和主持人的连线互动,也能为市民办不少"实事",但从根本上看,民生新闻作为信息报道者的角色没有改变,尚没有进一步成为常态下的"社会讨论的组织者"、"社群政治论坛"(在扮演这类角色时,民生新闻会承受比一般事实报道大得多的压力和政治风险,有太多"无形的天花板")。在电视观众既定的媒介素养条件之下,民生新闻不会舍弃报道市民生活的全景图画,特别是市民极为关心的"身边事"、"寻常事"(这些事情当然会经过更精准的选择)。相形之下,只有那些公众强烈关心、政府无法回避、有条件或有可能解决的社会公共事务(尤其是社会冲突事件)才可能纳入公众新闻的议题。

　　三是美国公民社会资源相对雄厚,社团数量众多,影响力巨大,可以给媒体以强大的组织化力量和议程的支撑。美国的社团组织,作为横亘在政府和公民个人之间的"中间变量"和社会冲突的"缓冲器"，不仅具有独立的法律地位，而且对立法机构具有强大的游说能力，能够显著增强或减弱政府对新闻机构的掌控力，其对公众的影响力也是不容小觑的。反观中国，公民社会建设刚刚起步，扁平化的社会结构并未根本改观（国家、公民个人通常直接"相遇"），社团组织的数量和功能无法与美国相提并论，社会整合程度尚不高，媒体自然无力协调和动员足够的政治资源来完成新闻议程的"政治化建构"和最终实现，也无力依靠社团组织来完成自身使命的实现以及使之成为民生新闻改革转型的强大社会动力，也就是说，对于中国民生新闻的功能拓展而言，最大的困难并不是改变新闻播报的"前台"形式和面目，而是缺乏强大的"后台"资源的有力支撑。

四是巨大的收视压力不可能使民生新闻在短时期内产生向公众新闻的偏移性转型。即使在美国，理想色彩浓烈的公众新闻仍然难以抵挡资本的利润逻辑。在媒体竞争刺刀见红的当下中国，民生新闻不可能实施曲高和寡的转型而让收视率掉下来——"收视率末位淘汰制"是中国电视绝大多数节目业绩考核的不二标准，民生新闻必须适应中国观众业已稳定的收视习惯，必须持续供给观众他们感到熟悉和产生兴趣的电视画面，在这种态势下，从具体新闻事实、民生话题、社会矛盾乃至有奖收视刺激模式抽身而出，将节目重心挪移到观众尚不太熟悉甚至还相对陌生的社群政治议程的建构上，将会在承担巨大的政治风险的同时，承担同样巨大的收视率下滑的风险——对电视播出机构来说，这同样是不可承受的。因此，笔者相信，现阶段的民生新闻之转型，将以提高新闻报道质量、激发公众参与社会讨论、推动"议程设置"（agenda setting）、培养公民意识为目标，不可能把自身的主要使命界定为以"议程建构"（agenda building）直接推动民主政治的发展。民生新闻现在最需要改变和所能改变的不是政治的实际运行，而是作为"政治动物"的人的公民意识。有学者早就指出，民生新闻为地方新闻媒介寻求突破提供了重要借鉴，但若以新闻成就民主的社会秩序、以新闻推动公众参与社会公共生活作为新闻业的理想目标，民生新闻只是一个开端。

尽管当下中国的民生新闻没有"社群主义"、"协商政治"的标签，不可能成长为美国式的公众新闻，但后者的新闻理念和实践仍然给民生新闻的提档升级以巨大的启示：从某种意义或更深的层次看，民生新闻的目标观众群应该实现从市民到公民的提升。公民当然是市民，公民生活当然也是市民生活；但公民不仅仅是市民，公民生活也不仅仅是市民生活，两者具有不同的内涵。公民和公民生活应该比市民和市民生活具有更丰富的社会内容和社会规定性。在基本的个体生存范畴之外，公民是民主社会的真正主体；在吃喝拉撒、车祸、打架、油盐酱醋茶、气象服务之外，公民生活囊括了权利表达、权利实现、社会互动、社会参与、公民自治、文化自觉等无比丰富的内容——转型中的民生新闻应该将镜头更多地对准这些更为本质的生活领域，实现真正意义上的自我转型。

第七章　民生新闻的最新语境："新常态"与"互联网思维"

大致自 2014 年始，中国政治和经济发展的一个最显著标志就是旧有发展模式难以持续、创新驱动的转型升级刻不容缓，进入了从政治家到坊间学者都认可的一种谓之"新常态"的阶段。置身于"新常态"这一具有强大覆盖力的新语境之下，中国电视的民生新闻和其他品类的新闻节目乃至更广泛的节目品类一样，自然遭遇新的压力，面临新的挑战——事实上，这种压力和挑战已经是显性而急迫的事实，并造成了民生新闻从业人内部的种种认知困惑甚至焦虑的心态。"新常态"对电视民生新闻意味着什么？扑面而来的压力和挑战都是全新的、前所未有的吗？电视民生新闻会不会因为这种新语境的到来而面临着影响力和资本收益的双重"边缘化"？民生新闻电视人在"新常态"以及直接参与造就这一"新常态"的互联网语境下如何作为？下面试图从定性分析和结构描述的角度对这些问题加以探索。

第一节　"新常态"：从量变到质变的语境塑形

2014 年，电视媒体生态的变化是多方面的，正是这些十分显著而多方面变化的同时聚合，使民生新闻电视人和研究者强烈感受到一种新语境的统摄力和压制力。

——电视民生新闻节目的影响力在下降。这个下降包含着几个方面的内涵和表征:节目的总体收视率(从热播十余年的"老将"到新近涌出的"新秀")在不断下降(部分创新节目的出彩不足以改变这个基本面);民生新闻的舆论引导力和文化塑形力在下降,以门户网站、视频网站、微博、微信为代表的商业或草根媒体在人们的社会认知、文化塑形和地方信息获取等方面扮演着越来越重要的角色,其丰富性、传播频度乃至"追捧度"相对电视民生新闻毫不逊色,不仅极大分流了电视观众,而且日益消解着后者的"主流性"和"美誉度",甚至具有了对电视传播的信息进行"再确认"和"再解读"的功能;电视媒体尤其是民生新闻曾经引以为傲的"新闻专业主义"操守遭到质疑,央视财经频道接连曝出的丑闻和曾经风光一时的《焦点访谈》、《新闻调查》收视率的持续下滑,因应严峻现实而出台的《新闻出版广播影视从业人员廉洁行为规定》、《自律公约》等,从不同方面揭示出电视等行业"潜规则"猖獗,主流媒体的公信力严重下降——电视民生新闻也不乏"潜规则"的用武之地,"覆巢之下,安有完卵?"电视媒体影响力的下降还表现在其对"80后"、"90后"以及更后的年轻人的吸引力上,这一数量众多、整个社会中思想最活跃、大众文化消费力最强的社会群体正在不断离开电视屏幕、离开民生新闻。综合以上表征不难看出,观众(尤其是年轻观众)的抽离、收视率下降、影响力减弱,不仅使民生新闻节目的总体盈收增速趋缓(个别节目的收入虽仍然维持在较高位置,但货币增发的"虚胖"效应不容忽视),使电视作为宣教主阵地的意识形态整合力和舆论引导力陷入"虚置"或"悬搁"的尴尬境地①,也强有力地拉低了电视民生新闻在观众新闻信息需求结构中的地位和比例。

——从更大的背景看,在互联网媒体发展的大潮中,电视遭到

---

① 参见2016年1月22日由中国互联网信息中心(CNNIC)发布的第37次《中国互联网发展状况统计报告》。

异军突起的视频网站的巨大挑战。以优酷土豆、爱奇艺、乐视网、PPTV 为代表的一大批视频网站，自创立以来就获得了爆发式增长，经过数轮的博弈和整合，在 2014 年发展势头更为强劲。与传统电视相比，这些互联网新媒体具有电视（自然包括以电视为平台的民生新闻产品）无法比拟的优势：经过上市和多轮融资，具有强大的资金实力；能够第一时间采用最新的互联网技术和营销手段，持续改进用户收视体验；实现了从渠道到内容的整合式发展，具有极其丰富的节目源和强大的内容生产能力，领域涵盖电影、电视剧、动漫、综艺、纪录片、体育、游戏、财经资讯等，甚至有能力引进域外节目、联合生产独播剧等。"制播分离"、"自制独播"、"制播同步"对它们来说可以说百无禁忌，运用纯熟。从根本上说，这类视频网站相对于电视的最大优势在于极大优化了"用户体验"：海量片源即点即看，最新技术用户首享，参与互动弹指实现。对网站运营者来说，基于先进的"大数据"挖掘技术，能够随时了解用户的需求（甚至准确预测未来需求），随时更新优化服务。在近些年的扩张中，这些企业更是吸引了大批电视从业精英。可以想象，如果没有行业保护和禁入政策，这些互联网企业也能进行"一手"新闻采制，它们制作的"硬新闻"节目完全有可能挑战电视台制作的节目；如果没有在"三网融合"中对于电视媒体内容生产的垄断性地位的政策保护和"互联网盒子"限制性接入的相关规定，以上述互联网企业的资源整合能力，直接"攻陷"和抢占电视大屏就是十分迫近的威胁了——到那时，即使仍然存在"民生新闻"，存在仍可在电视大屏上观看的"民生新闻"，其"东家"恐怕就不是电视台了；或许更直接些，电视大屏上的民生新闻已死，而无数的移动"小屏"（手机和平板电脑）会出现名目繁多、风格各异、第一手资讯更多、信息更新更快的似曾相识的"民生新闻"……

——近几年来，特别是在 2014 年，电视人的离职潮集中出现。从央视到一线卫视，不光有前台的主持名嘴选择离开，也有不少后台的实际操盘手和领军人物离开电视（如浙江卫视总监夏陈安等），更有靠民生新闻成名的实力干将，他们或是投奔互联网媒体新东家，或是自主创业。值得注意的是，不少离职人员曾经是电视新闻改革和经营创收的代表人物，有思想、有闯劲，并创造出业界佳绩。这些人物的离去才是真正令人担忧的问题，也引发了人们对电视业和民生新闻发展前景的种种猜测，甚至引发某种悲观情绪。

电视和民生新闻在 2014 年遭遇的挑战远不止上述几个方面，其发展现状的确令人深思（这绝不是少数一线卫视交出了并不褪色的经济收益单所能掩盖的，也不是几档收视率依然不俗的民生新闻节目所能遮蔽的），也确实存在着不得不正视的严重问题。但是笔者坚持认为，电视"新常态"并不是某一年、某一时刻突然来临的，电视业和电视民生新闻在 2014 年的发展出现这种"卡顿"或窘境实质上是前者没有及时跟上和抓住中国电视观众消费需求尤其是新闻消费需求的快速增长和变化、互联网技术提供的机遇以及因应时势果断改造生产、运营、人才薪酬机制等因素造成的。基于电视平台的民生新闻，表面上看，其兴衰成败似乎取决于其创作团队；从更深层次看，其生死存废实质上取决于电视媒体的整体生存状态和电视—观众关系，取决于电视媒体决策者顺应时代变化的心胸、格局和能力。

第二节　"新常态"生成改革的新动力和新机遇

电视民生新闻在近年来遭遇的困难绝不都是"新问题"，和整个电视业一样，它本身存在的某些问题可以称作是"沉疴旧疾"。从这个意义上说，在"新常态"语境下，电视民生新闻的发展需要解决两个方面、同时又是压缩叠加在一起的根本性问题：其一是该新闻类型自身长期以来一直存在、没有得到根本性重视和妥善解决的问题，其二是和互联网新媒体站在同一起点、处于同一新语境下，如何通过生产机制、经营管理和人才使用的创新求变，最大限度满足电视用户日益旺盛而多元的新闻需求，最大限度改善受众的"用户体验"。在笔者看来，要解决这些新老问题，把"新常态"的压力转化为新的动力和机遇，必须首先改变民生新闻电视人的思维模式。

一是民生新闻电视人要继续坚持"新闻立台"、"民生新闻创牌"的理念，重新认识民生新闻社会效益和经济效益之间的相互关系，把两者真正置于同一平台来认识，转型升级为新的现象级标杆新闻栏目。

就"新闻立台"而言，这一理念早些年就提出来了，现在似乎被有意无意地忽视了（民生新闻的重要性自然随之下降）。随着前些年火爆一时的名牌新闻栏目（如央视的《东方时空》、《焦点访谈》、《新闻调查》以及以江苏城市频道《零距离》为代表的各地民生新闻节目）逐渐失去轰动效应而趋于平淡，电视台的收益更多取决于受众群更大的综艺、娱乐和影视节目以及其他经营性产业，新闻节目在电视产品系列中逐渐被边缘化，电视媒体在经济指标的压力下不得不将主要精力、资金和人才向那些收视率高、广告回报巨大的产品倾斜。但是，必须看到，按照现行制度和体制的安排，我国的电视媒体并不是独立而纯粹的商业媒体，而是同时肩负着"国家意识形态机器"宣传教化以及满足人民群众多方面信息、文化和娱乐需求的职责。无论从传播学的"受众中心主义"观点还是从宣传报道的"落脚点"及最终归宿来看，这两种职责本应是高度统一和重叠的。但毋庸讳言，长期以来，电视媒体的这两项职责或功能是分裂的、难以两全的——其所以如此，是因为我们长期以来奉行的是两条并行的发展思路：宣传教育、舆论引导（主要是政治舆论和道德舆论引导）是"守土有责"的政治任务，可以不计成本、不求回报、不顾市场需求、不进行效果评估，"领导"认可或满意就是最高圭臭;文化传播尤其是娱乐传播则完全走"市场经济"的路子,把收视率、广告回报率、投入产出比、知名度、美誉度视为岗位考核的首要指标,并以由此产生的经济获益"反哺"通常不赚钱或盈利能力有限的前者。在社会价值日趋多元、多维信息文化和娱乐需求主宰消费市场、信息生产主体和接受渠道双重多元化的"新常态"下,新闻生产(包括民生新闻生产)似乎更加难以"咸鱼翻身",只能偏安一隅、续其"余烬"了。

笔者以为,电视"新常态"恰恰给新闻生产的大发展带来了前所未有的契机,更给电视民生新闻的大发展创造了千载难逢的新"窗口期"或"风口"。理由如下:

首先,在全面深化改革、宣传社会主义核心价值观、依法加强舆论监督、弘扬传统优秀文化和优良民俗家风的新的时代背景下,电视的新闻生产被赋予了更加重大的使命和职责,自然具有更大的发展空间;民生新闻由于更接地气、更贴近民众,在落实新闻生产的新使命方面自然更具优势。

其次,电视的宣教、舆论引导虽然有其特殊性,不可能也不应该完全迎合公众趣味,但是,我们也应该同时看到,新闻需求和引导需求也是观众的刚性需求,公民意识勃兴的当代中国人比任何时候都更加关心"国事"、"城事"和"家乡事",关心自身的责任和权益(电视等媒体可以帮助他们满足知情权和舆论监督权)。从这个意义上说,观众对民生新闻节目的某种"厌倦",恰恰说明能够持续高效率满足他们新闻需求、并且让其喜闻乐见的优质民生新闻节目太少——这正是"新常态"下民生新闻可以大有作为的广阔空间。由此可见,和以往一样,民生新闻产品仍然是电视塑造媒体品牌形象、提升公信力和美誉度的持久抓手[1]。

---

① 张建星:"将新闻进行到底",见其所著《新闻操作 92 条札记》,文汇出版社,2004 年版,第 167 页。

第三，新闻资源是一种宝贵的社会资源，电视可以利用这一资源生产"硬新闻"产品，也可以生产"软新闻产品"，还可以利用这座"金矿"和"富矿"开发出新闻资源的衍生产品——民生新闻，恰恰就是"硬"、"软"新闻结合、"远"、"近"新闻交叉、新闻资源"综合开发"的最佳产品品类。与电视形成直接竞争的商业性视频网站和其他种类的商业互联网媒体并不具备新闻的独立采制权，无法进入新闻生产的"一级市场"，只有转载权和产品的"二次开发"权。在这一方面，电视民生新闻已经抢得了先机。

最后，由于体制和传统的影响，电视从事新闻生产的人力资源最为充裕、也最为优秀，民生新闻生产自然集聚了一大批社会媒体根本无法比拟的新闻精英（即使现在有所流失，但存量人才资源仍然是可观的）。对于任何事业而言，人才永远是第一资源，人才优势永远是第一优势，我们有理由相信，在电视"新常态"语境下，随着电视媒体内部用人机制和薪酬体系的不断改善，加上民生新闻电视人自身的不懈努力，民生新闻生产创新乏力的窘境终将过去，新的现象级的标杆新闻节目必将出现，迎来民生新闻生产的又一轮黄金时代。

无论社会如何发展，无论娱乐节目多么受年轻人追捧，新闻资讯永远是最广大人群尤其是社会中坚人群的刚性需求和第一需要。"澎湃新闻"的横空出世恰恰证明了这一点。上海报业集团旗下的三大新媒体"上海观察"、"澎湃新闻"、"界面"上线后均获得市场良好的反响，尤其是"澎湃新闻"直接以"新闻"相标举，其2014年7月22日正式上线时的发刊词明确宣称："我们是一个专注时政与思想的新闻客户端。中国人对时政信息的渴求从未像今天这么迫切，我们正为此而生，并立志成为中国第一时政品牌"。"澎湃新闻"主打时政新闻与思想分析，生产并聚合中文互联网世界中优质的时政思想类内容，把互联网技术创新与新闻价值传承相结合，同时致力于新闻追问功能和跟踪功能的实践。它不仅有网页、Wap、

App客户端等系列新媒体平台,还有细分的微信公共账号如"中国政库"、"中南海"、"打虎记"、"人事风向"、"一号专案"、"舆论场"、"知识分子"等。"澎湃新闻"大获成功后,不少传统媒体集团竞相仿效,推出了各自的新闻客户端,但都难以与前者匹敌。新华报业集团在江苏省委的支持下,也推出了"交汇点"客户端,并将它视为旗下新华日报、新华日报网、交汇点主力媒体矩阵中最有希望的发展极。不难看出,"澎湃新闻"的成功,在于它比较完美地整合了传统报业的专业优势、人才优势和互联网的技术优势,也证明新闻资源(无论是"硬新闻"、"软新闻"、"时政新闻"、"财经新闻")仍然是受众最为追捧的内容资源。

二是电视要按照现代企业制度的要求,建立科学的人力资源管理制度和薪酬体系,留得住存量优秀人才,招得进增量顶尖人才。

我们虽然仍然对从事民生新闻的存量人才优势保持谨慎的乐观(在现行体制下,相对于比较"正统"而缺乏变化的时政新闻而言,更接地气、更富有"调查"、"求证"、"为民请命"精神的民生新闻,对于那些具有新闻专业主义精神和理想、更富有创新和"冒险"意识的优秀新闻人才来说,是更为适宜和广阔的用武之地),但这种优势正在遭遇蚕食——优秀电视人的离职潮确实是一个不得不面对的严酷事实。不过,在世界范围内,从传统媒体向新媒体的人才迁移早已经高频度发生,只不过在2014年的中国电视界引起的关注度更高。电视业是一个常做常新的行业,相较其他行业,其从业人员尤其是精英人才通常具有较高的创新精神、较高的职业期待,较少愿意受到束缚——而在互联网媒体勃兴的时代,出现了许多创意空间大、职业回报高、不用熬年资就能出头乃至独当一面的工作岗位,离职潮的出现也就成为必然。档案扣留、行政挟制、"感情留人"已然难以奏效,唯一能留住存量人才的办法还是老话"事业留人",即大胆革新用人机制和薪酬机制,让人才的责任、权力、位子、利益、发展空间真正统一起来；更重要的是，让有市场意识和创新意识、经验丰富、思虑踏实周全的人才有施展才华的最大空间。现在的问题是，在"制片人制"、"项目制"、"节目团队制"、"制播分离"等利好空间释放完毕后，还有什么样的制度利好来激励民生新闻人才队伍的成长？如今的电视台，尤其是一线广电集团，早已不是一个单纯的节目生产机构，而是资产结构复杂、产业门类繁多、现金流巨大、各类人才集聚的重量级投融资平台，管理、运营这样的平台，没有与现代企业制度相适应的人力资源政策和薪酬机制，或者最低限度的"特殊岗位特殊报酬"的内部激励，优秀人才的流失将是无法避免的——一旦持续失去一批批这样的人才，电视以及电视民生新闻的边缘化和衰落就不是危言耸听了。从另一方面看，电视媒体也要注意从系统外、包括竞争对手那里招聘民生新闻发展创新急需的顶尖人才——在一个人才自由流动、猎头活跃的时代，仅仅盯着本单位人才存量"鞭策"、"加压"、"特殊激励"，而不是放眼天下英才，那将是气量和格局狭窄的短视行为。

第三节　践行"互联网思维"，重造节目生产的科学流程

"互联网思维"是当下的一个热词，与前述的"新常态"互为表里，但如何理解这一概念则众说纷纭，"幻觉"多多。应该看到，在新媒体茁壮成长的持续的巨大压力下，传统媒体早就有所动作、全面"触网"了。现在的电视早已经不是单一的"大屏"媒体，而是"全网型媒体"了——从网络到移动网络，从网络电视、移动客户端、微博到微信，从大屏到小屏，无一不备，有的甚至构建了新旧媒体相互支撑的"媒体矩阵"（电视是民生新闻的基础平台，但不是唯一平台）。毋庸讳言，对民生新闻节目来说，现在所缺的绝不是渠道、客户端，而是适应变化着的市场（受众和客户）、变化着的消费需求，

并能引领市场消费的真正的互联网思维。不可否认,民生新闻的"触网"行动有效改善了自身的生存状况,延续了自身的影响力。但是我们也应该看到,不少民生新闻电视人在践行"互联网思维"时,也存在着几个不小的思维误区:

一是认为"一网就灵",片面满足于搭上互联网的快车,以为从此可以高枕无忧了。事实已经表明,即使已经站在同一媒体平台,已经发展多年的民生新闻的网络化经营仍然无法与老牌的商业网站相抗衡,也无法超越新媒体自身所推出的新闻客户端等"熟练利器"。

二是以传统电视的思维模式经营民生新闻节目,"腾笼不换鸟"。这实质上意味着把原有的传统民生新闻的新闻生产模式搬上了互联网,在新的平台上"重操旧业"。不难发现,在传统媒体开办的各型新媒体平台上,慢半拍的新闻信息、相对定型的故事讲述方式、僵化的节目编排仍然存在,拒受众尤其是年轻受众于千里之外。

其三,和部分传统媒体一样,民生新闻也热衷于培养"全媒体记者"、"全媒体编辑",但只满足于拥有全媒体、多端口采写编人才队伍,而忽视了互联网思维下节目运营和管理机制因时而变的极端重要性。

笔者以为,部分民生新闻电视人存在的上述认知误区,实质上是对真正的互联网思维认识不清而引发的种种"幻觉"——这些幻觉若不破除,互联网思维的"常识"就无法建立,民生新闻的可持续发展就无从谈起。

我们认为,互联网思维绝不是指"建网至上"、"有网则灵",而应指一种精神和态度,即致力于达成"用户利益至上"、"用户体验至上"、"人机界面亲和"、"传者—受众无碍互动和融合"、"满足和创造消费者需求"、"消费和支付方式便捷"等诉求,以此打造品牌、提高美誉度,赢得消费者和客户市场。互联网思维并不仅仅属于互联网媒体，也不仅仅局限于网络的开发模式，而是指内容和渠道的整合式创新思维。在互联网技术彻底改变世界的新时代，在媒体的专业壁垒、渠道壁垒、技术壁垒、制度壁垒其至"传者—受众"壁垒等一切壁垒持续瓦解的今天，电视民生新闻要维持生存、再造辉煌，除了必须延续其一贯的"撒手锏"——"品质化生存"之道，还必须坚决遵循互联网思维，从"供给侧"的源头上反思和改造自身的生产机制和流程。

首先，媒体和节目形式无论"新"、"旧"，"内容为王"的法则永不会过时，内容资源的充沛、优质、多元化供给依然是民生新闻决胜市场的不二法宝。

笔者以为，在人们普遍强烈关注媒体新型平台建设的当下，"内容为王"的理念绝不应该被忽视，并且需要获得持续性关注和创新性理解；与此相对应，对于"互联网思维"题中应有之义的"媒介融合"来说，民生新闻现今所欠缺的并不是各个媒介端的互联互通或资源共享，而是各型媒介端自身的品质化生存。消费者最终消费的不是渠道、用户体验、移动便捷性或者界面，而是它们所承载的内容。所谓"内容为王"，就是指任何媒体要以产品说话——在媒体"新常态"下，手握"移动小屏"、见多识广的观众对传媒产品提出了更高的要求，他们的认知阈值、审美阈值和感动阈值越来越高。从优质内容生产来讲，民生新闻其实是具有极大优势的：一是长期以来民生新闻作为备受关注、广受好评的节目类型在"品质化生存"之路上积累了丰富的经验，出现了一大批广受观众欢迎的节目主持人群体和优质栏目板块，民生新闻相对于传统的时政新闻能够更快地感受市场的需求，推出更适合观众口味的节目内容；二是民生新闻长期扮演党和政府的"第二喉舌"（相对于时政新闻）角色，在获取重大政策性信息方面具有天然的优势，与各级党委、政府部门、社会组织乃至群众团体具有良好的社会信任关系，"社会资本"之雄厚非商业新媒体和其他电视类型所能比拟；三是如前所述,民生新闻发展十余年来培养和吸纳了大批优秀记者、编辑和行业管理者。在新形势下,丰富的市场化经验和优质人力资源并不等同于现实的竞争力,但这样的基础无疑为民生新闻优质内容的生产奠定了坚实的人才—智力资源基础。不可否认,现在的媒体受众绝大多数都是"网民",网民的阅读、收听、收视方式具有移动化、随机化、碎片化、趣味化的新特点,但不管怎么说,符合他们需求的优质内容资源永远是吸引其眼球的第一要素——没有优质内容的支撑,渠道的便捷、良好的用户体验等有利因素终将大打折扣,甚至化为虚无。因此,依托雄厚人才队伍和社会资本,打造丰富的、多元化的优质内容资源是民生新闻的独特优势,也是互联网思维的"常识"内涵。

其次,民生新闻电视人践行互联网思维,最重要的是要充分掌握和利用最新的互联网技术,建立"数据分析中心",用"透明的"市场反馈推演,再造"清晰的"科学化生产机制和流程。

任何企业都重视市场,任何生产都针对市场,对电视而言,重视市场不是说说"开门办台"、"办老百姓爱看的民生节目"这样的老话那样简单,也不是分析收视率一个指标所能全部概括,恰恰相反,民生新闻电视人对市场的重视,必须充分利用已经非常成熟的"大数据"搜集和挖掘技术,从生产的源头开始,重构"市场需求分析—产前评估、策划—弹性化生产—投放市场—市场消费评估"生产流程,让民生新闻原本具有的"开门办节目"的先天优势注入全新的内涵,并真正做实。节目生产什么,节目如何定位(包括观众定位和客户定位),朝什么方向创新,内容向什么方向倾斜,已经不是单纯依靠召开专家座谈会、策划会、评审会、邀集观众座谈或是进行收视率分析所能决定得了的,而是必须采用动态的"全采样"的精准数据分析手段。按照笔者的理解,真正意义上的"全采样"概念,不光是指对收视人群的"截图式"无缝隙覆盖,还包括对人群收视旨趣的全过程跟踪、不同社会分层人群收视需求的动态分化跟踪、核心收视人群相对稳定的收视习惯和边缘人群(进入和退出波动性大、随机选择性强的人群)的收视需求以及收视人群的显性需求(刚性需求、存量需求)和隐性需求(可创造性、可诱导性、成长性需求)的跟踪分析。如此复杂的数据分析，在以前是不可想象的，如今的大数据分析技术则可以轻松胜任。也就是说，大数据分析和挖掘技术，已经使原先混沌难测的消费市场变得"透明"了，这不能不说是技术进步带来的重大成果。电视民生新闻重视并采用这样的技术，可以具有以下的巨大便利：一是节目的舆论引导力落实在对公众认知需求的切实满足上，对引导效果的评判落实在可靠而清晰的数据基础上，而不再是虚化的、无法证实的肯定或否定性评判(宣传部门或行业行政领导机构对民生新闻宣教引导功能的刚性要求"引导方向是否正确"、"引导效果是否显著"将获得有效的数据支撑)；二是使民生新闻面向市场的运作找到准确的方向，强化电视"观众至上"的意识，根据节目的市场反馈改善节目的可观赏性、可理解度、可传播性和美誉度，从而有效提高民生新闻的公信力和权威性；三是可以倒推式地推演民生新闻的生产，改造节目的生产模式和流程，使之做到"以需定产"、观众参与生产、在观众反馈中弹性调整生产，这样一来，民生新闻不仅可以在内容上实现"制播分离"(大量引入社会上的"草根"制作团队发现的线索资源和生产的视频内容)，还可以在生产流程上实现"制播同步"或"制播协调"。从终极意义上说，优秀的、受到观众喜爱的民生新闻是电视人和观众共同完成的。如果这样的民生新闻生产机制得以确立，那么，节目内部相关的所有环节如人力资源配置、资金投入、财务管理、市场评估、新节目开发、市场推广、薪酬回报等，都将纳入基于市场的数据分析系统中。由此不难看出，央视早些年前率先建立的超越各频道、整合所有新闻资源的"大编辑部"制度设计只是集约化使用了存量新闻资源，而未来的"数据分析中心"则有可能成为电视新闻生产特别是民生新闻生产的核心部门，衍生出圆形圈层分布的“创意设计中心”、“生产调控中心”、“节目营销中心”、“薪酬考核中心”。事实上，在互联网媒体中，市场数据已经成为企业内部运营的风向标和“指挥棒”，即使在传统电视媒体中，BBC也已经先于同行积极探索这一路径——毫无疑问，这值得民生新闻电视人的强烈关注。

跋

　　"民生新闻"，是中国新闻界独有的一个概念和新闻品类，最初肇始于报业（主要是晚报和都市报），后迁延至电视媒体而名声鹊起、蔚为大观，成为新世纪以来中国电视新闻业创新求变的一道最靓丽的风景，至今无法超越，"余烬"仍炽。

　　走过了最辉煌的一段路程后，电视民生新闻虽然仍是当下中国电视新闻界尤其是地方电视新闻界的拳头产品，广受观众的喜爱，但是，在社会宏观转型、互联网技术创新和整个媒体生态发生巨变的大背景下，这一曾经"全新"的新闻品类也不可避免地出现了疲软的"老态"——这其中固然有逃不脱的产品"生命"周期律、电视观众收视和审美趣味变化的影响，也有新媒体强有力的挑战和分流作用，更昭示着民生新闻的创制者们在大环境变化和人才流失后创新意识、改革锐气和操盘能力难以为继，不复当年"勇冠三军"盛景的窘境。笔者坚信，中国电视新闻的改革力量和不竭动力不是来自"上面"，也不是来自"外面"，只能是来自基层一线的电视人，尤其是扛着各种"指标"压力、盯着心中理想前行、艰难寻找着突破口的实际操盘手和他们身后的团队。当然，在全新的媒体生态中，电视民生新闻的转型一方面是自我转型、自我革命，另一方面，这种转型也将是较为彻底和全位的：从节目理念、定位、方向、价值观、生产流程、市场分析工具应用、操作手段等方面全面铺开、重点突破——非如此不能赢得强旺的生存，非如此不能引领新一轮潮流。事实上，不少民生新闻电视人早已经开始了这种转型尝试并取得了某些方面的成功。随着时间的推移和经验的积累，电视民生新闻的整体转型必将实现，从而树立中国电视新闻的崭新标杆。

在本书的写作过程中，南京大学新闻传播学院当年的研究生周彤、徐明旭、王宇静、刘洋、马一杏、田毗、罗玲花费了相当的精力和功夫搜集资料、案例，写出了不少有价值的参考性文字，令我颇有收益，也为本书增色，在此谨表深深的谢意。

最后，感谢国家社会科学基金对本研究的赞助和支持，感谢世界图书广东出版公司人文社科部编辑及排版人员对本书的热忱关心和精心编辑。

王　雄

2016 年 5 月 15 日